# Auswirkungen von Korruption auf nationale und internationale Handelsschiedsverfahren

Europäische Hochschulschriften Recht

European University Studies in Law

Publications Universitaires Européennes de Droit

Band/Volume 6720

Sofia Walla

# Auswirkungen von Korruption auf nationale und internationale Handelsschiedsverfahren

## Unter Berücksichtigung der deutschen und französischen Rechtslage

PETER LANG

**Bibliografische Information der Deutschen Nationalbibliothek**
Die Deutsche Nationalbibliothek verzeichnet diese Publikation in der Deutschen Nationalbibliografie; detaillierte bibliografische Daten sind im Internet über http://dnb.d-nb.de abrufbar.

Zugl.: Düsseldorf, Univ., Diss., 2022

D 61
ISSN 0531-7312
ISBN 978-3-631-88661-8 (Print)
E-ISBN 978-3-631-89403-3 (E-PDF)
E-ISBN 978-3-631-89404-0 (EPUB)
DOI 10.3726/b20418



Diese Publikation wurde begutachtet.

www.peterlang.com

# Vorwort

Diese Arbeit wurde im Wintersemester 2021/2022 von der rechtswissenschaftlichen Fakultät der Heinrich-Heine-Universität in Düsseldorf als Dissertation angenommen.

Mein Dank gilt zunächst meiner Doktormutter, Frau Professorin Dr. Katharina Lugani, für die Betreuung dieser Arbeit und die schöne und lehrreiche Zeit an ihrem Lehrstuhl. Ebenfalls bedanken möchte ich mich bei Herrn Professor Dr. Christian Kersting, LL.M. (Yale) für die Übernahme des Zweitgutachtens. Bedanken möchte ich mich auch beim Max-Planck-Institut für Internationales, Europäisches und Regulatorisches Verfahrensrecht in Luxemburg für die Ermöglichung eines mehrmonatigen Forschungsaufenthalts.

Ein herzlicher Dank gebührt weiterhin meinen Freunden und Kollegen, durch die ich meine Studien- und Promotionszeit in schöner Erinnerung behalten werde. Insbesondere meinen ehemaligen Kolleginnen und Kollegen am Lehrstuhl für deutsches, europäisches und internationales Privat- und Verfahrensrecht danke ich für die gute Zusammenarbeit. Ebenfalls danken möchte ich Mark Gerigk, Dr. Leonie Holtkamp und Dr. Duy Tuong Huynh für das sorgfältige Korrekturlesen von Teilen der Arbeit.

Mein größter Dank gilt an dieser Stelle meinen Eltern. Ihnen danke ich, dass sie mich nicht nur während meiner Promotion, sondern während meiner gesamten juristischen Ausbildung unterstützt und gefördert haben.

Hamburg, 2022

# Inhalt

# Einleitung

## I. Problemstellung

### 1. *Grundproblematik*

Korruption als Missbrauch eines öffentlichen Amtes oder Mandates zu privaten oder parteipolitischen Zwecken durch die Verletzung von Rechtsnormen[1] ist ein seit langem existierendes Problem im Wirtschaftsleben. Auch durch die Bestrebungen die Korruption auf internationaler Ebene zu bekämpfen, bleibt sie immer noch ein viel diskutiertes Thema. Trotz dieser Bemühungen ist ein Rückgang der Korruption weltweit nicht zu verzeichnen.[2] Dabei fehlt es noch an einer internationalen, allgemein gültigen Definition. Durch die UN-Konvention zur Bekämpfung von Korruption[3], welche die unterzeichnenden Staaten verpflichtet, bestimmte Verhaltensweisen unter Strafe zu stellen, ist die Bestimmung der relevanten Verhaltensweisen zumindest einheitlicher geworden.

Die Behandlung von Korruption ist ein seit langem währendes Thema in der Schiedsgerichtsbarkeit, dem enorme praktische Relevanz zukommt.[4] Die Bereiche des Wirtschaftsrechts, die fast ausschließlich vor Schiedsgerichten entschieden werden, sind auch die, in denen Korruption gängige Praxis ist.[5] Ist der der Schiedsvereinbarung unterworfene Vertrag lediglich geschlossen worden, um Bestechungsgelder zu zahlen, wurden Bestechungsgelder gezahlt um einen Vertrag schließen zu können oder wurden Provisionen vergeben, um einen wirtschaftlichen Vorteil zu erlangen, hat dies Auswirkungen auf verschiedenen Ebenen des Schiedsverfahrens. Diese Auswirkungen sollen untersucht werden.

Die grundlegende Problematik der Behandlung von Korruption in Schiedsverfahren ergibt sich aus dem Zusammentreffen des von dem Parteiwillen geprägten und effizient durchzuführenden Schiedsverfahrens mit verbotenen und ordre public relevanten Verhaltensweisen. Darüber hinaus werden bereits

---

1 Siehe zum maßgeblichen Korruptionsbegriff unten: Kap. 1 § 1 II.

2 Corruption Perceptions Index der Transparency International: http://www.transparency.org/cpi2015#results-table (zuletzt abgerufen am 05.10.2022).

3 Übereinkommen der Vereinten Nationen gegen Korruption vom 31. Oktober 2003, BGBl. 2014 II S. 762, 763.

4 S.u. Kap. 1 § 2 I.

5 *Cremades/Cairns* in: Arbitration - Corruption, Money Laundering and Fraud, 65 (70).

im staatlichen Verfahren existierende Probleme im Umgang mit Korruption, wie die hohe Dunkelziffer und erhebliche Beweisschwierigkeiten, im Schiedsverfahren noch begünstigt.

Zunächst muss im Rahmen des Schiedsverfahrens geprüft werden, ob das Schiedsgericht zuständig ist. Für den Ablauf des Schiedsverfahrens ergibt sich sodann die Frage, wie die Untersuchung möglicher Korruption abzulaufen hat. Zu untersuchen ist zunächst, welches materielle Recht anzuwenden ist und damit verbunden die Frage, welche Grenzen sich für die Rechtswahlfreiheit der Parteien ergeben und welche zwingenden Vorschriften vom Schiedsgericht anzuwenden sind.

Im Rahmen der Beweiserhebung sind die Fälle, in denen sich eine Partei auf die Korruption beruft, von denen zu unterscheiden, in denen das Schiedsgericht *sua sponte* Ermittlungen über mögliche Korruption anstellt. Beruft sich eine Partei auf die Nichtigkeit des Vertrages, ist zu klären, welche Beweisanforderungen diese Feststellung erfüllen muss. Obwohl in den meisten Schiedsordnungen Korruption nicht gesondert geregelt ist, wird vielfach vertreten, dass zur Feststellung von Korruption hohe Anforderungen an die Beweiserhebung zu stellen sind.[6] Beruft sich dagegen keine der Parteien auf die Nichtigkeit des Vertrages aufgrund von Korruption, ist bereits problematisch, ob das Schiedsgericht überhaupt befugt ist, *sua sponte* einen Verstoß gegen Vorschriften zur Korruptionsbekämpfung zu ermitteln oder ob zumindest Anhaltspunkte für das Vorliegen eines Rechtsverstoßes vorliegen müssen.[7] Die Befugnis wird vielfach schon aus der Pflicht für das Schiedsgericht hergeleitet, keinen ordre public-Verstoß zu begehen.[8]

Die von Schiedsgerichten getroffenen Entscheidungen zu Korruptionsfällen zeigen, dass unabhängig vom anzuwenden Recht grundsätzlich angenommen wird, dass geltend gemachte Ansprüche nicht durchsetzbar sind.[9] Dies gilt aber nicht für alle mit Korruption in Verbindung stehenden Verträge. Schließlich ist nicht abschließend geklärt, welche Auswirkungen internationale Konventionen zur Bekämpfung von Korruption auf Schiedsverfahren haben.

Auch die Beziehung zwischen Schiedsgerichten und staatlichen Strafverfolgungsbehörden soll untersucht werden. Hier stellt sich die Frage, ob eine

---

6 S.u. Kap. 3 § 5 IV.

7 S.u. Kap. 3 § 5 III.

8 Zu den unterschiedlichen Ansätzen: s.u. Kap. 3 § 5 III 1. b).

9 S.u. Kap. 4 § 7 I.

Benachrichtigung von Strafverfolgungsbehörden durch das Schiedsgericht möglich und/oder notwendig ist.

Letztlich bleibt problematisch, wie Korruptionsvorwürfe im Aufhebungs- und Vollstreckbarerklärungsverfahren behandelt werden. Einer der Gründe für die Attraktivität von Schiedsverfahren ist in der Beendigung eines Verfahrens durch die abschließende Entscheidung eines Schiedsgerichts begründet. An dieser Stelle wird jedoch auch die zunehmende Kritik an Schiedsgerichten als private Rechtsprechungsinstitutionen zu beachten sein, die durch eine zu zurückhaltende Überprüfung möglicherweise gefördert werden würde.[10] Unter den staatlichen Gerichten ergeben sich starke Abweichungen bei der Konfrontation mit Korruptionsvorwürfen. Diese resultieren in erster Linie aus den unterschiedlichen Auffassungen zum Prüfungsumfang staatlicher Gerichte im Rahmen eines Aufhebungs- und Vollstreckbarerklärungsverfahrens. Dass rechtliche Feststellungen des Schiedsgerichts durch staatliche Gerichte voll überprüfbar sind, ist weitgehend unstrittig.[11] Keine Einigkeit besteht jedoch darüber, ob auch die Feststellungen auf Tatsachenebene der Überprüfung zugänglich sind und gegebenenfalls, wie eine solche Überprüfung ausgestaltet sein könnte.[12]

### 2. *Eingrenzung*

Zu klären ist, in welchen Fallkonstellationen ein Zusammentreffen von Korruption und Schiedsverfahren zunächst überhaupt denkbar und im zweiten Schritt praktisch relevant ist.

So ist denkbar, dass es im Rahmen einer Investition eines Unternehmens in einem bestimmten Staat zu einer unzulässigen Zuwendung an einen Amtsträger gekommen ist. In diesem Fall handelt es sich um eine unrechtmäßige Investition und der Vertrag hierüber wird im deutschen und französischen Recht als nichtig anzusehen sein. Unterliegt der der Investition zugrundeliegende Vertrag einem Investitionsschutzabkommen, werden Streitigkeiten im Rahmen eines Schiedsverfahrens abzuwickeln sein. Aus den völkerrechtlichen Besonderheiten für Investitionsschiedsverfahren ergeben sich jedoch Abweichungen zu den handelsrechtlichen Schiedsverfahren, die nicht Schwerpunkt dieser Arbeit

10 *Wilske/Markert/Bräuninger*, SchiedsVZ 2016, 127 (129).

11 Anders noch BGH, 25.10.1966, BGHZ 46, 365 (369); BGH, 29.09.1983, WM 1983, 1207 (1208).

12 S.u. Kap. 5 § 9 III.

sein sollen.[13] Lediglich im Rahmen der Untersuchung zur Wirksamkeit einer Schiedsvereinbarung trotz der Unwirksamkeit des zugrunde liegenden Vertrages aufgrund der durch Korruption begründeten Gesetzeswidrigkeit sollen die in der Investitionsschiedsgerichtsbarkeit entwickelten Grundsätze als Vergleichswert herangezogen werden.[14]

Schwerpunkt der Arbeit sollen aber vielmehr Fälle der Handelsschiedsgerichtbarkeit sein. Die Handelsschiedsgerichtsbarkeit regelt die Streitbeilegung durch Schiedsverfahren zwischen natürlichen und/oder juristischen Personen auf dem Gebiet des Handelsrechts.[15] Typisch ist in solch einer Konstellation der Fall, dass ein Unternehmer einen Vertrag mit einem Berater geschlossen hat, dessen tatsächliche Aufgabe darin besteht eine Bestechung von Amtsträgern zu bewirken.[16] Wenn in einem solchen Fall Streit über die Höhe der zu zahlenden Provision entsteht, beruft sich regelmäßig eine der Parteien darauf, dass der Vertrag aufgrund von Korruptionszahlungen als nichtig anzusehen sei.

Neben den Fällen, bei denen ein beidseitiger Verstoß gegen Strafnormen gegeben ist, sind auch Fälle denkbar, in denen nur eine Partei einen Vertrag entweder zum Zwecke der Korruption schließt oder aber sich zur Durchführung des Vertrages der Korruption bedient. So ist denkbar, dass bei einem Unternehmenskauf das gekaufte Unternehmen die für den Verkauf maßgeblichen guten Geschäftsergebnisse erst durch die von Mitarbeitern vorgenommenen Bestechungen von Amtsträgern und Geschäftspartnern erreichen konnte.[17] In einem solchen Fall wird regelmäßig die Rückabwicklung des Kaufes begehrt. Diese Fälle sollten aufgrund der Schutzbedürftigkeit der einen Partei anders zu behandeln sein als jene mit einem beidseitigen Verstoß. Eine einheitliche Lösung, die hinreichend Schutz für die schutzbedürftige Partei bietet, gibt es derzeit nicht.[18]

Unberücksichtigt bleiben sollen dagegen Fälle der Schiedsrichter- und Zeugenbestechung. Auch in diesen Fällen kann zwar die Vollstreckbarerklärung des Schiedsspruches im Ergebnis einen ordre public-Verstoß begründen, diese Fälle werden aber während des Schiedsverfahrens grundlegend anders behandelt als

13 Fehlendes Aufhebungs- und Vollstreckbarerklärungsverfahren; Zuständigkeit des Schiedsgerichts nur für rechtmäßige Investitionen.

14 S.u. Kap. 2 § 3 II. 3. b).

15 Vgl. Art. 1 Genfer Europäisches Übereinkommen über die internationale Handelsschiedsgerichtsbarkeit vom 21. April 1961, BGBl. II 1964, 107.

16 OLG Hamburg, 12.03.1998, BeckRS 1998, 6211 Rn. 90.

17 *Rieder/Schoenemann*, NJW 2011, 1169.

18 *Wallgren-Lindholm*, in: Addressing Corruption in Commercial and Investment Arbitration, 77.

Bestechungen, die im Vorfeld des Schiedsverfahrens erfolgt sind; insbesondere in Bezug auf die Beweiserhebung und die Auswirkungen auf das zugrundeliegende Vertragsverhältnis.[19]

Die Herleitung des deutschen sowie des internationalen ordre public soll lediglich deskriptiv behandelt werden. Es wird aber herausgearbeitet werden, wie sich die ordre public-Widrigkeit begründen lässt und ob sich Besonderheiten im Rahmen des Aufhebungs- und Vollstreckbarerklärungsverfahrens ergeben, wenn das korrupte Verhalten von einer internationalen Konvention verboten wird.

Eine zentrale Fragestellung der Arbeit ist, wie Schiedsgerichte an einer effektiven Korruptionsbekämpfung teilnehmen können, ohne ihre Attraktivität als Streitbeilegungsmethode zu verlieren und wie die staatlichen Gerichte an diesem Prozess mitwirken können.

Die bisherigen Ausführungen haben sich von einem abstrakten Ausgangspunkt dem Thema genähert.[20] Untersucht werden soll in dieser Arbeit, wie die Mechanismen zur Korruptionsbekämpfung im deutschen und französischen Schiedsverfahrensrecht zum Tragen kommen und umgesetzt werden können – und zwar in den unterschiedlichen Stadien des Schiedsverfahrens. Zudem wird herausgearbeitet, wie die staatlichen Gerichte mit den Schiedssprüchen umgehen und welcher Prüfungsumfang von den unterschiedlichen Gerichten angesetzt wird. An dieser Stelle sind insbesondere die Entscheidungen staatlicher Gerichte zu berücksichtigen. Ziel der Arbeit soll somit unter anderem sein, herauszuarbeiten, inwieweit die Bestrebungen zur Bekämpfung von Korruption auf Ebene der Handelsschiedsgerichtsbarkeit Wirkung entfalten können.

Aufgrund der großen Relevanz grenzüberschreitender Fälle in diesem Kontext werden diese in die Bearbeitung einbezogen werden. Ausgangspunkt sollen Fälle sein, bei denen der Schiedsort in Deutschland oder Frankreich liegt und bei denen im Aufhebungs- und Vollstreckbarerklärungsverfahren deutsche oder französische staatliche Gerichte angerufen werden.

## II. Methode

Einleitend wird auf die grundlegende Thematik der Korruption eingegangen. Dann wird die Arbeit die Auswirkungen der Korruption auf Schiedsverfahren

---

19 *Ceffinato/Schlüter*, SchiedsVZ 2016, 145.

20 So bspw. *Sayed*, Corruption in International Trade and Commercial Arbitration.

in drei Teilen darstellen und so auf die verschiedenen Stadien des Schiedsverfahrens eingehen.

Zudem bedient sich die Arbeit einer rechtsvergleichenden Methode. Gegenüber gestellt werden das deutsche und das französische Recht. Beide Staaten sind Vertragsstaaten des New Yorker Übereinkommen über die Anerkennung und Vollstreckbarerklärung ausländischer Schiedssprüche[21] (UNÜ), sodass sich Parallelen im Anerkennungs- und Vollstreckbarerklärungsverfahren ergeben. Frankreich bietet als attraktiver Schiedsort eine gute Grundlage, um die Rechtsprechung französischer Gerichte zum Vergleich heran zu ziehen. In Frankreich hat sich zudem eine umfassendere Entwicklung der Rechtsprechung von staatlichen Gerichten zur Anerkennung und Vollstreckbarerklärung von Schiedssprüchen ergeben als dies in Deutschland der Fall ist.[22] Es wird die Rechtsprechung der staatlichen Gerichte in Deutschland und Frankreich kontrastiert und insbesondere aufgezeigt, welche Entwicklung die französische Rechtsprechung im Gegensatz zur deutschen hinsichtlich der Anerkennung und Vollstreckbarerklärung von Schiedssprüchen durchlaufen hat.

---

21 New Yorker Übereinkommen über die Anerkennung und Vollstreckung ausländischer Schiedssprüche vom 10. Juni 1958, BGBl. 1961 II, 122.

22 *Niggemann* in: FS Elsing (2015) 373.

# Kapitel 1: Korruptionsbekämpfung

## § 1 Korruption im Wirtschaftsleben

Um die Relevanz von Korruption im Wirtschaftsleben zu erfassen, wird zunächst die Entwicklung der Korruption (I.) dargestellt. Anschließend soll der für diese Arbeit zugrunde gelegte Korruptionsbegriff (II.) definiert werden und zwar durch eine Gegenüberstellung juristischer Korruptionsbegriffe in Deutschland und Frankreich. Abschließend werden die bisher bestehenden Mechanismen zu deren Bekämpfung (III.) dargestellt.

### I. Entwicklung der Korruption

#### *1. Ursprung des Korruptionsbegriffes und aktuelle Entwicklungen*

Der Begriff Korruption taucht erstmals in der griechisch-römischen Antike auf (*corruptio*)[23]. In dieser Zeit wurden auch bereits die ersten Mechanismen zu ihrer Bekämpfung entwickelt.[24] Es ist somit davon auszugehen, dass Korruption existierte seit Menschen in Gemeinschaften zusammenleben und auch schon früh als solche bezeichnet wurde. Lange wurde Korruption in erster Linie als Bestechung staatlicher Funktionsträger (insbesondere Richter) verstanden.[25] Der Entwicklung der Wirtschaft folgten immer neue Arten und Methoden der Bestechung als Korruption und neue Mechanismen zur Korruptionsbekämpfung mussten erarbeitet werden.[26] Vor allem im 19. Jahrhundert wurde der Begriff Korruption für den Niedergang ganzer Gesellschaften, in denen Einzelinteressen über denen der Allgemeinheit angesiedelt waren, verwendet.[27] Heute werden solche Staaten in der politischen Diskussion als *failed states* bezeichnet.[28] Der Korruptionsbegriff bezieht sich demgegenüber vorrangig auf konkrete Verhaltensweisen.

---

23 *Engels*, Die Geschichte der Korruption, S. 167; *von Alemann*, Zu aller Zeit an jedem Ort – Kleine Geschichte der Korruption, S. 22.

24 *Von Alemann*, Zu aller Zeit an jedem Ort – Kleine Geschichte der Korruption, S. 22.

25 *Engels*, Die Geschichte der Korruption, S. 166 f.

26 Zur Entstehung von Korruption im internationalen Wirtschaftsverkehr: *Piehl*, Bestechungsgelder im internationalen Wirtschaftsverkehr, S. 22.

27 *Androulakis*, Die Globalisierung der Korruptionsbekämpfung, S. 32; *Engels*, Die Geschichte der Korruption, S. 166 f.

28 *Engels*, Die Geschichte der Korruption, S. 166, 172.

Im letzten Jahrhundert hat sich insbesondere die Globalisierung auf die Entwicklung der Korruption ausgewirkt,[29] sodass eine effektive Korruptionsbekämpfung heute fast ausschließlich durch grenzüberschreitende Zusammenarbeit erfolgreich sein kann. Außerdem führt die fortschreitende Privatisierung staatlicher Aufgaben in der westlichen Welt zu einem Anstieg der Korruption in der Privatwirtschaft.[30]

Diese Entwicklungen finden in Europa mittlerweile auch Beachtung in der Gesetzgebung. Ende der 1990er Jahre wurde in Deutschland die Angestelltenbestechung mit den §§ 299-302 StGB in das Kernstrafrecht übertragen, um das Bewusstsein in der Bevölkerung für die sozial-ethische Missbilligung von Bestechung auch im geschäftlichen Verkehr zu schärfen.[31] In den letzten Jahren hat zunächst durch das EUBestG[32] sowie das IntBestG[33] eine Ausweitung des Anwendungsbereichs der Amtsdelikte auf europäische und ausländische Amtsträger stattgefunden. Zudem hat die Ratifikation des UN-Übereinkommens gegen Korruption[34] eine Intensivierung der Korruptionsbekämpfung auf internationaler Ebene bewirkt.[35] Mit den Sondervorschriften hinsichtlich der Bestechung und Bestechlichkeit im Gesundheitswesen in §§ 299 a, b StGB in Deutschland und dem Loi Sapin II[36] in Frankreich wurde auch die Strafbarkeit der Korruption in der Privatwirtschaft ausgeweitet.

Das Korruptionsproblem wird in der Bundesrepublik Deutschland erst in den letzten Jahren wieder verstärkt wahrgenommen, sodass auch der Diskurs über Korruptionsbekämpfung in Deutschland lange hinter dem im internationalen Wirtschaftsverkehr Beobachteten zurück blieb.[37] Zunächst wurde das

29 *Androulakis*, Die Globalisierung der Korruptionsbekämpfung, S. 113; *Dann*, NJW 2016, 203 ff.; *Piehl*, Bestechungsgelder im internationalen Wirtschaftsverkehr, S. 22.

30 *Niehaus* in: Was ist Korruption?, 55.

31 BT-Drucksache 13/5584, S. 15, BGBl I 1997, 2038.

32 Gesetz zu dem Protokoll vom 27. September 1996 zum Übereinkommen über den Schutz der finanziellen Interessen der Europäischen Gemeinschaften, BGBl. II 1998, 2340.

33 Gesetz zu dem Übereinkommen vom 17. Dezember 1997 über die Bekämpfung der Bestechung ausländischer Amtsträger im internationalen Geschäftsverkehr, BGBl. II 1998, 2327.

34 Übereinkommens der Vereinten Nationen vom 31. Oktober 2003 gegen Korruption.

35 *Costa*, The global challenge of corruption in: The Corruption Monster – Ethik, Politik und Korruption, 61 (62 f.).

36 Loi n° 2016-1691 du 9 décembre 2016 relative à la transparence, à la lutte contre la corruption et à la modernisation de la vie économique.

37 *Passarge*, DStR 2016, 482.

Thema durch Korruptionsskandale insbesondere von Siemens oder der FIFA in der Öffentlichkeit wieder diskutiert.[38] In letzter Zeit sind demzufolge Vorhaben zur Verbesserung des vergleichsweise schwachen Antikorruptionsrechts der Bundesrepublik Deutschland umgesetzt worden.[39] Damit passt sich Deutschland langsam an den internationalen Standard an, nachdem die deutschen Regelungen jahrelang hinter diesem zurückblieben; nicht zuletzt durch die späte Ratifikation des UN-Übereinkommens gegen Korruption.[40] Auch in Frankreich wurde nach jahrelanger Kritik an dem schwachen System zur Korruptionsbekämpfung nachgerüstet. Durch die Loi Sapin II wurde sowohl hinsichtlich der präventiven als auch der repressiven Maßnahmen ein System vergleichbar mit denen in Großbritannien und den USA eingeführt.[41] So wurde in Art. 17 die Pflicht zur Einführung von Compliance Programmen und großen Unternehmen ausgeweitet und in Art. 6 ff. wurden Regelungen zum Schutz von „Whistleblowern„ eingeführt.

Durch diese neuen Regelungen ist auch in der Rechtswissenschaft das Problem der Korruption wieder in den Fokus gerückt.[42] Für die Zukunft ist wohl zunächst zu erwarten, dass sich die Korruptionsbekämpfung weiter in den Bereich der Compliance Programme verlagern wird. Auch diese können jedoch nur durch wirksame Kontrollen und die Androhung strafrechtlicher Sanktionen einen effektiven Beitrag leisten.

## *2. Statistiken zur Korruptionsentwicklung*

Es gibt eine Vielzahl von Statistiken zur Entwicklung der Korruption in den letzten Jahren, sowohl für einzelne Staaten als auch im internationalen Vergleich.[43]

---

38 *Froesch/Englmann*, CB 2015, 475.

39 *Dann*, NJW 2016, 203 ff.; *Humborg*, The fight against Corruption – Germany falls behind, http://blog.transparency.org/2011/05/16/in-the-fight-against-corruption-germany-falls-behind/ (zuletzt abgerufen am: 05.10.2022).

40 *Humborg*, The fight against Corruption – Germany falls behind, http://blog.transparency.org/2011/05/16/in-the-fight-against-corruption-germany-falls-behind/ (zuletzt abgerufen am: 05.10.2022); in den USA ist die Bestechung von ausländischen Amtsträgern bereits seit der Einführung des Foreign Corrupt Practices Act von 1977 strafbar.

41 *Nicholls/Daniel/Bacarese/Maton/Hatchard*, Corruption and Misuse of public office, Rn. 22.94 f.

42 *Niehaus* in: Was ist Korruption?, 55.

43 Weltbank: http://www.worldbank.org/en/topic/governance/brief/anti-corruption (zuletzt abgerufen am: 05.10.2022); statista: https://de.statista.com/statistik/daten/studie/168330/umfrage/entwicklung-der-korruption/ (zuletzt abgerufen am: 05.10.2022).

Allen Statistiken, die von empirischen Erkenntnissen durch Ermittlungsbehörden und Gerichten ausgehen, ist gemeinsam, dass sie kaum in der Lage sind, die extrem hohe Dunkelziffer der Korruptionsdelikte zu erfassen.[44] Anerkannt ist daher im internationalen Wirtschaftsverkehr insbesondere der Corruption Perceptions Index[45] der Transparency International Organisation.[46] Dieser listet 90 Staaten nach ihrer Korruptionsfreiheit auf und vergibt 0 (highly corrupt) bis 10 (highly clean) Punkte an jeden Staat. Deutschland war zwischen 1996 und 2010 auf den Rängen 15-17 und konnte sich bis 2016 auf Rang 10 verbessern. Frankreich liegt im internationalen Vergleich auf Rang 23. Die Statistiken zeigen, dass Korruption zwar vorrangig ein Problem der Entwicklungsländer bleibt, aber auch in Europa und Nordamerika Korruption ein alltägliches Problem darstellt.[47]

## II. Korruptionsbegriff

Eine allgemein gültige Definition für Korruption gibt es nicht. Begrifflich lässt sich Korruption vom Lateinischen *corrumpere* (= bestechen, verderben) herleiten und ist in fast allen westeuropäischen Sprachen geläufig.[48] Der Begriff umfasst eine Vielzahl von Verhaltensweisen, sodass sich eine international anerkannte Definition bisher nicht herausgebildet hat.[49] Durch das UN-Übereinkommen gegen Korruption, welches die Staaten verpflichtet, bestimmte Verhaltensweisen unter Strafe zu stellen, sowie andere internationale Abkommen[50] lässt sich jedoch zumindest eine Vereinheitlichung in der Begriffsbestimmung erkennen.

In den Sozial- und Wirtschaftswissenschaften gibt es unterschiedliche Definitionen.[51] Zum Teil wird korruptes Verhalten als „moralisch abzulehnendes,

---

44 *Pragal*, Die Korruption innerhalb des privaten Sektors und ihre strafrechtliche Kontrolle durch § 299 StGB, S. 22 f.

45 Einzusehen unter: https://www.transparency.org/en/cpi/2021 (zuletzt abgerufen am: 05.10.2022).

46 *Kömpf/Sihler* in: Passarge/Behringer, Handbuch Compliance international, S. 190; *Lambsdorff/Nell* in: The Corruption Monster – Ethik, Politik und Korruption, 229; s.u. Kap. 1 § 1 I. 2.

47 *Costa*, The global challenge of corruption in: The Corruption Monster – Ethik, Politik und Korruption, 61.

48 *Engels*, Die Geschichte der Korruption, S. 165.

49 *Nicholls/Daniel/Bacarese/Maton/Hatchard*, Corruption and Misuse of public office, Rn. 1.05.

50 S.u. für einen Überblick über die internationalen Regelungswerke: Kap. 1 § 1 III. 1. b).

51 Wirtschaftswissenschaften: *Lambsdorff*, in: Korruption im internationalen Geschäftsverkehr, 57.

vielfach auf persönlichen Vorteil gerichtetes Verhalten zum Schaden von Personen oder der Allgemeinheit“ angesehen.[52] Dass Korruption zwangsläufig moralisch abzulehnen ist, wird vereinzelt bestritten.[53] Entgegen diesen sehr weiten Definitionsversuchen wird der Begriff im deutschen Duden auf die Begriffe Bestechlichkeit/Käuflichkeit begrenzt. In den französischen Nachschlagewerken war bereits im 19. Jahrhundert eine breite, vielumfassende Beschreibung des Begriffes „Korruption“ zu finden.[54] Im Folgenden wird untersucht, welche Begriffsbestimmung dem Straf- und Zivilrecht in Deutschland und Frankreich zugrunde liegt.

### 1. Durch Korruptionsvorschriften geschützte Rechtsgüter

Um einen juristischen Korruptionsbegriff herauszuarbeiten, müssen die geschützten Rechtsgüter untersucht werden. Untersucht werden dabei die Schutzgüter der deutschen strafrechtlichen Korruptionsvorschriften. Ausgehend hiervon kann zunächst ein übergreifender deutscher juristischer Korruptionsbegriff ermittelt werden.

#### a) Korruption im Amt

Anerkannt ist für die Bestechung und Bestechlichkeit von Amtsträgern nach §§ 331, 332 StGB als Schutzgut die Lauterkeit des öffentlichen Dienstes.[55] Welche Schutzgüter darüber hinaus von den Korruptionsvorschriften erfasst werden, ist umstritten.[56] Teilweise wird auch das Vertrauen der Allgemeinheit in die Lauterkeit des öffentlichen Dienstes sowie die Funktionsfähigkeit des Staates einbezogen.[57] Weil Korruption negative Auswirkungen auf die Infrastruktur eines

---

52 http://www.civic-institute.eu/de/themen/integritaet-und-compliance/definition-von-korruption.html (zuletzt abgerufen am: 05.10.2022).

53 *Pies* in: Korruption Interdisziplinäre Zugänge zu einem komplexen Problem, 41 f.; als Beispiel für moralisch ehrbares Verhalten wird tw. Schindlers Vorgehen unter den Nationalsozialisten angeführt; inwieweit dieser überhaupt zu seinem eigenen Vorteil handelte oder, angenommen es ging ihm in erster Linie um die Verbesserung der eigenen wirtschaftlichen Stellung, sein Verhalten als moralisch ehrbar anzusehen ist, kann in dieser Arbeit nicht untersucht werden.

54 *Engels*, Die Geschichte der Korruption, S. 169 f.

55 MüKoStGB/*Korte*, § 331 Rn. 2; BeckOK-StGB/*v. Heintschel-Heinegg*, § 331 Rn. 4.

56 MüKoStGB/*Korte*, § 331 Rn. 2; BeckOK-StGB/*v. Heintschel-Heinegg*, § 331 Rn. 5.

57 BGH, 11.04.2001, NJW 2001, 2558 (2559); BGH, 11.05.2001, BGHSt 47, 22 (25) = NJW 2001, 2560; MüKoStGB/*Korte*, § 331 Rn. 2; BeckOK-StGB/*v. Heintschel-Heinegg*, § 331 Rn. 4.

Staates haben kann, greift es für die Bestechung und Bestechlichkeit von Amtsträgern zu kurz, lediglich die Lauterkeit des öffentlichen Dienstes als geschütztes Rechtsgut anzusehen. Berücksichtigt man die weitreichenden Konsequenzen von Korruption in öffentlichen Ämtern, ist jedenfalls auch die Funktionsfähigkeit des Staates einzubeziehen.[58]

### *b) Korruption in der Privatwirtschaft*

Den Vorschriften zum Verbot von Korruption in der Privatwirtschaft ist gemeinsam, dass geschütztes Rechtsgut, nach nahezu einhelliger Auffassung, der lautere Wettbewerb ist.[59] Es wird unter anderem die Auffassung vertreten, dass Korruption in der Privatwirtschaft auch aufgrund privater Vermögensinteressen verboten ist, sodass Bestechungsdelikte ebenso als abstrakte Vermögensgefährdungsdelikte angesehen werden.[60] Dagegen spricht, dass eine Vermögensgefährdung keine Voraussetzung ist. Problematisch ist auch, dass nicht nur die §§ 299 ff. StGB Korruptionshandlungen sanktionieren, sondern auch die §§ 263, 366 StGB herangezogen werden. Rechtsgut dieser Delikte ist jedoch das Individualvermögen eines anderen.[61] Es handelt sich dabei nicht um spezifische Korruptionsdelikte.

Zu berücksichtigen ist wohl auch, dass durch die Privatisierung staatlicher Aufgaben auch Korruption in der Privatwirtschaft zu einer Gefährdung der Infrastruktur eines Staates und der Versorgung der Bevölkerung führen kann.[62]

Dagegen lässt sich bei Korruption in der Privatwirtschaft der Wettbewerb als vorrangig geschütztes Rechtsgut identifizieren. Vermögensgefährdungen werden lediglich abstrakt erfasst. Der Schutz individueller Vermögensinteressen wird von Korruptionsdelikten gerade nicht gewährleistet.

Die §§ 299a, 299b StGB schützen den Wettbewerb im Gesundheitswesen. Darüber hinaus ist im Wege des doppelten Rechtsgüterschutzes auch der Schutz des Vertrauens der Bürger in das Gesundheitswesen von dem Schutzzweck umfasst.[63]

---

58 MüKoStGB/*Korte*, § 331 Rn. 2.

59 MüKoStGB/*Krick*, § 299 Rn. 15; BeckOK-StGB/*Momsen/Laudien*, § 299 Rn. 5; *Pragal*, Die Korruption innerhalb des privaten Sektors und ihre strafrechtliche Kontrolle durch § 299 StGB, S. 113.

60 BeckOK-StGB/*Momsen/Laudien*, § 298 Rn. 10.

61 BeckOK-StGB/*Beukelmann*, § 263 Rn. 1; MüKoStGB/*Hefendehl*, § 263 Rn. 1; MüKoStGB/*Dierlamm/Becker*, § 266 Rn. 1.

62 Zum Schutz der Allgemeinheit vgl. auch: *Pragal*, Die Korruption innerhalb des privaten Sektors und ihre strafrechtliche Kontrolle durch § 299 StGB, S. 113.

63 *Fischer*, StGB, § 299a Rn. 3, 4; krit hierzu: Anwaltkommentffar-StGB/*Wollschläger*, § 299a Rn. 3.

Aufgrund des eingeschränkten Wettbewerbs im Gesundheitswesen wird vertreten, dass der Gesetzgeber vorrangig den Schutz der Integrität der Gesundheitsversorgung im Blick hatte und damit letztlich die körperliche Unversehrtheit und Gesundheit der Bürger im Vordergrund stehen.[64] Obwohl die Systematik der Normen für einen Schutz des Wettbewerbs spricht, zielen die Regelungen wohl tatsächlich auf den Schutz der Integrität des Gesundheitswesens ab.

## 2. *Juristischer Korruptionsbegriff*

### a) *Korruptionsbegriff im deutschen Strafrecht*

Im deutschen Strafrecht taucht der Begriff Korruption nicht auf. Korruptes Verhalten wird dagegen in einer Vielzahl von Normen beschrieben. Legt man einen engen Korruptionsbegriff zugrunde, müssen zunächst die Delikte zur Bestechung und Bestechlichkeit von Amtsträgern und der Bestechung von Abgeordneten und Wählern (§§ 331 ff., 108b, e StGB) unter den Begriff der Korruption gefasst werden.[65] Die §§ 298-300 StGB übertragen die in §§ 331, 332 StGB unter Strafe gestellten Verhaltensweisen in die Privatwirtschaft.[66] Der Gesetzgeber hat in den Gesetzgebungsverfahren der Jahre 1997 sowie 2016, in denen er Gesetze „zur Bekämpfung der Korruption“[67] erlassen hat, bereits deutlich gemacht, dass er auch die Bestechung und Bestechlichkeit in der Privatwirtschaft unter den Korruptionsbegriff fasst.[68]

Zu untergliedern sind die Verhaltensweisen, die von den Bestechungsdelikten erfasst werden, außerdem in aktive Korruption (Bestechung) und passive Korruption (Bestechlichkeit). Im deutschen Strafrecht sind beide Formen gleichermaßen mit Strafe bedroht.

Auch die §§ 263, 266, 246 StGB verbieten Verhaltensweisen, die zum Teil unter den Korruptionsbegriff gefasst werden.[69] Dies gilt insbesondere für

64 *Mansdörfer*, jM 2016, 213.

65 *Grützner/Jakob*, Compliance A-Z, Korruption; Wabnitz/Janovsky/*Bannenberg*, Handbuch des Wirtschafts- und Steuerstrafrechts Kap. 13 Rn. 4; *Niehaus* in: Was ist Korruption?, 56; *Rieder/Schoenemann*, NJW 2011, 1169, Fn. 3.

66 *Hettinger* in: Korruption, interdisziplinäre Zugänge zu einem komplexen Phänomen, 99 f.; *Niehaus* in: Was ist Korruption?, 56.

67 Gesetz zur Bekämpfung von Korruption im Gesundheitswesen, BT Drucks. 18/8106, BGBl I 2016, 1254; Gesetz zur Bekämpfung der Korruption (G-SIG: 13020499) BT Drucks. 13/8079, BGBl I 1997, 2038.

68 *Niehaus* in: Was ist Korruption?, 56.

69 *Grützner/Jacob*, Compliance A-Z, Begleitdelikte von Korruption; *Rieder/Schoenemann*, NJW 2011, 1169 Fn. 3.

Schädigungen eines Arbeitgebers durch einen Arbeitnehmer durch verbotene Schmiergeld- oder Provisionszahlungen.[70] Wenn lediglich die genannten Normen greifen, ist die Einordnung als korruptes Verhalten problematisch, da diese Delikte reine Vermögensdelikte darstellen und nicht an die durch Korruptionsvorschriften vorrangig geschützten Rechtsgüter anknüpfen.[71] Außerdem bilden die Bestechungsdelikte das für Korruption maßgebliche Austauschverhältnis ab (*do ut des*),[72] während Vermögensdelikte lediglich auf einen Vermögensschaden abstellen. Unbestritten ist Korruption wirtschaftlich schädlich, ein konkreter Vermögensschaden wird für Korruption allerdings nicht gefordert und wäre wohl auch im Einzelfall kaum nachzuweisen. Die §§ 263, 266, 246 StGB greifen zwar in einer nicht unerheblichen Anzahl von Fällen neben den Korruptionsvorschriften ein,[73] den Delikten fehlt es aber an den für den Korruptionsbegriff maßgeblichen Kriterien, sodass sie für eine Definition der Korruption nicht heranzuziehen sind. Neben den Normen des Kernstrafrechts greifen Normen des Steuer- und Arbeitsrechts Korruptionshandlungen auf.[74]

Mangels Nennung des Begriffs Korruption in einem Straftatbestand ist eine dem Bestimmtheitsgebot genügende Definition im deutschen Recht nicht vorhanden und auch nicht notwendig.[75] Durch die Bezugnahme auf den Begriff Korruption in bereits mehreren Gesetzgebungsverfahren ist aber zumindest eine allgemeine Definition zu fordern.[76]

Das Bundeskriminalamt definiert unter Berufung auf die kriminologische Forschung Korruption als: „Missbrauch eines öffentlichen Amtes, einer Funktion in der Wirtschaft oder eines politischen Mandats zugunsten eines anderen, auf dessen Veranlassung oder Eigeninitiative, zur Erlangung eines Vorteils für sich oder einen Dritten, mit Eintritt oder in Erwartung des Eintritts eines Schadens

---

70 Wabnitz/Janovsky/*Bannenberg*, Handbuch des Wirtschafts- und Steuerstrafrechts, Kap. 13 Rn. 4.

71 S.o. Kap. 1 § 1 II. 1. a) und b); *Niehaus* in: Strafrechtliche Folgen der Bestechung im vermeintlichen Unternehmensinteresse, Der Korruptionsfall Siemens, 4; *ders.*, Annäherung an einen Korruptionsbegriff des (deutschen) Strafrechts, S. 57.

72 *Hettinger* in: Korruption, interdisziplinäre Zugänge zu einem komplexen Phänomen, 99.

73 Wabnitz/Janovsky/*Bannenberg*, Handbuch Wirtschafts- und Steuerstrafrecht, Kap. 13 Rn. 95 ff.

74 Zum Steuerrecht: *Spatscheck*, NJW 2006, 641 (§ 370 AO, § 4 S. 1 Nr. 10 S. 3 EStG); zum Arbeitsrecht: Straube/Rasche/*Straube*, Arbeitsrechtliche Korruptionsbekämpfung, D Rn. 315 ff. (§ 119 Abs. 1 Nr. 3 BetrVG, § 23 BetrVG).

75 *Meyer*, Korruption im Vertrag, S. 79 f.

76 *Niehaus* in: Was ist Korruption?, 55.

oder Nachteils für die Allgemeinheit oder für ein Unternehmen."[77] Das für die Korruption maßgebliche Kriterium ist demnach der Missbrauch einer Machtposition zum eigenen Vorteil. Abgebildet wird durch diese Definition das nach einhelliger Ansicht für die Korruption maßgebliche Austauschverhältnis. Außerdem spiegelt diese Definition die Schutzrichtung und die Voraussetzungen der gesetzlichen Regelungen wider und kann daher als „strafrechtlicher deutscher Korruptionsbegriff" zugrunde gelegt werden.

Eine Ausweitung des deutschen Korruptionsstrafrechts wird noch in Hinblick auf den missbräuchlichen Handel mit Einfluss (*trafic d'influence*) diskutiert.[78] Diese Verhaltensweise wird nach dem deutschen Recht nur in Einzelfällen von den Korruptionsvorschriften erfasst. Eine umfassende Sanktionierung durch eine Ausweitung der Strafvorschriften, wie sie in anderen Rechtsordnungen (Frankreich, Belgien)[79] vorgesehen ist, besteht jedoch nicht. Die so entstehenden Strafbarkeitslücken könnten durch eine Neuregelung geschlossen werden.[80] Die im französischen und belgischen Recht von der missbräuchlichen Einflussnahme erfassten Verhaltensweisen entsprechen dem soeben dargestellten „strafrechtlichen deutschen Korruptionsbegriff", können bisher aber nur durch nicht den Korruptionsstraftaten zugehörige Delikte bestraft werden.

### b) *Korruptionsbegriff im französischen Strafrecht*

Im französischen Strafrecht ist Korruption eines der wenigen Vermögensdelikte, welches als Verbrechen eingestuft wird, um die Bedeutung der Korruptionsbekämpfung hervorzuheben.[81]

Im Gegensatz zum deutschen Kernstrafrecht nennt der französische Code Pénal den Begriff Korruption ausdrücklich in den Artikeln 432-10, 432-11 Nr. 1 (*corruption passive*) und 433-1 (*corruption active*). Auch im französischen Strafrecht wird sowohl die Korruption im Sinne der Bestechung und Bestechlichkeit von Amtsträgern (*corruption d'agent public*) als auch die Korruption in der

---

77 *Grützner/Behr* in: Momsen/Grützner, Wirtschaftsstrafrecht, Kap. 9 Rn. 10.

78 *Zeiser*, Trafic d'influence: Der Straftatbestand des missbräuchlichen Handels mit Einfluss als Modell zur Schließung von Strafbarkeitslücken?, S. 206 ff.

79 In Frankreich, durch die Aufnahme auch vorgelagerter Handlungen in Art. 432-11, 433-1 und 433-2 Code Pénal.

80 *Zeiser*, Trafic d'influence: Der Straftatbestand des missbräuchlichen Handels mit Einfluss als Modell zur Schließung von Strafbarkeitslücken?, S. 206 ff. mit einem Vorschlag zu einer Regelung im deutschen Strafrecht.

81 *Saenko*, RTD com. 2017, 208.

Privatwirtschaft (*corruption privé*) unter Strafe gestellt.[82] Die Artikel 445-1 und 2 Code Pénal stellen die sog. Arbeitnehmerbestechung unter Strafe und regeln damit die Korruption in der Privatwirtschaft.

Die dem Strafrecht zugrunde liegende Definition lässt sich damit einer Zusammenfassung der im Code Pénal unter Strafe gestellten Verhaltensweisen entnehmen. Auch diese enthalten als Voraussetzungen eine Austauschbeziehung[83] sowie die Ausnutzung einer Machtposition.[84]

Aktive Korruption ist nach Art. 433-1 Code Pénal gegeben, wenn jemand direkt oder indirekt einem französischen oder ausländischen Amtsträger (*agent public français ou étranger*) oder einer Privatperson, die einer professionellen oder sozialen Tätigkeit nachgeht, Angebote, Versprechen, Spenden, Geschenke oder irgendwelche anderen Vorteile an sie oder einen anderen vorschlägt oder zukommen lässt und dafür eine Handlung in dessen Machtbereich vornehmen oder unterlassen lässt. Spiegelbildlich dazu liegt passive Korruption nach Art. 432-10 Code Pénal vor, wenn ein Amtsträger oder eine private Person in einer Machtposition sich einen irgendwie gearteten Vorteil geben oder versprechen lässt, um im Gegenzug eine Handlung in seinem Machtbereich vorzunehmen oder zu unterlassen.

Im französischen Strafrecht ist eine Strafbarkeit für Unternehmer nach Art. 121-2 Code Pénal vorgesehen, sodass sie bei Verwicklungen in Korruptionssachverhalte auch direkt zur Verantwortung gezogen werden können. Eine solche Regelung wird im deutschen Strafrecht seit langem diskutiert[85] und steht noch immer aus. Auffällig ist, dass auch in Frankreich kürzlich die Regelungen zur Korruptionsstrafbarkeit ergänzt wurden. Durch das Gesetz Loi Sapin II vom 09.12.2016 wurden in erster Linie Maßnahmen zur Korruptionsbekämpfung im

---

82 *Saenko,* RTD com. 2017, 208.

83 Art. 433-1, 445-1 Code Pénal: "des offres, des promesses, des dons, des présents ou des avantages quelconques, pour elle-même ou pour autrui, pour qu'elle accomplisse ou s'abstienne d'accomplir."

84 Art. 432-10 Code Pénal: "une personne dépositaire de l'autorité publique ou chargée d'une mission de service public" und Art. 445-1 Code Pénal: "une personne privée dans le cadre d'une activité professionnelle ou sociale, d'une fonction de direction ou d'un travail."

85 Dies beruht auf der nach deutschem Verständnis strafbarkeitsbegründenden Handlungs- und Schuldfähigkeit, welche nur bei Hanldugen von natürlichen Personen gegeben sein kann und eine Strafbarkeit von Unternehmen ausschließt; *Grützner,* CCZ 2015, 56; *Kutschaty,* ZRP 2013, 74; *Letzien,* Internationale Korruption und Jurisdiktionskonflikte, S. 57 f. jeweils mwN.

Vorfeld der eigentlichen Korruptionshandlung eingefügt. Für den Fall eines Verstoßes gegen die festgesetzten Verhaltensregelungen hat das für die Unternehmen auch strafrechtliche Folgen mit empfindlichen Strafen.[86]

Das französische Justizministerium definiert Korruption als Handlung, durch die eine Person in einer privaten oder öffentlichen Machtposition eine Spende, einen Vorteil oder ein Angebot fordert oder akzeptiert, um in seinem Pflichtenbereich eine Handlung zu bewirken, zu verzögern oder zu verhindern auf direkte oder indirekte Weise.[87] So fasst auch das Ministerium die im Code Pénal beschriebenen Verhaltensweisen unter einer weiten Definition zusammen.

### c) *Annäherung an einen wirtschaftlichen Korruptionsbegriff*

Grundsätzlich muss Korruption durch die allgemeinen zivilrechtlichen Regeln erfasst werden, da keine speziellen zivilrechtlichen Regelung zu den Rechtsfolgen von Korruption existieren. Konkrete Definitionsansätze finden sich dagegen in den Wirtschaftswissenschaften.

Der strafrechtliche Korruptionsbegriff kann durchaus herangezogen werden. Eine Gleichsetzung des strafrechtlichen mit dem zivilrechtlichem Korruptionsbegriff bietet sich dagegen nicht an. *Meyer* weist zurecht darauf hin, dass für einen zivilrechtlichen Korruptionsbegriff die Austauschbeziehung als maßgeblicher Ausgangpunkt herangezogen werden muss und daher ein wirtschaftswissenschaftliches Modell eine sachgerechte Beurteilung der zivilrechtlichen Beziehungen ermöglicht.[88] Zu beachten bleibt allerdings, dass zumindest für die Korruptionsdelikte im engeren Sinne eine Austauschbeziehung auch im Strafrecht Voraussetzung ist.

Das in den 1970er Jahren entwickelte Prinzipal-Agenten-Klienten-Modell wird insbesondere in den Wirtschaftswissenschaften verwendet, um die Sonderbeziehungen, die sich bei Korruptionssachverhalten ergeben, zu erfassen.[89]

---

86 *Nicholls/Daniel/Bacarese/Maton/Hatchard*, Corruption and Misuse of public office, Rn. 22.93 f.; *Querenet-Hahn/Kettenberger*, CB 2017, 8 (11 f.).

87 http://www.justice.gouv.fr/art_pix/scpc2004-7.pdf (zuletzt abgerufen am: 05.10.2022): "La corruption peut se définir comme l'agissement par lequel une personne investie d'une fonction déterminée, publique ou privée, sollicite ou accepte un don, une offre ou une promesse en vue d'accomplir, retarder ou omettre d'accomplir un acte entrant, d'une façon directe ou indirecte, dans le cadre de ses fonctions."

88 *Meyer*, Korruption im Vertrag, S. 67, 153.

89 Eine umfassende Darstellung findet sich in: *Rose-Ackerman*, Corruption – A study of political Economy; *Beck/Nagel*, Korruption aus ökonomischer Perspektive, 31 (34f.).

Ausgangspunkt des Modells ist eine Dreiecksbeziehung, durch welche die maßgeblichen rechtlichen Beziehungen veranschaulicht werden. Der Agent ist in diesem Ausgangpunkt die Person, der eine bestimmte Position vom Prinzipal anvertraut wurde und der im Auftrag und Interesse des Prinzipals tätig wird.[90] Von dem Klienten wird dem Agenten ein wie auch immer gearteter Vorteil für eine Gegenleistung in Aussicht gestellt.[91] *Meyer* nutzt das Modell für die Untersuchung der zivilrechtlichen Beziehungen der an der Korruption Beteiligten.[92]

Für eine effektive Korruptionsbekämpfung ist es unerlässlich, auch auf dem Gebiet des Privatrechts die Eindämmung korrupter Verhaltensweisen zu fördern.[93] Für die allgemeine Untersuchung der Auswirkungen von Korruption auf Schiedsverfahren ist eine Beschränkung auf das Prinzipal-Agenten-Klienten-Modell dagegen nicht notwendig; Ziel der Untersuchung ist nicht die Erfassung des Dreiecksverhältnisses der Austauschbeziehung, sondern die Beziehung der Parteien eines Rechtsverhältnisses und der Umgang des Schiedsgerichts mit diesem. Hierbei sind insbesondere öffentliche Interessen zu berücksichtigen.

Dennoch lässt sich auch dem Prinzipal-Agenten-Modell bezüglich des maßgeblichen Korruptionsbegriffes die Komponente der Austauschbeziehung entnehmen. Eine Beschränkung auf das Prinzipal-Agenten-Klienten-Modell ist hilfreich und hinreichend konkret zur Untersuchung der an einer Korruptionshandlung beteiligten Personen.[94] Für die vorgelagerte Beziehung, in der zwischen den Parteien eine Vereinbarung getroffen wird, deren Zweck eine korrupte Handlung sein soll, sagt das Modell aber nur wenig aus.

Neben dem Prinzipal-Agenten-Klienten-Modell wird in den Wirtschaftswissenschaften der Rent-Seeking-Ansatz zur Definition von Korruption herangezogen, welcher Korruption als das Streben nach der Erhöhung von Einkommenserzielungschancen durch die Nutzung politischen Einflusses beschreibt.[95] Dieser eignet sich aber vor allem zur Erfassung politischer Korruption[96] und ist für die Untersuchungen in dieser Arbeit ungeeignet.

---

90 *Meyer*, Korruption im Vertrag, S. 87.

91 *Meyer*, Korruption im Vertrag, S. 89 ff.; *Beck/Nagel*, Korruption aus ökonomischer Perspektive, 31 (34f.).

92 *Meyer*, Korruption im Vertrag, S. 117.

93 *Nicholls/Daniel/Bacarese/Maton/Hatchard*, Corruption and Misuse of public office, Rn. 11.03.

94 *Meyer*, Korruption im Vertrag, S. 153 f.

95 *Beck/Nagel*, Korruption aus ökonomischer Perspektive, 31 (35).

96 *Beck/Nagel*, Korruption aus ökonomischer Perspektive, 31 (35).

### *d) Weiter, international geltender Korruptionsbegriff*

Der Begriff Korruption findet sich in fast allen westlichen Sprachen. Dennoch wichen die Definitionen in den Randbereichen lange voneinander ab. In Großbritannien wurde Korruption im 19. Jahrhundert mit Bestechung (Bribery) gleichgesetzt[97] während in den französischen Nachschlagewerken bereits eine breite, vielumfassendere Beschreibung zu finden war.[98]

Eine international anerkannte Definition für den Begriff existiert bis heute nicht. In Anbetracht der fortschreitenden Internationalisierung der Korruptionsbekämpfung überrascht es, dass in das UN-Übereinkommen gegen Korruption bisher keine Definition aufgenommen wurde. Durch die in Art. 2 der UN-Konvention zur Bekämpfung der Korruption vorgenommenen Begriffsbestimmungen zu zentralen Begriffen der Korruptionsbekämpfung ist jedoch international eine Harmonisierung bezüglich der Verhaltensweisen zu erkennen, die unter den Begriff Korruption gefasst werden. Das UN-Übereinkommen behandelt dabei sowohl Korruption im Amt als auch in der Privatwirtschaft. Die OECD Konvention widmet sich dagegen nur der Bestechung und Bestechlichkeit von Amtsträgern,[99] legt dabei aber eine weite Definition des Amtsträgerbegriffes zugrunde, sodass auch Korruption privater Unternehmen, die öffentliche Aufgaben wahrnehmen, erfasst werden, um so der fortschreitenden Privatisierung Rechnung zu tragen.[100]

Die ICC hat in ihren Rules on Combating Corruption vier Fallgruppen zur Definition herangezogen.[101] Unter den Korruptionsbegriff wird Bestechung und Bestechlichkeit (*Bribery*), Erpressung (*Extortion or Solicitation*), missbräuchliche Einflussnahme (*Trading in Influence*) und Geldwäsche (*Money Laundering*) bezüglich der Erlöse aus den genannten Verhaltensweisen gefasst. Die ICC nähert sich dem Korruptionsbegriff damit durch eine Aufzählung von Verhaltensweisen. Durch die Aufnahme von Erpressung und Geldwäsche wird der Korruptionsbegriff allerdings sehr ausgeweitet.

International wird Korruption als Missbrauch eines öffentlichen Amtes oder Mandates zu privaten wie parteipolitischen Zwecken durch die Verletzung von

---

97 Vgl. *Engels*, Die Geschichte der Korruption, 2014, S. 169 f.

98 Vgl. *Engels*, Die Geschichte der Korruption, 2014, S. 169 f.

99 S.u. Kap. 1 § 1 III. 1. b) cc).

100 *Letzien*, Internationale Korruption und Jurisdiktionskonflikte, S. 57 f.

101 ICC, Rules on Combating Corruption, Art. 1 (2011).

Rechtsnormen beschrieben.[102] Durch diese weite Definition erübrigt sich die Differenzierung zwischen den international unterschiedlichen Amtsträgerbegriffen, welche durch die fortschreitende Privatisierung Bedeutung erlangt.

### 3. *Zwischenergebnis*

Auch das Abstellen auf konkrete, strafbare Korruptionshandlungen kann nicht hinreichend abbilden, in welchen Fällen Korruption für Schiedsgerichte relevant sein kann. Insbesondere sind trotz der Ausweitung der Strafbarkeit grenzüberschreitende Fälle denkbar, in denen weder deutsches noch französisches Strafrecht zur Anwendung kommt. Durch die weite Auslegung des Korruptionsbegriffes können insbesondere die Auswirkungen internationaler Konventionen auf Schiedsverfahren berücksichtigt werden.

Korruption ist ein nicht einheitlich definierbarer Begriff. Allen juristischen Definitionsversuchen ist jedoch gemeinsam, dass der Missbrauch einer Machtposition zum eigenen Vorteil sowie eine Austauschbeziehung vorausgesetzt wird, sodass vor allem Bestechung und Bestechlichkeit, aber auch missbräuchliche Einflussnahme darunter fallen.[103] Dieser Arbeit soll ein juristischer, international anerkannter Korruptionsbegriff zugrunde gelegt werden, bei dem insbesondere ein Verstoß gegen Rechtsnormen vorausgesetzt wird. In die Bearbeitung einbezogen werden somit Fallkonstellationen, in denen nach dem von dem Schiedsgericht anzuwendenden Recht ein Verstoß gegen strafrechtliche Normen nicht vorliegt, aber dennoch ein dem Korruptionsbegriff unterfallendes Verhalten gegeben ist, sodass sich das Schiedsgericht veranlasst sehen kann die Prüfung von Eingriffsnormen in Betracht zu ziehen und das Vorliegen eines Verstoßes gegen eine solche zu untersuchen.

Ob nur ein moralisch verwerfliches Verhalten Korruption begründet, ist für die rechtliche Bewertung unerheblich. Private Korruption wird praktisch immer relevanter und ist von einem modernen Korruptionsbegriff durchaus miterfasst. Sie wird daher auch in dieser Arbeit berücksichtigt werden. Durch die Beschränkung des Begriffes auf Verhaltensweisen, denen eine Austauschbeziehung und

---

102 Weiter Korruptionsbegriff s.o. Fn. 1; *Rieder/Schoenemann*, NJW 2011, 1169, Fn. 3; *Banaiftemi* in: Addressing Issues of Corruption in Commercial and Investment Arbitration, 167.

103 Eine strenge Abgrenzung der Begriffe Korruption und missbräuchliche Einflussnahme ist lediglich in Rechtsordnungen, die missbräuchliche Einflussnahme nur teilweise unter Strafe setzen, wie der Schweiz, notwendig.

der Missbrauch einer Machtposition zugrunde liegt, wird eine Ausweitung der Definition auf sämtliche Vermögensdelikte verhindert.

## III. Mechanismen zur Bekämpfung von Korruption

Korruptionsbekämpfung findet auf unterschiedlichen Ebenen statt; präventiv und repressiv, national und international, durch staatliche Regelungen, durch Selbstverpflichtung von Unternehmen sowie durch unabhängige Institutionen. Aus den Mechanismen zur Korruptionsbekämpfung können sich für das Schiedsgericht Schlüsse auf den gesetzgeberischen Willen eines Staates hinsichtlich des Umgangs mit Korruption ergeben. Darüber hinaus kann bei der Beurteilung der zivilrechtlichen Folgen von Korruption relevant werden, in welchen Regelungswerken das Verhalten der Partei(en) untersagt wird[104] und auch welche Mechanismen zur Korruptionsbekämpfung ein beteiligtes Unternehmen selbst umgesetzt hat.[105]

Im Mittelpunkt dieser Arbeit steht ein strafrechtlicher Korruptionsbegriff. Zunächst werden die Voraussetzungen der strafrechtlichen Regelungen dargestellt (1.). Nur kursorisch werden anschließend weitere Möglichkeiten der Korruptionsbekämpfung aufgezeigt (2.), die für die Behandlung korrupten Verhaltens im Rahmen von Schiedsverfahren weniger relevant sind, in Anbetracht der aktuellen Entwicklung, Korruptionsbekämpfung auf Bereiche außerhalb des Strafrechts zu verlagern, aber nicht gänzlich außen vorgelassen werden sollten.

### *1. Repressive Korruptionsbekämpfung*

In den nationalen Rechtsordnungen wird Korruption durch Verbotsvorschriften im Strafrecht bekämpft. Damit strafrechtlich verbotene Formen von Korruption im Rahmen eines Schiedsverfahrens festgestellt werden können, muss zunächst entschieden werden nach welchem Strafrecht sich der Sachverhalt richtet (III 1. a)) und inwieweit grenzüberschreitende Fälle von den nationalen Regelungen berücksichtigt werden (III. 1 b)). Auch im Zivilrecht werden Konsequenzen für Korruption vorgesehen, und zwar sowohl für Fälle, die vom nationalen Strafrecht erfasst werden, als auch für solche außerhalb der nationalen Regelungen (unter III. 2.)

104 S.u. Kap. 4 § 7 I. 3.
105 S.u. Kap. 4 § 7 IV. 3.

### a) *Internationales Strafrecht*

Bei Beurteilung der Frage, wie mit Anhaltspunkten für das Vorliegen von Korruption umzugehen ist und welche zivilrechtlichen Konsequenzen sich ergeben, greifen die Schiedsgerichte regelmäßig auf strafrechtliche Vorschriften zurück, da sich aus diesen unmittelbar die Nichtigkeit des zugrundeliegenden Vertrages ergeben kann.[106] Es ist daher zunächst zu untersuchen, auf welche Sachverhalte das deutsche und das französische Strafrecht Anwendung finden können.

#### aa) *Anwendbares Strafrecht*

Das Völkerrecht erlaubt allen Staaten, Taten unter Strafe zu stellen, zu denen sie eine „hinreichende Verbindung haben".[107] Damit sind die Straftaten erfasst, die auf ihrem Gebiet begangen wurden (Territorialprinzip). Außerdem ist das Anknüpfen an die Staatsangehörigkeit von Täter oder Opfer (aktives und passives Personalprinzip) erlaubt.[108]

Im deutschen Strafrecht gilt grundsätzlich das Territorialitätsprinzip (§ 7 StGB). Ergänzend ist das deutsche Strafrecht auf Täter mit deutscher Staatsangehörigkeit anwendbar sowie auf Straftaten, deren Opfer die deutsche Staatsangehörigkeit innehaben (§ 9 StGB). Anwendung findet das deutsche Strafrecht somit bereits, wenn ein deutscher Täter ein Korruptionsdelikt begangen hat oder die Tat auf deutschem Staatsgebiet verübt wurde. Bei der Beurteilung einer Straftat, die in einem anderen Staat begangen wurde, ist aber zu berücksichtigen, ob die Tat in diesem Staat unter Strafe steht. Aufgrund der weltweiten Bestrebungen zur Korruptionsbekämpfung dürfte es sich dabei für die hier relevanten Fälle eher um ein theoretisches Problem handeln.

Auch in Frankreich gilt sowohl das Territorialitätsprinzip (Art. 113-2 Code Pénal) als auch das aktive Personalprinzip (Art. 113-6, 7 Code Pénal). In Frankreich ist ebenfalls für weniger gravierende Delikte, zu denen auch die Korruption gezählt wird, erforderlich, dass das Delikt in dem entsprechenden Staat unter Strafe gestellt ist.[109] Dass zum Schutz der Rechtsgüter eines Staates Straftaten

---

106 S.u. Kap. 4 § 7 I.

107 *Stober/Paschke*, Deutsches und Internationales Wirtschaftsrecht, Rn. 1433.

108 *Stober/Paschke*, Deutsches und Internationales Wirtschaftsrecht, Rn. 1448.

109 Kritik an der restriktiven Regelung: *Nicholls/Daniel/Bacarese/Maton/Hatchard*, Corruption and Misuse of public office, Rn. 22.93 Fn. 50; Council of Europe GRECO Report 2009 – „Third Evaluation Round Evaluation Report on France on Incriminations", ETS 173, 191.

auch im Ausland geahndet werden können, gilt auch in Frankreich, Art. 113-10 Code Pénal.[110]

Sowohl im deutschen als auch im französischen Strafrecht werden die Möglichkeiten des Völkerrechts zur Geltung des nationalen Strafrechts damit extensinv umgesetzt.

### *bb) Universalprinzip (Weltrechtsprinzip)*

Das Universalprinzip beschreibt das Recht der Staaten, ihr Strafrecht auf Sachverhalte unabhängig von Tatort, Täter und Opfer auszudehnen.[111] Da grundsätzlich die Ausdehnung des Strafrechts einen Eingriff in die Hoheitsgewalt eines anderen Staates darstellt, ist das Universalprinzip nur für spezielle Straftaten zulässig, und zwar solche die international geschützte Rechtsgüter betreffen.[112] Die Korruptionsdelikte wären lediglich erfasst, wenn sie durch zwischenstaatliche Konventionen unter Strafe gestellt werden. Dies ist im deutschen Recht in § 6 Nr. 9 StGB und im französischen Recht in Art. 113-12 Code Pénal vorgesehen. Allerdings bedarf es eines Rückgriffs auf diese Normen nicht, wenn die Anwendbarkeit der Strafvorschriften bereits in spezielleren Regelungen angeordnet ist.[113] Durch die speziellen Regelungen in § 3 IntBestG beziehungsweise die Art. 435-1-11 Code Pénal, ist ein Rückgriff auf das Universalprinzip zur Erfassung von Fällen, in denen ausländische Amtsträger bestochen werden, damit nicht notwendig.[114]

### *b) Völkerrechtliche Regelwerke zur Korruptionsbekämpfung*

Durch die Verbreitung grenzüberschreitender Korruption ist die Verlegung der Korruptionsbekämpfung auf die internationale Ebene der einzige Weg zu ihrer effektiven Bekämpfung. Die Bedeutung der Korruptionsbekämpfung auf internationaler Ebene spiegelt sich auch in den Bestrebungen mancher Wissenschaftler wider, Korruption als Verbrechen nach internationalem Recht einzuordnen.[115]

---

110 vgl. *Stober/Paschke*, Deutsches und Internationales Wirtschaftsrecht, Rn. 1446.

111 *Stober/Paschke*, Deutsches und Internationales Wirtschaftsrecht, Rn. 1450.

112 *Stober/Paschke*, Deutsches und Internationales Wirtschaftsrecht, Rn. 1450.

113 Kindhäuser/Neumann/Paeffgen-StGB/*Böse*, § 6 Rn. 22.

114 Kindhäuser/Neumann/Paeffgen-StGB/*Böse*, § 6 Rn. 22.

115 *Boersma*, Corruption: A Violation of Human Rights and a Crime under International Law; entwickelt von: *Kofele-Kale*, The International Lawyer 2000, 149.

### *aa) Übereinkommen über den Schutz der finanziellen Interessen der Europäischen Gemeinschaften*

Auf europäischer Ebene wurde bereits 1996 durch das Übereinkommen über den Schutz der finanziellen Interessen der Europäischen Gemeinschaften Regelungen zur grenzüberschreitenden Korruptionsbekämpfung eingeführt. Das Übereinkommen beschränkte sich dabei auf die Bestechung und Bestechlichkeit von Amtsträgern. Eine effektive Ausweitung der grenzüberschreitenden Korruptionsbekämpfung in der europäischen Union durch dieses Übereinkommen wird weitgehend bestritten,[116] das Übereinkommen verdeutlicht jedoch die Bestrebungen auch der europäischen Union die grenzüberschreitende Korruption einzudämmen und die Beschränkung der Strafbarkeit auf inländische Amtsträger aufzuheben.

### *bb) Initiativen des Europarates*

Der Europarat gründete 1999 die sog. „Staatengruppe gegen Korruption GRECO" zur Mitwirkung an der Korruptionsbekämpfung. Diese bewertet die Einhaltung der Vorgaben des Europarates zur Korruptionsbekämpfung durch die Mitgliedstaaten und leitete 2012 ein Sonderverfahren gegen Deutschland ein, da das Strafrechtsübereinkommen des Europarates von Deutschland nur unzureichend umgesetzt worden sei. Im Mai 2017 wurde das Strafrechtsübereinkommen schließlich von Deutschland umfänglich ratifiziert.[117]

Der Europarat hat darüber hinaus ein Zivilrechtsübereinkommen zur Korruption beschlossen, in dem die Mitgliedstaaten angehalten werden, zivilrechtliche Konsequenzen für Korruption vorzusehen.[118] Darin heißt es unter anderem, dass die Mitgliedstaaten einer geschädigten Partei ermöglichen müssen, Schadensersatz sowie die Nichtigkeit eines mit Korruption belasteten Vertrages geltend zu machen.

---

116 *Stober/Paschke*, Deutsches und Internationales Wirtschaftsrecht, Rn. 1459 ff. hält vielmehr die Einführung des Europäischen Haftbefehls für entscheidend.

117 Bekanntmachung über das Inkrafttreten des Strafrechtsübereinkommens des Europarats über Korruption sowie des Zusatzprotokolls zum Strafrechtsübereinkommen des Europarats über Korruption, BT-Drucks 18/9234, BGBl 2017 II, 696.

118 Zivilrechtsübereinkommen über Korruption, Straßburg/Strasbourg, 4.XI.1999 https://rm.coe.int/CoERMPublicCommonSearchServices/DisplayDCTMContent?documentId=090000168007f58a (zuletzt abgerufen am: 05.10.2022)

### cc) *OECD Konvention gegen die Bestechung ausländischer Amtsträger im internationalen Geschäftsverkehr*

Unter den internationalen Regelungswerken ist zunächst die OECD-Konvention von 1997 zu nennen. Diese wurde sowohl von Frankreich als auch von Deutschland ratifiziert[119] und hat eine Ausweitung der Korruptionsstrafbarkeit auf die Bestechung ausländischer Amtsträger zur Folge. Eine tatsächliche Verbesserung der Bekämpfung grenzüberschreitender Korruption wurde aber kaum erreicht.[120] Dies ist einerseits auf den beschränkten Anwendungsbereich der Gesetze zurückzuführen; so ist die Bestechung ausländischer Amtsträger strafbar, führt jedoch nicht gleichzeitig zu einer Bestrafung des Bestochenen.[121] Andererseits wurde das IntBestG von lediglich 35 Staaten (30 OECD Staaten und 5 weiteren Staaten) ratifiziert und kann damit kaum internationale Wirkung entfalten.[122] Die OECD-Konvention hat durch dieses erste internationale Regelwerk zur Korruptionsbekämpfung aber zumindest ein Bewusstsein für die Notwendigkeit grenzüberschreitender Korruptionsbekämpfung geschaffen.[123]

Die ersten internationalen Regelungswerke konzentrierten sich auf eine Ausweitung des Amtsträgerbegriffes, um eine grenzüberschreitende Korruptionsbekämpfung zu erreichen. Ein solches Vorgehen wird mittlerweile nicht mehr als ausreichend angesehen.[124]

### dd) *UN-Übereinkommen gegen Korruption*

Eine größere Wirkung in der Korruptionsbekämpfung wird dem Übereinkommen der Vereinten Nationen gegen Korruption (UN-Übereinkommen gegen Korruption) zugeschrieben.[125] An diesem sind 189 Staaten beteiligt, von denen

---

119 http://www.oecd.org/daf/anti-bribery/WGBRatificationStatus.pdf (Stand Mai 2018; zuletzt abgerufen am: 05.10.2022)

120 *Böckmann* in: Korruptionsbekämpfung als globale Herausforderung, 150 (158 f.); *Bernsmann/Gatzweiler*, Verteidigung in Korruptionsfällen, Rn. 782.

121 *Froesch/Englmann*, CB 2015, 475 (476); *Bernsmann/Gatzweiler*, Verteidigung in Korruptionsfällen, Rn. 782.

122 http://www.oecd.org/daf/anti-bribery/WGBRatificationStatus.pdf (Stand Mai 2018; zuletzt abgerufen am: 05.10.2022); *Bernsmann/Gatzweiler*, Verteidigung bei Korruptionsfällen, Rn. 783 f.

123 *Rose*, Journal Int. Arb. 2014, 183 (210).

124 *Böckmann* in: Korruptionsbekämpfung als globale Herausforderung, 150 (158 f.).

125 *Boersma*, Corruption: A Violation of Human Rights and a Crime under International Law?, S. 94 f.; *Low*, The United Nations Convention against Corruption: The

138 Staaten, einschließlich Duetschland und Frankreich, das Übereinkommen sowohl unterschrieben als auch ratifiziert haben,[126] sodass eine Ausweitung der internationalen Reglungen herbeigeführt werden konnte. Ziel der Konvention ist es die internationale Zusammenarbeit zur Bekämpfung der Korruption zu unterstützen.[127] Durch die weite Verbreitung des Übereinkommens gegen Korruption lässt sich eine von der internationalen Gemeinschaft gestützte Verurteilung von Korruption erkennen; Korruption wird nicht mehr als Kavaliersdelikt verstanden. Das Übereinkommen enthält Regelungen zur Prävention, strafrechtlichen Verfolgung sowie zur internationalen Zusammenarbeit[128] und zur Wiedererlangung von Vermögenswerten.[129] Im Rahmen der Regelungen zur strafrechtlichen Verfolgung sind sowohl solche zur Korruption im öffentlichen als auch im privaten Bereich vorgesehen. Die Regelungen bezüglich der Korruption im privaten Bereich sind jedoch lediglich eine freiwillige Vorgabe für die teilnehmenden Staaten.[130]

Das UN-Übereinkommen gegen Korruption ist trotz vorhandener Schwächen,[131] die sich größtenteils aus politischen Kompromissen ergeben haben,[132] ein wichtiger Schritt, Korruptionsbekämpfung zu vereinfachen und effektiver zu gestalten.

---

Globalization of Anticorruption Standards, S. 13; *Nicholls/Daniel/Bacarese/Maton/Hatchard*, Corruption and Misuse of public office, Rn. 15.04.

126 http://www.unodc.org/unodc/en/corruption/ratification-status.html (Stand: 18.11.2021; zuletzt abgerufen am: 05.10.2022).

127 Art. 1 (b) UNCAC; *Nicholls/Daniel/Bacarese/Maton/Hatchard*, Corruption and Misuse of public office, Rn. 16.113.

128 insbesondere zur Übertragung von Strafverfahren: Art. 47 UNCAC; *Letzien*, Internationale Korruption und Jurisdiktionskonflikte, S. 413.

129 *Boersma*, Corruption: A Violation of Human Rights and a Crime under International Law?, S. 94.

130 *Boersma*, Corruption: A Violation of Human Rights and a Crime under International Law?, S. 94; *Nicholls/Daniel/Bacarese/Maton/Hatchard*, Corruption and Misuse of public office, Rn. 15.07.

131 Kritik an den Abstufungen von freiwilligen und verpflichtenden Normen und der Regelung zur Immunität in Art. 30 (2): *Nicholls/Daniel/Bacarese/Maton/Hatchard*, Corruption and Misuse of public office, Rn. 15.07 *Boersma*, Corruption: A Violation of Human Rights and a Crime under International Law?, S. 94 f.; *Low*, The United Nations Convention against Corruption: The Globalization of Anticorruption Standards, S. 13.

132 *Boersma*, Corruption: A Violation of Human Rights and a Crime under International Law?, S. 94 f.

### *c) Konsequenzen für die Korruptionsbekämpfung*

Die strafrechtliche Ahndung von Korruption ist sicherlich unentbehrlich für eine effektive Bekämpfung. Nicht zu Unrecht werden aber ergänzend weitere Maßnahmen im Vorfeld und im Anschluss an die strafbare Korruptionshandlung gefordert.[133]

Das Strafrecht hält Sanktionen für Fälle tatsächlich festgestellter Korruption bereit. Da eines der großen Probleme in der Korruptionsbekämpfung aber die hohe Dunkelziffer der Delikte ist, kann die Ausweitung strafrechtlicher Normen nur ein Schritt zur effektiveren Korruptionsbekämpfung sein.[134] Neben Compliance-Systemen zur Verhinderung von Korruption im Vorfeld und weiteren Maßnahmen zur Transparenz können auch zivilrechtliche Folgen einen Beitrag zur Eindämmung der Korruption leisten. Denn die Auswirkungen der Nichtigkeit von Verträgen haben empfindliche wirtschaftliche Folgen für Unternehmen.[135]

## *2. Korruptionsbekämpfung durch Compliance-Regelungen*

Während das Strafrecht erst nachträglich korruptes Verhalten sanktionieren kann,[136] haben sich zur Prävention in der Privatwirtschaft mittlerweile umfassende Compliance-Programme etabliert.[137] Einerseits dienen diese der Korruptionsprävention, andererseits wird aber auch die Gefahr gesehen, dass Unternehmen sich durch ihre Compliance Programme absichern und somit in der Lage sind, Korruptionshandlungen zu verschleiern.[138]

In Deutschland existiert lediglich eine Soll-Vorschrift zur Einführung von Compliance Programmen und zwar im Deutschen Corporate Governance

---

133 Zu den Mängeln der Korruptionsbekämpfung durch strafrechtliche Regelungen ausführlich: *Meyer*, Korruption im Vertrag, S. 21 ff. (in Deutschland insbesondere aufgrund des Fehlens eines Unternehmensstrafrechts).

134 *Nicholls/Daniel/Bacarese/Maton/Hatchard*, Corruption and Misuse of public office, Rn. 11.03.

135 *Nicholls/Daniel/Bacarese/Maton/Hatchard*, Corruption and Misuse of public office, Rn. 11.03; *Meyer*, Korruption im Vertrag, S. 26.

136 Zu den Schwächen der Korruptionsbekämpfung durch strafrechtliche Regelungen mwN: *Meyer*, Korruption im Vertrag, S. 23 ff.

137 Ausf. zu dem Begriff Compliance mwN: Straube/Rasche/*Straube*, Arbeitsrechtliche Korruptionsbekämpfung, C Rn. 19; Wabnitz/Janovsky/*Bannenberg*, Handbuch Wirtschafts- und Steuerstrafrecht, Kap. 13 Rn. 36; *Hauschka/Greeve*, BB 2007, 165 ff.

138 Wabnitz/Janovsky/*Bannenberg*, Handbuch Wirtschafts- und Steuerstrafrecht, Kap. 13 Rn. 1.

Kodex (DCGK).[139] In Frankreich sind Compliance Regelungen in Unternehmen dagegen seit dem 09.12.2016 verpflichtend. Das Loi Sapin II verpflichtet Unternehmen zur Implementierung eines Compliance Programmes und es wurde eine staatliche Agentur, die eine beratende und kontrollierende Funktion innehat, eingerichtet. Die Einführung von Compliance-Regelungen wird in der Wissenschaft als maßgeblicher Schritt zu Korruptionsbekämpfung anerkannt.[140]

Da Korruptionsvorwürfe und strafrechtliche Ermittlungen wirtschaftliche Krisen herbeiführen können, sind Compliance Programme in großen Unternehmen kaum mehr wegzudenken.[141] Für den Fall, dass korrupte Handlungen französischem Strafrecht unterfallen, in dem ein Unternehmensstrafrecht vorgesehen ist und die Unternehmen im Falle einer Verurteilung von sämtlichen Ausschreibungen ausgenommen sind, ist der wirtschaftliche Ruin kaum abzuwenden.[142] Compliance Regelungen sind ein wichtiger Schritt zu Transparenz und Eindämmung von Korruption. Als Selbstkontrolle können sie aber lediglich im Zusammenhang mit strafrechtlichen Regelungen wirken.

### *3. Sonstige Mechanismen zur Korruptionsbekämpfung*

Es haben sich mittlerweile eine Vielzahl von internationalen Organisationen - staatlichen und unabhängigen - dem Kampf gegen Korruption verschrieben.

So hat die OECD neben der Konvention zur Bekämpfung der Korruption, welche durch das IntBestG in das deutsche Recht impliziert wurde, zahlreiche regionale Initiativen in die Wege geleitet, um in bestimmten Gebieten, dennoch grenzüberschreitend gegen Korruption vorzugehen.[143] Auf dem G20-Gipfel im Jahr 2015 wurde eine Arbeitsgruppe eingesetzt, die einen Aktionsplan zur

---

139 Für börsennotierte Gesellschaften i.V.m. § 161 Abs. 1 S. 2 AktG; Straube/Rasche/*Straube*, Arbeitsrechtliche Korruptionsbekämpfung, C Rn. 20.

140 *Schumacher/Saby*, CCZ 2017, 68; *Nicholls/Daniel/Bacarese/Maton/Hatchard*, Corruption and Misuse of public office, Rn. 22.94 f; *Querenet-Hahn/Kettenberger*, CB 2017, 8 (11 f.).

141 *Passarge*, DStR 2016, 482; *Hauschka/Greeve*, BB 2007, 165 (173).

142 *Passarge*, DStR 2016, 482.

143 Anti Korruptionsinitiative der Asiatischen Entwicklungsbank; Antikorruptions-Aktionsplan für Asien und den Pazifik; Antikorruptions-Netzwerk für Osteuropa und Zentralasien; Antikorruptions-Initiative der OECD und der Afrikanischen Entwicklungsbank für Afrika.

Korruptionsbekämpfung erarbeitet hat.[144] Auch die Weltbank hat eine Strategie zur Korruptionsbekämpfung herausgegeben.[145]

Unter den privaten Organisationen ist die Transparency International Organisation zu nennen. Diese deckt zunächst die Verbreitung der Korruption durch einen Index,[146] welcher subjektive Empfindungen zugrunde legt, in den einzelnen Staaten auf und setzt damit einen ersten wichtigen Schritt hin zur Korruptionsbekämpfung. Insbesondere aufgrund der hohen Dunkelziffer bei Korruptionsdelikten wird der Index empirischen Erhebungen zu Korruptionsdelikten vorgezogen, da er ein umfassenderes Bild der Verbreitung von Korruption liefert. Der französische Gesetzgeber berief sich bei seiner Gesetzgebung zur Korruptionsbekämpfung durch das Loi Sapin II unter anderem auf das schlechte Abschneiden Frankreichs im Index der Transparency International Organisation.[147] Im Mittelpunkt der Untersuchung der Transparency International Organisation steht die Korruption im öffentlichen Bereich.[148] Der Korruption im Bereich der Privatwirtschaft widmen sich die Regeln zur Bekämpfung der Korruption der ICC, die sich auf die Implementierung von Compliance Programmen in Unternehmen konzentrieren.[149]

## § 2 Korruption im Schiedsverfahrensrecht

Korruptionsvorwürfe im Rahmen eines Schiedsverfahrens sind keine Seltenheit.[150] In zahlreichen von Schiedsgerichten entschiedenen Fällen beriefen sich die beklagten Parteien im Schiedsverfahren darauf, dass der Vertrag zum Zwecke

---

144 G 20, Antikorruptionsplan: http://www.mofa.go.jp/files/000059868.pdf (zuletzt abgerufen am: 05.10.2022).

145 Einzusehen unter: http://documents.worldbank.org/curated/en/170861468331809051/pdf/674410BR0SecM20Official0Use0Only090.pdf (zuletzt abgerufen am: 05.10.2022).

146 Einzusehen unter: http://www.transparency.org/news/feature/corruption_perceptions_index_2016 (zuletzt abgerufen am: 12.07.2020).

147 In der Entscheidung ICC Schiedsspruch Nr. 13914 zog das Schiedsgericht den Index heran, um die Verbreitung von Korruption in einem afrikanischen Staat als Indiz zu sehen: ICC Schiedsspruch Nr. 13914, ICC Bulletin (Supplement) 24 (2013), 77; *Schumacher/Saby*, CCZ 2017, 68.

148 https://www.transparency.org/cpi2011/in_detail (zuletzt abgerufen am: 05.10.2022): „how corrupt their public sector is perceived to be".

149 ICC Rules on Combating Corruption, 2011 edition.

150 *Harbst*, SchiedsVZ 2007, 22.

der Korruption geschlossen worden oder mit Korruption belastet sei.[151] Von der unterlegenen Partei wird der Einwand regelmäßig erneut im Aufhebungs- und/ oder Vollstreckbarerklärungsverfahren erhoben.

## I. Fallkonstellationen

Besonders verbreitet ist Korruption bei Infrastrukturvorhaben, insbesondere bei der Energieversorgung und im Rahmen größerer Bauvorhaben. In diesen Bereichen hat sich auch die Durchsetzung von Schiedsverfahren zur Streitbeilegung etabliert, sodass Schiedsgerichte regelmäßig mit Korruptionsvorwürfen konfrontiert werden.[152] Zur Veranschaulichung der in dieser Arbeit zu berücksichtigenden Fallkonstellationen werden im Folgenden drei klassische Fälle aus der Praxis dargestellt, die zugleich aufzeigen, in welchen unterschiedlichen Fallkonstellationen Korruption in Schiedsverfahren denkbar sind. Für einen umfassenden Überblick zu den Entscheidungen wird auf die Darstellung in den folgenden Abschnitten verwiesen.

### *1. Lagergren, ICC Case No. 1110*

Als erstes sei hier der grundlegende Fall Lagergren (benannt nach dem Schiedsrichter) aus dem Jahr 1963 behandelt.[153] Ein britisches Unternehmen schloss mit einem argentinischen Architekten mehrere Beraterverträge bezüglich des Ausbaus der Stromversorgung in Argentinien. Der argentinische Architekt wurde aufgrund seines großen Einflusses in Regierungs- und Wirtschaftskreisen engagiert. Nachdem das britische Unternehmen sich weigerte, die Kommission zu bezahlen, einigten sich die Parteien darauf, den Streit von einem Schiedsrichter in Paris unter Geltung der ICC Arbitration Rules beilegen zu lassen.[154]

Für den Schiedsrichter war es offensichtlich erwiesen, dass die zwischen den Parteien geschlossenen Verträge den Zweck verfolgten, Amtsträger in Argentinien zu bestechen[155] und er lehnte aufgrund dessen seine Zuständigkeit ab. Die Parteien dagegen betrachteten Korruption in der betroffenen Branche

---

151 Gulf leaders v. CFF; ICC no. 6497 of 1994, YbCA 1999, 71; Westacre Investments Inc v. Jugoimport-SDRP Holding Co Ltd ICC Award No. 1110 of 1963; Lagergren, ICC Schiedsspruch Nr. 1110, YbCA, 1996, 47.

152 Zu den von Korruption betroffenen Sektoren: *Raeschke-Kessler/Gottwald* in: FS Lüer (2008), 39 (41).

153 Lagergren, ICC Schiedsspruch Nr. 1110, YbCA, 1996, 47.

154 Lagergren, ICC Schiedsspruch Nr. 1110, YbCA, 1996, 47.

155 Lagergren, ICC Schiedsspruch Nr. 1110, YbCA, 1996, 47 (51).

in Argentinien als üblich und notwendig. Der Schiedsrichter sollte den Fall ihrer Ansicht nach ohne Berücksichtigung der Korruption entscheiden. Die rechtlichen Erwägungen, die dem Fall zugrunde liegen, sind zu großen Teilen überholt.[156] Anders verhält es sich mit dem Sachverhalt. Der Abschluss von Beraterverträgen - zumindest teilweise zum Zwecke der Korruption - insbesondere bei Investitionen im Ausland, ist gängige Praxis.[157] Selten wird Korruption jedoch als so offensichtlich erwiesen angesehen wie noch in diesem Fall.[158] Vielmehr ist eines der gravierendsten Probleme der Beurteilung von Korruptionsfällen der Nachweis ebendieser sowie die Abgrenzung von unzulässiger Korruption zu einem zulässigen Vermittlerverhältnis.[159]

### *2. Cameroon Airlines gegen Transnet Ltd., ICC Schiedsspruch Nr. 11307, 2003*

Ein weiteres klassisches Beispiel ist der Fall Cameroon Airlines gegen Transnet Ltd. aus dem Jahre 2003.[160] Die Parteien hatten einen Vertrag geschlossen, in dem sich Transnet Ltd. zur Wartung mehrerer Flugzeuge von Cameroon Airlines verpflichtet hatte. Im Folgenden schloss Transnet einen Beratervertrag mit ATT über Beraterdienste zur Durchführung des Vertrages in Kamerun. In dem ICC Schiedsverfahren Nr. 11307 forderte ATT die vereinbarte Vergütung aus dem Beratervertrag mit Transnet. Transnet machte geltend, dass der Zweck des Vertrages die Bestechung von Amtsträgern in Kamerun sowie eines leitenden Angestellten von Cameroon Airlines gewesen sei. Das Schiedsgericht sah die Korruption als erwiesen an.

Transnet habe einen Vertrag mit ATT als Vermittler geschlossen, dessen Zweck die Bestechung von Amtsträgern aus Kamerun gewesen sei.[161] Transnet behauptete in diesem Verfahren, dass es keinen Vertrag zum Zwecke der

156 S.u. Kap. 2 § 3 II. 3. c) und § 4 II.
157 ICC Schiedsspruch Nr. 14470, ICC Bulletin (Supplement) 24 (2013), 83; ICC Schiedsspruch Nr. 14878, ICC Bulletin (Supplement) 24 (2013), 92; ICC Schiedsspruch Nr. 13515 (2006), ICC Bulletin (Supplement) 24 (2013) 66; vgl. auch *Piehl*, Bestechungsgelder im internationalen Wirtschaftsverkehr, S. 22.
158 ICC Schiedsspruch Nr. 14470, ICC Bulletin (Supplement) 24 (2013), 83; ICC Schiedsspruch Nr. 14878, ICC Bulletin (Supplement) 24 (2013), 92; ICC Schiedsspruch Nr. 13515 (2006), ICC Bulletin (Supplement) 24 (2013) 66.
159 S.u. Kap. 3 § 5 IV. 2. a).
160 ICC Schiedsspruch Nr. 11307, 2003, YbCA 2008, 24.
161 ICC Schiedsspruch Nr. 11307, 2003, YbCA 2008, 24.

Korruption abgeschlossen habe. Das Schiedsgericht sah den Vorwurf der Korruption dennoch als erwiesen an. Da Transnet aber tatsächlich auch Wartungsarbeiten durchgeführt habe, könne Cameroon Airlines nur einen Teil der vorgenommenen Zahlungen zurückverlangen, nicht aber den gesamten Betrag.[162] Die Entscheidung wurde vom U.K. High Court of Justice aufgehoben mit der Begründung, dass einer Partei die Gewährung rechtlichen Gehörs versagt wurde. Darüber hinaus stimmte der U.K. High Court of Justice der Entscheidung des Schiedsgerichts grundsätzlich zu, zweifelte aber an, dass die Anerkennung von Ersatzansprüchen für eine an Korruption beteiligte Partei angemessen sei.[163]

Während im Fall Lagergren somit die Wirksamkeit des Beratervertrages in Rede stand, ging es in der dargestellten Entscheidung um einen, diesem Beratervertrag noch vorgelagerten Vertrag, dem Hauptvertrag, zu dessen Umsetzung die Korruption als notwendig erachtet wurde. Der Vertrag zwischen Cameroon Airlines und Transnet wurde somit nicht zum Zwecke der Korruption geschlossen, sondern kann lediglich als mit Korruption belastet angesehen werden.

### 3. *Korruption in der Privatwirtschaft*

In der schiedsgerichtlichen Praxis weniger relevant, aber dennoch zu beachten, ist die Korruption in der Privatwirtschaft durch Schmiergeldabreden zwischen Mitarbeitern des Auftragnehmers und Auftraggebers.[164] In einem solchen Fall vereinbart der Mitarbeiter eines Unternehmens mit einem Mitarbeiter eines potenziellen Auftraggebers, dass dieser Einfluss auf die Auftragsvergabe zum Vorteil des Unternehmers nimmt. Als Gegenleistung wird eine Beteiligung an dem Auftragswert versprochen. Zwischen den Mitarbeitern der beiden Unternehmen wird somit eine Schmiergeldabrede geschlossen, die im Folgenden einen Hauptvertrag zwischen den Unternehmen herbeiführt. Anders als bei Korruption durch einen Berater oder Vermittler wird kein unabhängiger Dritter in den Sachverhalt eingebunden.

---

162 ICC Schiedsspruch Nr. 11307, 2003, YbCA 2008, 24.; Entscheidung des UK High Court of Justice, EWHC 2004, 1829 Rn. 80 f.

163 U.K. High Court of Justice, EWHC 2004, 1829 Rn. 82.

164 Siehe auch Falldarstellung in: *Grützner/Behr* in: Momsen/Grützner, Wirtschaftsstrafrecht, Kap. 9 Rn. 376.

### 4. *Zwischenergebnis*

Bereits die dargestellten Entscheidungen zeigen, dass die verfahrensrechtlichen Auswirkungen von Korruption in verschiedenen Stadien des Schiedsverfahrens von Bedeutung sind. Praktisch relevant sind vor allem die Fallkonstellationen, in denen Verträge geschlossen werden, um Korruptionszahlungen im Rahmen eines Berater- oder Vermittlervertrages[165] oder als versteckte Kommission vorzunehmen, sodass sich eine Partei im Schiedsverfahren auf die Nichtigkeit des Vertrages berufen kann. Sowohl das Einfordern der vereinbarten Vergütung oder die Rückforderungen von erfolgten Zahlungen können Gegenstand eines Schiedsverfahrens sein. Zu unterscheiden sind dabei wiederum zwei Fallkonstellationen: zum einen können beide Parteien des Schiedsverfahrens in die Korruptionshandlung verwickelt sein, wenn der zugrundeliegende Vertrag direkt zum Zwecke der Korruption geschlossen wird (§ 2 I. 1.), es handelt sich bei dem zugrundeliegenden Vertrag direkt um den Berater- oder Vermittlervertrag. Zum anderen kann eine Partei aber auch an den Korruptionshandlungen unbeteiligt sein, wenn eine von ihr beauftragte Partei im Folgenden einen Vertrag zum Zwecke der Korruption schließt (§ 1 I. 2.), um die gezahlten Vergütungen lediglich zur Vornahme korrupter Handlungen zu nutzen. In diesem Fall ist der Vertrag lediglich mit Korruption belastet. Auch die Korruption in der Privatwirtschaft durch eine Schmiergeldabrede zwischen Mitarbeitern ist in die Untersuchung einzubeziehen. Zu beachten ist jedoch, dass dieser Fall zumindest in den veröffentlichten Entscheidungen von Schiedsgerichten eine weit weniger große Rolle spielt.

Die unterschiedlichen Auswirkungen dieser Fallkonstellationen im Rahmen des Schiedsverfahrens sind zu untersuchen.

## II. Zugehörigkeit von Korruptionsverboten zum Ordre public

Die große Anzahl an Schiedsverfahren zur Beilegung internationaler Rechtsstreitigkeiten auf dem Gebiet des Handelsrechts zeigt, dass eine effektive Bekämpfung von Korruption nicht ohne eine sachgemäße Behandlung im Schiedsverfahren zu erreichen ist. Die Wirtschaftsbereiche, in denen Korruption am weitesten

165 Um welchen Vertragstyp es sich handelt, hängt von der konkreten Ausgestaltung im Einzelfall ab, ist aber für die Auswirkungen der Korruption nicht weiter von Bedeutung.

verbreitet ist, sind auch jene, in denen der Großteil der Rechtsstreitigkeiten von Schiedsgerichten entschieden wird.[166]

Die Berücksichtigung von Korruptionsvorschriften als Bestandteil des ordre public durch Schiedsgerichte, spielt vor allem auf der Ebene des Aufhebungs- und Vollstreckbarerklärungsverfahrens eine Rolle, aber auch in anderen Stadien des Schiedsverfahrens (Wirksamkeit der Schiedsvereinbarung; ex officio-Untersuchung durch das Schiedsgericht) und wird daher bereits an dieser Stelle behandelt. Der ordre public bildet die Grenze der Autonomie des Schiedsgerichts und ist als solche bereits im Verfahren von den Schiedsrichtern zu berücksichtigen.[167] Das Schiedsgericht hat alle Anstrengungen zu unternehmen, einen ordre public konformen Schiedsspruch zu erlassen, um eine Vollstreckbarkeit des Schiedsspruches zumindest zu ermöglichen.[168] Im Rahmen von Korruptionsfällen kommt ein Verstoß gegen den materiell-rechtlichen ordre public in Betracht. Die UNCITRAL-Working Group hat Korruption ausdrücklich als Grundlage zur Aufhebung eines Schiedsspruches bezeichnet.[169] Zu untersuchen ist, in welchen Fällen das Ergebnis eines Schiedsverfahrens tatsächlich aufgrund von Korruption im Widerspruch zum deutschen internen (1. a)) und zum französischen internen (2.a)) oder zum deutschen internationalen (1. b)) und zum französischen internationalen (2. b)) ordre public steht. Zudem wird die Bedeutung des transnationalen ordre public in Korruptionsfällen untersucht (3.).

Der ordre public Einwand ist ein Auffangtatbestand und wird in Aufhebungs- und Vollstreckbarerklärungsverfahren grundsätzlich nur selten relevant.[170] Bei dem Aufhebungsgrund der Korruption ist der materiell-rechtliche ordre public Einwand dagegen maßgeblich. Dennoch wird in vielen Fällen auch die Unzuständigkeit des Schiedsgerichts aufgrund von Korruption behauptet.[171] Durch

---

166 Öffentliche Baumaßnahmen, Waffen und Verteidigung sowie Öl und Gas: *Cremades/Cairns* in: Arbitration - Corruption, Money Laundering and Fraud, 65 (70).

167 *Racine* in: L'ordre public et l'Arbitrage, 7.

168 *Moreau/Glucksmann/Feng*, Arbitrage international, Rn. 352 ff.; *Piehl*, Bestechungsgelder im internationalen Wirtschaftsverkehr, S. 121; Hiervon gingen auch die Schiedsgerichte in folgenden Entscheidungen aus: ICC Schiedsspruch Nr. 15912 (2016), ICC Dispute Resolution Bulletin 2016 No. 1, 84; zu den sich daraus ergebenden Konsequenzen für das anwendbare Recht s.u. Kap. 3 § 6 II. 3. b).

169 *Holtzmann/Neuhaus*, Guide to Model Law 1989, S. 914: „Thus, instances such as Corruption, bribery or fraud or similar serious caseswould constitue a ground for setting aside."; *Lionnet/Lionnet*, Handbuch der internationalen und nationalen Schiedsgerichtsbarkeit, S. 412.

170 *Lew/Mistelis/Kröll*, Comparative International Commercial Arbitration, Rn. 26-120.

171 Siehe zur Zuständigkeit des Schiedsgerichts unten: Kap. 2 § 3 und § 4.

die großzügige Annahme sowohl einer wirksamen Schiedsvereinbarung als Folge des Trennungsgrundsatzes als auch schiedsfähiger Streitigkeiten spielt diese Einrede aber nur noch in Einzelfällen eine Rolle.

### 1. *Deutschland*

Ein inländischer Schiedsspruch kann aufgrund eines ordre public Verstoßes auf Antrag bei einem deutschen Gericht nach § 1059 Abs. 2 Nr. 2 b) ZPO aufgehoben oder ihm kann die Vollstreckbarerklärung nach §§ 1060 Abs. 2, 1059 Abs. 2 Nr. 2 b) ZPO versagt werden. Das staatliche Gericht prüft, ob eine Anerkennung oder Vollstreckbarerklärung im Ergebnis gegen den ordre public verstößt.[172] Der im Rahmen des Aufhebungs- und Vollstreckbarerklärungsverfahrens anzuwendende ordre public ist großzügiger als der ordre public, der von den staatlichen Gerichten gemäß Art. 6 EGBGB bei der Anwendung ausländischen Rechts zu berücksichtigen ist.[173]

Ausländische Schiedssprüche werden von deutschen Gerichten nicht aufgehoben, ihnen wird lediglich die Anerkennung oder Vollstreckbarerklärung versagt, § 1061 Abs. 1 ZPO in Verbindung mit dem UNÜ. Ausländisch ist ein Schiedsspruch, wenn der Schiedsort nicht in Deutschland liegt.[174] Der ordre public-Vorbehalt im Rahmen von Anerkennungs- und Vollstreckungsverfahren auf internationaler Ebene ist in Art. V Nr. 2 b) UNÜ geregelt.[175] Einem ausländischen Schiedsspruch kann nur dann die Anerkennung oder Vollstreckung versagt werden, wenn das schiedsgerichtliche Verfahren an einem schwerwiegenden, die Grundlagen des staatlichen und wirtschaftlichen Lebens berührenden Mangel leidet.[176] Auch Art. V Nr. 2 b) UNÜ sieht eine ergebnisbezogene Prüfung des Verstoßes gegen den internationalen ordre public vor.[177]

Unterschieden wird zwischen dem ordre public interne und dem ordre public international.[178] Bei Schiedssprüchen mit internationalem Bezug soll die Überprüfung großzügiger erfolgen als bei solchen mit rein nationalem Bezug, da von der deutschen Rechtslage abweichende Entscheidungen weitergehend hinzunehmen seien.[179] Diese Differenzierung wird jedoch von einer anderen Absicht

172 Zum Prüfungsumfang: s.u. Kap. 5 § 9 III.
173 Zöller-ZPO/*Geimer*, § 1059 Rn. 47a.
174 Musielak/Voit-ZPO/*Voit* § 1061 Rn. 4.
175 BGH, 06.10.2016, NJW-RR 2017, 313 Rn. 56.
176 BGH, 06.10.2016, NJW-RR 2017, 313; Zöller-ZPO/*Geimer*, § 1061 Rn. 28.
177 Stein/Jonas-ZPO/*Schlosser*, Anh. zu § 1061 Rn. 134.
178 Stein/Jonas-ZPO/*Schlosser*, Anh. zu § 1061 Rn. 135.
179 *Schütze*, Schiedsgericht und Schiedsverfahren [6. Auflage 2016], Rn. 617.

abgelehnt mit Verweis auf die sich entsprechende Terminologie in § 1059 Abs. 2 Nr. 2 b) ZPO und Art. V Nr. 2 b) UNÜ. Der Gesetzgeber habe auch nicht erkennen lassen, dass er ein Bedürfnis für eine Differenzierung sehe.[180]

### *a) Ordre public interne*

Der ordre public interne beschreibt die wesentlichen Grundsätze, die sich aus der Rechtsordnung eines Staates ergeben und welche bei der Verknüpfung eines Verfahrens zu der Rechtsordnung dieses Staates Berücksichtigung finden müssen.[181] Der deutsche ordre public interne umfasst dabei nicht alle zwingenden Normen.[182] Eine Beeinträchtigung ist lediglich bei einer offensichtlichen Unvereinbarkeit mit den wesentlichen Grundsätzen der deutschen Rechtsordnung gegeben.[183] Darunter fallen insbesondere die Grundrechte, aber auch zwingendes staatliches Wirtschaftsrecht.[184] Die Anerkennung eines Schiedsspruches, der zur Erfüllung eines rechtswidrigen oder sittenwidrigen Vertrages (§§ 134, 138 BGB) verpflichtet, wird unproblematisch als ordre public-widrig angesehen. Die Missbilligung der Zahlung von Bestechungsgeldern durch die deutsche Rechtsordnung auch bei Üblichkeit von Korruption in dem betreffenden Staat wurde vom BGH bereits 1985 festgestellt.[185] Auch die Verpflichtung zur Erstattung gezahlter Bestechungsgelder wird unter den deutschen internen ordre public gefasst.[186]

### *b) Ordre public international*

Im deutschen Schiedsverfahrensrecht wird für die Anwendung des deutschen internationalen ordre public die Orientierung an internationalen Wertemaßstäben gefordert. Die Anerkennung oder Vollstreckung von Schiedssprüchen ohne Bezug zur deutschen Rechtsordnung soll grundsätzlich nicht an einem Verstoß gegen zwingende deutsche Rechtsnormen scheitern.[187] Die Entscheidung des

---

180 *Hammer*, Überprüfung von Schiedsverfahren durch staatliche Gerichte in Deutschland, Rn. 851; *Geimer* in: Geimer, Internationales Zivilprozessrecht, Rn. 3920 mwN.
181 *Schütze*, Schiedsgericht und Schiedsverfahren [6. Auflage 2016], Rn. 617.
182 *Schütze*, Schiedsgericht und Schiedsverfahren [6. Auflage 2016], Rn. 617.
183 BGH, 28.01.2014, SchiedsVZ 2014, 98.
184 Insbesondere die Vorschriften des Kartellrechts sowohl im GWB als auch im AEUV.
185 BGH, 08.05.1985, NJW 1985, 2405; *Lachmann*, Handbuch der Schiedsgerichtspraxis, Rn. 2319 f.
186 *Lachmann*, Handbuch der Schiedsgerichtspraxis, Rn. 2321.
187 *Lachmann*, Handbuch der Schiedsgerichtspraxis, Rn. 2318.

Schiedsgerichts darf nicht mit den Grundgedanken der deutschen Regelungen und den in ihnen liegenden Gerechtigkeitsvorstellungen in einem so schwerwiegenden Widerspruch stehen, dass seine Anwendung als untragbar angesehen werden muss.[188] Zur Konkretisierung dieser eher allgemeinen Definition wird die Bestimmung des internationalen ordre public oftmals anhand von in der Rechtsprechung entwickelten Fallgruppen vorgenommen.[189] Durch die enge Auslegung des ordre public intern ergibt sich faktisch – auch wenn man die Differenzierung vornimmt – kaum ein Unterschied zwischen internem und internationalen ordre public.[190] Allerdings wird angenommen, dass eine Beeinträchtigung der deutschen Rechtsordnung weniger schwerwiegend ist, wenn keinerlei Verbindung des Rechtsstreites zu Deutschland besteht.[191] Auch ist es möglich, sittenwidriges und nicht zwangsläufig strafbares Verhaltens vom ordre public zu erfassen. Dies wird insbesondere bei grenzüberschreitenden Korruptionsfällen, in denen deutsches Strafrecht nicht zur Anwendung kommt, relevant.

Allgemein wird Korruption im internationalen Schiedsverfahren als ordre public-widriges Verhalten angesehen.[192] Fraglich ist, woraus sich dies im Einzelnen ergibt – nationalen Strafvorschriften, internationalen Konventionen oder den guten Sitten – und wie es sich bei mit Korruption belasteten Hauptverträgen verhält.

Grundsätzlich ist bei der Versagung der Vollstreckung ausländischer Schiedssprüche Zurückhaltung geboten. Die unter einem ausländischen Schiedsverfahrensrecht zustande gekommene Entscheidung ist zunächst zu akzeptieren.[193]

Das OLG Hamburg hatte 1998 über die Vollstreckbarerklärung eines in der Schweiz ergangenen Schiedsspruches zu entscheiden.[194] Das Gericht hielt fest, dass ein Schiedsspruch, der Bestechungsgelder zubilligt, aufgrund eines ordre public-Verstoßes nicht vollstreckbar sei. Die beklagte Partei hielt die

---

188 BGH, 16.09.1993, BGHZ 123, 268 (271 ff.).

189 *Lachmann*, Handbuch der Schiedsgerichtspraxis, Rn. 2659 ff.,

190 *Schwab/Walter*, Schiedsgerichtsbarkeit, Kap. 57 Rn 36; Stein/Jonas-ZPO/*Schlosser*, Anh. zu § 1061 Rn. 314; *Mavrantonakis*, Das Verbot der révision au fond, S. 149.

191 Stein/Jonas-ZPO/*Schlosser*, Anh. zu § 1061 Rn. 317.

192 *Born*, International Commercial Arbitration, § 25.04[H][5]; *Lew/Mistelis/Kröll*, Comparative International Commercial Arbitration, Rn. 26-118; mit Verweis auf französische Gerichtsentscheidungen: *Schwab/Walter*, Schiedsgerichtsbarkeit, Kap. 24 Rn. 36 jeweils mwN.

193 *Born*, International Commercial Arbitration, § 25.04[H][5].

194 OLG Hamburg, 12.03.1998, BeckRS 1998, 06211; ausführliche Auswertung der Entscheidung s.u. Kap. 5 § 9 III. 3.

Vollstreckbarerklärung eines Schiedsspruches, welcher sie zur Zahlung von Bestechungsgeldern verurteilte, für ordre public-widrig. Das staatliche Gericht verneinte einen ordre public-Verstoß aber aufgrund der Auseinandersetzung mit dem Einwand und der ausführlichen Beweisaufnahme durch das Schiedsgericht.[195] Auch in der Literatur wird die Verurteilung zur Zahlung von Bestechungsgeldern als Verstoß gegen den internationalen ordre public aufgefasst,[196] da somit Korruption unmittelbar gefördert werden würde.

### 2. *Frankreich*

Die Aufhebung eines internen Schiedsspruches ist im französischen Schiedsverfahrensrecht in Art. 1491, 1492 CPC, die Vollstreckbarerklärung in Art. 1487, 1488, CPC geregelt. Eine Aufhebung oder Versagung der Vollstreckbarerklärung kommt bei einem Verstoß gegen den internen ordre public in Betracht, Art. 1488, 1492 CPC.

Die Anerkennung und Vollstreckung sowohl internationaler als auch ausländischer Schiedssprüche ist in Art. 1514 CPC geregelt. Frankreich hat das UNÜ auch ratifiziert, trifft im Rahmen des Anerkennungs- und Vollstreckungsverfahren allerdings schiedsfreundlichere Regelungen, die im Wege der Meistbegünstigung über Art. VII UNÜ zur Anwendung kommen.[197] Ausländische oder internationale Schiedssprüche sollen anerkannt und vollstreckt werden, wenn ihre Existenz bewiesen werden kann und sie nicht gegen den internationalen ordre public verstoßen. Die Aufhebung internationaler Schiedssprüche, die in Frankreich erlassen wurden, ist in Art. 1520 CPC separat geregelt.

#### a) *Ordre public interne*

In Frankreich werden alle zwingenden Normen als dem ordre public interne nach Art. 1488, 1492 CPC zugehörig gewertet.[198] Bei strafrechtlichen Vorschriften zur Korruptionsbekämpfung handelt es sich um zwingendes Recht und auch um Verbotsregelungen, die essentiell für die Funktionsweise eines Staates sind.[199] Durch die umfassenden Korruptionsvorschriften im französischen Strafrecht werden sämtliche Korruptionsformen – nach dem hier zugrunde

---

195 Zur Bindung an die Tatsachenfeststellungen des Schiedsgerichts: s.u. Kap. 5 § 9 III. 2.

196 BeckOK-ZPO/*Wilske/Markert* § 1059 Rn. 63.2; *Lachmann*, Handbuch für die Schiedsgerichtsbarkeit, Rn. 2682 f.; Stein/Jonas-ZPO/*Schlosser*, Anh. § 1061 Rn. 324, 329.

197 *Salger/Trittmann*, Internationale Schiedsverfahren, § 24 Rn. 490.

198 Stein/Jonas-ZPO/*Schlosser*, Anh. zu § 1061 Rn. 317.

199 S.o. Kap. 1 § 1 II. 2. b); *Saenko*, RTD com. 2017, 208.

gelegten Korruptionsbegriff – somit auch vom französischen ordre public interne umfasst. Die Verurteilung zur Zahlung von Bestechungsgeldern ist demnach als ordre public-widrig einzustufen.

### *b) Ordre public international*

Der Anwendungsbereich internationaler Schiedsverfahren geht in Frankreich gemäß Art. 1504 CPC sehr weit und umfasst alle Schiedsverfahren, die einen Zusammenhang mit einer ausländischen Rechtsordnung aufweisen, sodass auch Schiedsverfahren zweier französischer Parteien mit Sitz in Frankreich als internationale Schiedsverfahren gewertet werden können.[200] Nationale Schiedsverfahren, denen ein mit Korruption belasteter Vertrag zugrunde liegt, sind eine Seltenheit.

Der in Art. 1514 CPC genannte ordre public-Verstoß zur Versagung der Anerkennung des Schiedsspruches und in Art. 1520, 1525 CPC zur Aufhebung beziehungsweise Versagung der Vollstreckbarerklärung eines Schiedsspruches, der in einem internationalen Schiedsverfahren oder im Ausland ergangen ist, unterscheidet sich deutlich vom internen ordre public.[201] In Frankreich herrscht ein liberales Verständnis des ordre public international vor, sodass lediglich allgemein anerkannte Prinzipien (beispielsweise Menschenrechte) sowie Angelegenheiten darunter fallen, die für fundamental wichtig für die wirtschaftliche, politische und soziale Ordnung gehalten werden.[202] Die im französischen CPC aufgeführten Gründe die Anerkennung oder Vollstreckbarerklärung eines Schiedsspruches zu versagen, werden als schiedsfreundlicher verstanden als die Regelungen des UNÜ, sodass im Wege der Meistbegünstigung die französischen Regelungen zur Anwendung kommen.[203] Die französische Rechtsprechung ordnet Verträge, deren Ziel die Vornahme korrupter Handlungen ist, sowohl dem internen als auch dem internationalen französischen ordre public zu.[204] Die Cour

---

200 *Kühner*, SchiedsVZ 2011, 125 (126).

201 Zu den Unterschieden der deutschen und der französischen Konzeption: Stein/Jonas-ZPO/*Schlosser*, Anh. zu § 1061 Rn. 317.

202 *Balthasar/Ziadé* in: Balthasar, International Commercial Arbitration, § 9 Rn. 98; *Pic/Rajan*, Indian Journal of Arbitration Law 2017, 197 (203 f.).

203 *Pic/Rajan*, Indian Journal of Arbitration Law 2017, 197 (199).

204 Cour d'Appel Paris, 30.09.1993, Rev. Arb. 1994, 359; *Delvolvé/Pointon/Rouche*, French Arbitration Law and Practice, S. 259; *Pic/Rajan*, Indian Journal of Arbitration Law, 2017, 197 (203 f.); im ICC Schiedsspruch Nr. 8891, Clunet 2000, 1076 führte das Schiedsgericht aus, dass sich die Nichtigkeit des Vertrages nicht nur aus dem französischen internen ordre public, sondern auch aus dem ordre public international ergebe.

d'Appel hat auch bereits entschieden, dass die Anerkennung einer Entscheidung, die im Ergebnis die Erfüllung von Verträgen, die entweder missbräuchliche Einflussnahme oder Bestechung zum Gegenstand haben, im Widerspruch zu den Grundsätzen der französischen Rechtsordnung stehe.[205]

In der Entscheidung Gulf Leaders gegen CFF berief sich die beklagte Gesellschaft Gulf Leaders auf die Nichtigkeit des Vertrages aufgrund von Korruption und machte diesen Einwand sowohl vor dem Schiedsgericht als auch vor den staatlichen Gerichten im Aufhebungsverfahren geltend.[206] CFF habe einen Beratervertrag geschlossen, dessen Zweck die Vornahme von Korruptionszahlungen gewesen sei.[207] Das Schiedsgericht erklärte den Vertrag für nichtig und verurteilte die Klägerin zur Rückzahlung der Darlehensraten.[208] Die Entscheidung wurde sowohl von der Cour d'Appel Paris als auch von der Cour de Cassation überprüft.[209] Der zugrunde gelegte Prüfungsmaßstab im Anerkennungs- und Vollstreckungsverfahren wurde von den staatlichen Gerichten unterschiedlich beurteilt.[210] An der ordre public-Widrigkeit von Schiedssprüchen, welche Verträgen zum Zwecke von Korruption als wirksam anerkennen, ließen die Gerichte dagegen keinen Zweifel.[211]

### 3. *Bestimmung des internationalen ordre public in Korruptionsfällen*

Zu untersuchen ist, wie der internationale ordre public in Korruptionsfällen unter Heranziehung zwischenstaatlicher Übereinkommen einheitlicher bestimmt werden kann und in welchen Fällen ein Verstoß gegen den internationalen ordre public nicht ohne weiteres angenommen werden kann.

---

205 Cour d'Appel Paris, 30.09.1993, Rev. Arb. 1994, 359 (365).

206 Nicht veröffentlicht, siehe zum Aufhebungsverfahren: Gulf Leaders v. CFF, Cour d'Appel Paris, 04.03.2014, Rev. Arb., 2014, Issue 4, 955.

207 Diskutiert wird anhand der Entscheidungen vor allem die uneinheitliche Rechtsprechung zum Prüfungsumfang staatlicher Gerichte in Anerkennungs- und Vollstreckungsverfahren: s. daher ausführlich unten: Kap. 5 § 9 IV. 2.

208 Gulf Leaders v. CFF, Cour d'Appel Paris, 04.03.2014, Rev. Arb., 2014, Issue 4, 955.

209 Gulf Leaders v. CFF, Cour d'Appel Paris, 04.03.2014, Rev. Arb., 2014, Issue 4, 955; Cour de Cassation, 24.06.2015, Arret n° 728 F-D, pourvoi n° X 14-18.706 abrufbar unter: https://www.legifrance.gouv.fr/affichJuriJudi.do?idTexte=JURITEXT000030791623 (zuletzt aufgerufen am: 12.07.2020).

210 S. dazu unten: Kap. 5 § 9 IV. 2.

211 Société Gulf Leaders for Management and Services Holding Company v. Société Crédit foncier de France, Court de Cassation, 24.06.2015, Rev. Arb. 2016, 219 – 221 m. Anm. *Delanoy*, Rev. Arb. 2016, 221.

*a) Ordre public-Relevanz europäischer Regelungswerke*

Europäisches Recht gewinnt auch in der Schiedsgerichtsbarkeit zunehmend an Bedeutung.[212] Teilweise wird ein eigenständiger europäischer ordre public entwickelt, der zwingende Normen des Unionsrechts umfassen soll.[213] Welche Normen des EU-Rechts von solcher Relevanz sind, dass sie als ordre public anzuerkennen sind, richte sich nach der Entscheidung der Organe der europäischen Union.[214] Die Relevanz von Europarecht im Rahmen des ordre public wurde insbesondere anhand von Kartellrechtsverstößen untersucht. Der EuGH hat entschieden, dass die staatlichen Gerichte der Mitgliedstaaten in Aufhebungs- und Anerkennungsverfahren für die Geltung des europäischen Kartellrechts Sorge tragen müssen.[215] Das europäische Kartellrecht ist in Art. 101, 102 AEUV und damit im Primärrecht der Europäischen Union geregelt.

Dagegen wird überwiegend vorgezogen, dem EU-Recht lediglich eine Konkretisierung des nationalen ordre public zu entnehmen.[216] Das UNÜ bezieht sich ausdrücklich auf den internationalen ordre public des Anerkennungs- oder Vollstreckungsstaates. Zwingendes EU-Recht ist dabei als fundamentales Prinzip der EU Mitgliedstaaten einzustufen. Vorschriften zur Korruptionsbekämpfung finden sich im Primärrecht der Europäischen Union nicht, wurden aber in das Übereinkommen über den Schutz der finanziellen Interessen der Europäischen Gemeinschaft aufgenommen. Dass die Bestechung und Bestechlichkeit von Amtsträgern die politische und wirtschaftliche Ordnung eines Staates bedrohen, ist anerkannt.[217] Dies wird auch von dem Übereinkommen der EU erfasst. Allerdings kommt das Übereinkommen erst durch die Umsetzung in nationales Recht zu Geltung. Es handelt sich nicht um unmittelbar in den Mitgliedstaaten geltende, hinreichend konkrete Vorschriften.[218] Es kann somit zur Konkretisierung des nationalen ordre public herangezogen werden und verdeutlicht, welche

212 *Lew/Mistelis/Kröll*, Comparative International Commercial Arbitration, Rn. 19-1.

213 *Caprasse* in: L'ordre public et l'arbitrage, 115 (116).

214 *Caprasse* in: L'ordre public et l'arbitrage, 115 (116).

215 EuGH von 23.11.1999 – C-369/96 und C-376/96 = EuGHE 1999 I, 8453; *Eilmansberger*, SchiedsVZ 2006, 5 (14).

216 OLG Celle, 18.11.2010, BeckRS 2011, 14113; einen ordre public communautaire ablehnend: *Hilbig*, Das gemeinschaftsrechtliche Kartellverbot im internationalen Handelsschiedsverfahren, S. 21 f.

217 S.o. Kap. 1 § 1 II. 1.

218 Siehe zur Qualifikation der Art. 81, 82 EG (jetzt Art. 101, 102 AEUV) als Eingriffsnormen: *Hilbig*, Das gemeinschaftsrechtliche Kartellverbot im internationalen Schiedsverfahren, S. 108 ff.; *Eilmansberger*, SchiedsVZ 2006, 5 (12).

Relevanz die europäische Union der Korruptionsbekämpfung beimisst. Für die staatlichen Gerichte kann sich im Rahmen der Überprüfung von Schiedssprüchen auch eine Pflicht gegenüber der Europäischen Union zur Durchsetzung des Übereinkommens ergeben.[219] Schiedsgerichte, die ihren Sitz innerhalb der europäischen Union haben, sind somit bereits durch das europäische Recht angehalten, die Bedeutung der Bestechung und Bestechlichkeit von Amtsträgern zum ordre public bei Durchführung des Schiedsverfahrens zu berücksichtigen.

Anders verhält es sich mit der Korruption in der Privatwirtschaft. Diese wird von dem EU-Übereinkommen nicht erfasst und lediglich von den Mitgliedstaaten auf unterschiedliche Art und Weise mit Strafe bedroht. Sie ist somit nicht Teil des zwingenden europäischen Rechts, das auch in Schiedsverfahren berücksichtigt werden muss. Eine Berücksichtigung von Korruption in der Privatwirtschaft kann sich dagegen aus zwingenden innerstaatlichen oder internationalen Vorschriften ergeben.

### *b) Anti-Korruptionskonventionen als Maßstab zur Bestimmung eines internationalen ordre public*

Nur vereinzelt angesprochen und an dieser Stelle zu diskutieren ist dagegen die Frage, ob und wenn ja, an welcher Stelle internationale Konventionen bei der Bestimmung des internationalen ordre public eine Rolle spielen. Mit der Ratifizierung von internationalen Konventionen werden diese für den jeweiligen Staat bindend. Könnte daher ein Verstoß gegen ein UN-Übereinkommen zwingend die Aufhebung des Schiedsspruches begründen? Welche Voraussetzungen müssten erfüllt sein, um einen Versagungsgrund aus einer internationalen Konvention herzuleiten?

Auf diese Fragen sind Gerichte bisher gar nicht oder lediglich am Rande eingegangen.[220] Die seit langem diskutierte Problematik, wann ein Schiedsspruch aufgehoben wird, könnte im Hinblick auf Korruptionsfälle durch die internationale Harmonisierung zur Bekämpfung bestimmter Verhaltensweisen eine Konkretisierung erfahren. Gegen einen solchen Ansatz wird eingewandt, die Anti-Korruptionskonventionen seien oftmals nicht eindeutig und hinreichend konkret, um ihnen Anhaltspunkte für die Bestimmung eines ordre public international zu entnehmen,[221] sodass in Einzelfällen ohnehin auf die Regelungen

---

219 Siehe sogleich: Kap. 1 § 2 II. 2. a) dd).

220 Für das österreichische Recht: OGH, Urt. v. 24.8.2011 – 3 Ob 65/11 x; *Kilches*, SchiedsVZ 2016, 150 (151).

221 *Kilches*, SchiedsVZ 2016, 150 f.

nationaler Rechtsordnungen zurückgegriffen werden müsse. Art. 3 Abs. 1 der OECD Konvention normiert lediglich die Strafbarkeit der Bestechung, nicht aber der Bestechlickeit. In Art. 15 ff. des UN-Übereinkommens gegen Korruption werden Verhaltensweisen genannt, welche nach Art. 30 des UN-Übereinkommens gegen Korruption sanktioniert werden sollen. Art. 30 des UN-Übereinkommens gegen Korruption nennt jedoch keine konkreten Rechtsfolgen, die ergriffen werden müssen.

Die internationalen Regelwerke zur Korruptionsbekämpfung haben in den letzten Jahren jedoch an Einheitlichkeit und Konkretisierung gewonnen. Der Einwand, dass sich ihnen aufgrund ihrer Widersprüchlichkeit und Unverbindlichkeit keine Schlussfolgerungen für einen internationalen ordre public der unterzeichnenden Staaten entnehmen lassen,[222] ist damit nunmehr zu widerlegen. An dieser Stelle sei insbesondere auf die Aufnahme von Definitionen in dem UN-Übereinkommen gegen Korruption hingewiesen, welche eine Konkretisierung des Korruptionsbegriffes zulassen.[223]

Das International Law Association Commitee on International Commercial Arbitration beschäftigte sich in seiner Konferenz 2002 mit der Bestimmung des ordre public und erkannte eine Pflicht der Mitgliedstaaten der OECD-Konvention zur Bekämpfung von Korruption untereinander an. Mit der Ratifizierung der Konvention verpflichten sich die Staaten untereinander dazu, effektiv zur Korruptionsbekämpfung beizutragen.[224] Daraus ließ sich auch eine Verpflichtung ableiten, die in der Konvention verbotenen Verhaltensweisen bei der Beurteilung des ordre public zu berücksichtigen.[225] Dieser Ansatz lässt sich auch auf das UN-Übereinkommen gegen Korruption übertragen, das in den Maßnahmen zur Korruptionsbekämpfung noch weiter geht als die OECD-Konvention. Relevant wird diese Verpflichtung vor allem, wenn sich das Korruptionsverbot nicht mehr aus strafrechtlichen Regelungen herleiten lässt, da diese nicht zur Anwendung kommen. Andernfalls lässt sich die Korruptionsbekämpfung als ordre

222 *Piehl*, Bestechungsgelder im internationalen Wirtschaftsverkehr, S.127.

223 S.o. Kap. 1 § 1 III. 1. dd).

224 *Lalive*, Transnational (or truly international) public policy, ICCA Congress Series, 1986, 259 Rn. 30 ff. zur Geltung internationaler Verträge als ordre public international nach ihrer Ratifikation.

225 *Mayer/Sheppard*, Arb. Int. 2003, 248 (256); diese Verpflichtung soll auch gegenüber internationalen Vereinigungen bestehen; in der Resolution of the ILA on Public Policy as a Bar to Enforcement of International Arbitral Awards, Arb. Int. 2003, 213 (214) wird Korruption unter mehrere der Kategorien des internationalen ordre public gefasst.

public-Bestandteil bereits aus nationalen Rechtsordnungen durch die Umsetzung der Konventionen herleiten. Die Notwendigkeit zur Einordnung von Korruption als ordre public-widrig nach dem ordre public international ergibt sich für Vertragsstaaten internationaler Konventionen somit bereits losgelöst vom nationalen Recht.[226] Darüber hinaus kann der Verpflichtung zur internationalen Korruptionsbekämpfung entnommen werden, dass eine Beeinträchtigung des ordre public international auch anzunehmen ist, wenn keine Verbindung des Rechtsstreits zur deutschen oder französischen Rechtsordnung besteht und deren fundamentale Prinzipien damit nicht betroffen sind.[227] Die unterzeichnenden Staaten haben sich zur Mitwirkung an der weltweiten Bekämpfung von Korruption verpflichtet.

#### *c) Fallgruppen, in denen ein ordre public-Verstoß nicht ohne weiteres bejaht werden kann*

Dass die Verurteilung zu Zahlungen, die zur Korruption genutzt werden sollen, gegen den deutschen und französischen internationalen ordre public verstößt, ist im Ergebnis unbestritten. Es gibt jedoch auch Fälle, deren Beurteilung nicht so eindeutig ausfällt oder bei denen eine umfassende Auseinandersetzung bisher nicht stattgefunden hat. Die Erstattung von Bestechungsgeldern (aa)) wird nicht einheitlich als ordre public-widrig angesehen. Darüber hinaus wird nur sehr vereinzelt zu Fällen der Korruption in der Privatwirtschaft (bb)) und zu mit Korruption belasteten Hauptverträgen Stellung genommen (cc)).

#### *aa) Verstoß gegen den ordre public durch Verurteilung zur Erstattung von Bestechungsgeldern*

Die Beurteilung der Erstattung von Bestechungsgeldern, also von Fällen, in welchen die Korruption bereits stattgefunden hat, ist nicht eindeutig. In der Literatur wird vielfach – in der Regel ohne weitere Begründung – die Verurteilung zur Erstattung von Bestechungsgeldern als Verstoß gegen den ordre public international aufgefasst.[228] Problematisch hinsichtlich der Herleitung dieses ordre public-Verstoßes ist, dass die Zahlung einer Geldsumme grundsätzlich nicht gegen den ordre public verstößt.[229] Dass auch der Grund einer solchen Zahlung

---

226 Vgl. auch *Raeschke-Kessler/Gottwald*, in: FS Lüer (2008), 39 (53 f.).

227 S.o. Kap. 1 § 1 II. 2. a) aa).

228 *Lachmann*, Handbuch für die Schiedsgerichtsbarkeit, Rn. 2682 f.; BeckOK-ZPO/*Wilske/Markert*, § 1059 Rn. 63.2.

229 Anders bei Verstößen gegen währungsrechtliche Vorschriften.

die ordre public-Widrigkeit begründen kann, ist jedoch anerkannt.[230] § 817 S. 2 BGB wird allerdings nicht als Bestandteil des ordre public angesehen,[231] sodass sich ein Verbot der Rückerstattung daraus nicht ergeben kann.

Auch die UNIDROIT Principles sehen eine Empfehlung zum Umgang mit Korruptionsvorwürfen vor. Grundsätzlich sollen den Parteien bei einem Verstoß gegen zwingendes Recht keine Rechtsmittel zur Verfügung stehen.[232] Eine Erstattung kann aber gewährt werden, wenn sie im Einzelfall vernünftig erscheint.[233] Dies wird vor allem in Fällen anzunehmen sein, in denen eine Partei ohne vorherige Absprache gezahlte Gelder zur Korruption genutzt hat. Nach überwiegender Ansicht gilt dies aber nicht bei Fällen beidseitigen Verstoßes gegen Korruptionsvorschriften. Es entspricht dem internationalen Grundsatz *nemo audiatur turpitudinem suam allegans* den rechtswidrig handelnden Parteien keinerlei Ansprüche zuzusprechen.[234]

Fraglich ist, ob die Entscheidung eines Schiedsgerichts, welche zu einer Erstattung von Bestechungsgeldern führt, dadurch auch ordre public-widrig ist. Das OLG Hamm hat dies für den deutschen ordre public international angenommen.[235] Im Ergebnis lässt sich den Korruptionsvorschriften entnehmen, dass die Sanktion von Korruption so umfassend sein soll, dass keiner Partei aus dem Rechtsverhältnis Ansprüche zukommen sollen.

Zwar ist in internationalen Konventionen sowohl in den strafrechtlichen als auch in den zivilrechtlichen Vorschriften keine konkrete Regelung über eine vollständige Rückerstattung von Bestechungsgeldern enthalten. Es ist jedoch mit dem Grundgedanken der Vorschriften zur Korruptionsbekämpfung grundsätzlich nicht vereinbar, dass einer an Korruptionshandlungen beteiligten Partei Entschädigungszahlungen zugebilligt werden. Die Reichweite und die Voraussetzungen des Ausschlusses von Rückforderungsansprüchen sind allerdings in

---

230 Stein/Jonas-ZPO/*Schlosser*, Anh. zu § 1061 Rn. 324; Wolff/*Wolff*, New York Convention, Art. V Rn. 516.

231 Stein/Jonas-ZPO/*Schlosser*, Anh. zu § 1061 Rn. 332 sieht die Erstattung von Bestechungsgeldern mit Hinweis auf eine Entscheidung des schweizerischen Bundesgerichtes daher als nicht ordre public relevant an.

232 Art. 3.3.1 und 3.3.2 UNIDROIT Principles 2016, 132.

233 Art. 3.3.2 UNIDROIT Principles 2016, 132.

234 *Raeschke-Kessler/Gottwald* in: FS Lüer (2008), 39 (54).

235 OLG Hamm, 27.09.2005, SchiedsVZ 2006, 107 (109) geht letztlich von der Vollstreckbarkeit der Entscheidung des Schiedsgerichts aus, hält eine Verurteilung zur Erstattung von Bestechungsgeldern aber für geeignet einen ordre public Verstoß zu begründen.

Einzelfällen sowohl im französischen als auch im deutschen Recht strittig,[236] sodass der Ausschluss von Rückforderungsansprüchen nicht generell als ordre public-widrig eingestuft werden kann. Zu überprüfen ist, ob Erstattungsansprüche im Ergebnis zu einer Ermöglichung von Korruption führen. Dies ist anzunehmen, wenn das Schiedsgericht über einen Vertrag entscheidet, der zur Ermöglichung von Korruption geschlossen wurde (beispielsweise ein Vermittlervertrag oder eine Schmiergeldabrede) und somit ein beidseitiger Verstoß gegen Anti-Korruptionsvorschriften vorliegt.

### *bb) Korruption in der Privatwirtschaft*

Dass die Bestechung und Bestechlichkeit von Amtsträgern bei der Beurteilung der ordre public-Widrigkeit zu berücksichtigen sind, wird allgemein angenommen.[237] Unklar ist, wie es sich mit der Korruption in der Privatwirtschaft verhält. Eine explizite Aussage wird dazu in der Regel nicht getroffen.[238] Die Bestrafung von Korruption durch private Entscheidungsträger unterscheidet sich im internationalen Vergleich dagegen maßgeblich. Dennoch zeigt die Aufnahme in die UN-Konvention sowie die Verschärfung der Strafvorschriften in den nationalen Rechtsordnungen,[239] dass auch die Bekämpfung der Korruption in der Privatwirtschaft zu den fundamentalen Prinzipien gehört, insbesondere auch in der deutschen und französischen Rechtsordnung.

In der deutschen Literatur wird regelmäßig auf die Korruption im Ganzen abgestellt.[240] In der deutschen Gesetzgebung zum Strafrecht, umfasst der Begriff Korruption sowohl die Korruption im Amt als auch in der Privatwirtschaft,[241] sodass danach wohl auch beide Formen unter den ordre public international

236 S. zum deutschen und französischen Zivilrecht unten: Kap. 4 § 7 II.

237 *Born*, International Commercial Arbitration, § 25.04[H][3]; *Lew/Mistelis/Kröll*, Comparative International Commercial Arbitration, Rn. 17-36; *Balthasar*, in: Balthasar, International Commercial Arbitration § 10 Rn. 69.

238 *Born*, International Commercial Arbitration, § 25.04[H][3]; *Lew/Mistelis/Kröll*, Comparative International Commercial Arbitration, Rn. 17-36; *Balthasar* in: Balthasar, International Commercial Arbitration, § 10 Rn. 69 sehen ausdrücklich nur die Bestechung und Bestechlichkeit von Amtsträgern als ordre public relevant an. Zur Korruption in der Privatwirtschaft treffen sie keine Aussage.

239 S.o. Kap. 1 § 1 II. 1.

240 Beziehungsweise auf die Bestechung/Bestechlichkeit im Allgemeinen abgestellt: *Lachmann*, Handbuch der Schiedsgerichtsbarkeit, Rn. 2682 (zur Erstattung von Bestechungsgeldern).

241 S.o. Kap. 1 § 1 II. 1 a).

zu fassen sind. Auch der französische Code Pénal bezeichnet die Arbeitnehmerbestechung zumindest in der Überschrift gleichermaßen als Korruption.[242] Ausdrücklich wird zu Einordnung der Korruption im Privatsektor nur selten Stellung bezogen.[243]

Zwar zählt nicht jede Vorschrift des zwingenden Wirtschaftsrechts auch zum internationalen ordre public,[244] aber insbesondere in den letzten Jahren gehen internationale Regelungswerke zur Korruptionsbekämpfung davon aus, dass auch Korruption in der Privatwirtschaft gleichermaßen zu verurteilen ist. Aufgrund der mittlerweile vorgenommenen Einbeziehung der Korruption in Privatwirtschaft in die Korruptionsbekämpfung, lässt sich eine Missbilligung dieser auch in der deutschen und französischen Rechtsordnung entnehmen.[245] Zwar bezogen die ersten internationalen Regelungswerke die Korruption in der Privatwirtschaft nicht mit ein,[246] jedoch entspricht dies nicht dem aktuellen Verständnis des Korruptionsbegriffes, der eine Beschränkung auf Korruption durch die Einwirkung auf Amtsträger gerade nicht vorsieht. Dieser aktuelle Korruptionsbegriff trägt sowohl einer fortschreitenden Privatisierung Rechnung als auch der Erkenntnis, dass nicht nur öffentliche Korruption eine Bedrohung für Staat und Gesellschaft darstellen kann.[247] Diese Entwicklung sollte auch im Rahmen der Schiedsgerichtsbarkeit berücksichtigt werden.

### *cc) Lediglich mit Korruption belasteter Vertrag*

Fraglich ist, ob die gleichen Grundsätze für einen Vertrag gelten, der durch Korruption zustande gekommen ist wie für den, zu dessen Durchführung Korruption genutzt wird. In der Handelsschiedsgerichtsbarkeit werden in der Praxis vor allem Fälle entschieden, in denen es um die Wirksamkeit eines Vermittler- oder

---

242 Art. 445 Code Pénal: „De la corruption des personnes n'exerçant pas une fonction publique".

243 *Jacquet/Delebeque/Corneloup*, Droit du commerce international, Rn. 1177 geht davon aus, dass Verträge, die Korruption ermöglichen, generell gegen den materiellen französischen ordre public verstoßen; *Pieth* in: Arbitration: Money Laundering, Corruption and Fraud, 41 (42) stellt darauf ab, dass auch private Korruption von nationalen Regelungswerken erfasst wird.

244 Stein/Jonas-ZPO/*Schlosser*, Anh. zu § 1061 Rn. 325.

245 Bestechung von Funktionsträgern eines Unternehmens ausdrücklich als ordre publicwidrig bezeichnend: Cour d´Appel de Paris, 4.3.2014, Rev. Arb. 2014, 955 (957 ff.).

246 Insbesondere das Übereinkommen zum Schutz finanzieller Interessen der Europäischen Union.

247 S.o. Kap. 1 § 1 II. 1.

Beratervertrages geht, dessen eigentlicher Zweck es ist, dass der Berater oder Vermittler mit der gezahlten Vergütung korrupte Handlungen vornehmen kann.[248] Die ordre public-Widrigkeit der Anerkennung oder Vollstreckung von Entscheidungen, die Ansprüche aus einem solchen Vertrag zugestehen, wurde ausführlich diskutiert.

Wenig wird dazu geschrieben, wie es sich mit einem Vertrag verhält, der beispielsweise durch einen Darlehensvertrag die Zahlung der Vergütung an den Berater oder Vermittler erst ermöglichen soll und der den eigentlichen, durch Korruptionsvorschriften verbotenen Verhaltensweisen somit noch weiter vorgelagert ist.[249] In der Entscheidung Cameroon Airlines gegen Transnet warf Cameroon Airlines Transnet vor, eine Vergütung im Folgenden an einen Berater (ATT) gezahlt zu haben, sodass der in Rede stehende Hauptvertrag durch Korruption umgesetzt wurde, beziehungsweise Zahlungen aus diesem zur Korruption genutzt wurden.[250]

Der High Court of England and Wales verweigerte die Vollstreckbarerklärung, da in der Entscheidung des Schiedsgerichts eine Verletzung des rechtlichen Gehörs einer Partei zu sehen sei.[251] Darüber hinaus ging es auf einen Verstoß gegen den materiellen ordre public nicht ausdrücklich ein, zweifelte aber die Angemessenheit der Zubilligung eines Gewinnanteils aufgrund der vorgenommenen Tätigkeiten an. Die Zubilligung des Teils der Vergütung, der im Folgenden zur Korruption genutzt werden sollte, sollte unzweifelhaft einen ordre public-Verstoß begründen.[252]

Eine Entscheidung eines Schiedsgerichts, welche im Ergebnis die Wirksamkeit und Durchführbarkeit eines Vertrages ermöglicht, der ausschließlich zu dem Zweck geschlossen wurde, korrupte Handlungen zu ermöglichen, verstößt

---

248 ICC Schiedsspruch Nr. 13384, ICC Bulletin (Supplement) 24 (2013), 62; ICC Schiedsspruch Nr. 13515 (2006), ICC Bulletin (Supplement) 24 (2013) 66; ICC Schiedsspruch Nr. 14470, ICC Bulletin (Supplement) 24 (2013), 83; Gulf Leaders for Management and Services Holding Company v. SA Crédit foncier de France, Court d'Appel Paris, 04.03.2014, Rev. Arb., 2014, 955.

249 Stein/Jonas-ZPO/*Schlosser*, Anh. zu § 1061 Rn. 325 zur Unterscheidung zwischen Begriffskern und Begriffshof einer zwingenden Norm.

250 ICC Schiedsverfahren Nr. 11307, YbCA 2008, 24 zur Sachverhaltsdarstellung s.o. Kap. 1 § 2 I. 2.; siehe zum Aufhebungsverfahren: EWHC 2004, 1829.

251 ICC Schiedsverfahren Nr. 11307, YbCA 2008, 24 zur Sachverhaltsdarstellung s.o. Kap. 1 § 2 I. 2.; siehe zum Aufhebungsverfahren: EWHC 2004, 1829.

252 ICC Schiedsverfahren Nr. 11307, YbCA 2008, 24 zur Sachverhaltsdarstellung s.o. Kap. 1 § 2 I. 2.

gegen den ordre public. Ob der entsprechende Vertrag dabei noch eine Stufe vorgelagert ist, darf hieran im Ergebnis nichts ändern. Würde der Vertrag lediglich aufgrund der Tatsache, dass er nicht unmittelbar in die Vornahme korrupter Handlungen mündet, als wirksam angesehen werden, wäre eine effektive Korruptionsbekämpfung nicht möglich. Außerdem würde eine Umgehung der Nichtigkeitsfolge durch die Einschaltung von Zwischenparteien vereinfacht werden. In diesem konkreten Fall muss jedoch nachgewiesen werden, dass die gezahlten Vergütungen tatsächlich zur Korruption genutzt werden, sodass die Korruptionsfolgen durch die Einbeziehung eines vorgelagerten Vertrages nicht zu weit ausgeweitet werden.

Ein Hauptvertrag, der durch Korruption zustande gekommen ist, ermöglicht sie aber nicht, sondern ist lediglich mit Korruption belastet. Dass auch im Rahmen dieses Vertrages, Korruption nicht unsanktioniert bleiben darf, lässt sich dem internationalen ordre public entnehmen. Darüberhinausgehende Folgen ergeben sich aus dem ordre public allerdings nicht.

#### *d) Zwischenergebnis*

Die Bestechung und Bestechlichkeit von Amtsträgern wird als Gefahr für die Integrität eines Staates angesehen und kann negative Auswirkungen auf die Wirtschaft und Infrastruktur eines Staates haben. Aufgrund der breiten internationalen Bekämpfungsmethoden wird Korruption vielfach mit Verbrechen wie Drogenhandel gleichgesetzt. Nicht sämtliche Verstöße gegen zwingendes Recht sollen einen ordre public-Verstoß bewirken. Es ist jedoch sicherzustellen, dass durch Schiedsverfahren keine Partei dazu verurteilt wird, Zahlungen vorzunehmen, welche zur Bestechung im geschäftlichen Verkehr oder zur Bestechung eines Amtsträgers genutzt werden sollen. Dies gilt für alle Formen von Korruption. Dass private Korruption ebenfalls als Verstoß gegen die Grundprinzipien der staatlichen Rechtsordnungen anzuerkennen ist, zeigen die neueren Gesetzgebungsverfahren in Deutschland und Frankreich.

### *4. Ordre public transnational*

Ob ein transnationaler ordre public anerkannt werden sollte, ist seit Langem umstritten. Umfassen soll dieser alle Regelungen, die international als zwingend und allgemeingültig verstanden werden.[253] Aufgrund der internationalen Bestrebungen zur Bekämpfung von Korruption wird bei den Vertretern eines

253 *Kessedijan*, ICCA Congress Series 2007, 857 (861 f.).

transnationalen ordre public die Korruption gewöhnlich darunter gefasst.[254] Gegen die Anerkennung eines transnationalen ordre public spricht noch immer, dass keine überstaatlichen Schiedsverfahren, losgelöst von jeglichem nationalen Recht, existieren. Der ordre public transnational wurde in der Literatur und schiedsgerichtlichen Praxis bereits vom Schiedsgericht während des Verfahrens als zu berücksichtigender Standard angesehen, um die Vollstreckbarkeit des Schiedsspruches zu gewährleisten[255] und kann daher an dieser Stelle nicht außen vorgelassen werden.

*a) Herleitung eines ordre public transnational*

Hergeleitet wird der ordre public transnational teilweise aus der *lex mercatoria*, welche sich aus der *societas mercatorum* zusammensetzen soll.[256] Die Teilnehmer des internationalen Handels werden dabei als eigenständige Institution angesehen, die ihre eigenen Regeln entwickelt und anwendet.[257] Der ordre public transnational leitet sich demnach nicht aus übergreifenden, zwingenden Regelungen ab, sondern vielmehr aus dem Regelungssystem, welches sich eine gesellschaftliche Ordnung selbst gibt. Vielfach wird dagegen ein pragmatischer Ansatz gewählt und darauf abgestellt, dass der ordre public transnational in Bereiche eingreift, in denen der ordre public international bei einer Vielzahl von Staaten betroffen ist.[258] Dieser Ansatz hält etwas konkretere Anhaltspunkte bereit und würde gewährleisten, dass Schiedssprüche in einer Vielzahl von Staaten vollstreckt werden könnten. Die Notwendigkeit für die Anwendung eines transnationalen ordre public soll sich aus der fehlenden *lex fori* in der Schiedsgerichtsbarkeit ergeben.[259]

Zusammensetzen soll sich der ordre public transnational aus staatlichen Gesetzen, internationalen Konventionen, schiedsgerichtlichen Entscheidungen

254 *Lalive*, ICCA Congress Series 1986, 258 Rn. 116 ff.

255 ICC Schiedsspruch Nr. 13914, ICC Bulletin (Supplement) 24 (2013), 83; ICC Schiedsspruch Nr. 13914, ICC Bulletin (Supplement) 24 (2013), 66 leitet die Nichtigkeit von mit Korruption belasteten Verträgen ausschließlich aus dem ordre public transnational her (Korruption als *malum in se*).

256 *Sayed*, Corruption in International Trade and Commercial Arbitration, S. 280 f.; *Lalive*, ICCA Congress Series 1986, 258 Rn. 103 ff.

257 *Sayed*, Corruption in International Trade and Commercial Arbitration, S. 280 f.

258 *Betz*, Proving bribery, fraud and money laundering in international arbitration, S. 31; *Jacquet/Delebeque/Corneloup*, Droit du commerce international, Rn. 1177.

259 *Lalive*, ICCA Congress Series 1986, 257; *ders.*, Rev. Arb. 1986, 329 (336 f.); *Derains*, ICCA Congress Series 1986, 227 (254).

und den Grundsätzen in der Wissenschaft.[260] Problematisch ist, dass es sich oftmals nicht um zwingende Regelungen handelt und die Anwendung des ordre public somit zu Unsicherheiten führen kann.[261] Anders als der ordre public interne und der ordre public international kann der ordre public transnational nicht von staatlichen Gerichten direkt angewandt werden.[262] Im Anerkennungs- und Vollstreckungsverfahren haben die staatlichen Gerichte einen ausländischen Schiedsspruch anhand des UNÜ (in Verbindung mit den nationalen Schiedsrechten) zu überprüfen, welches ausdrücklich auf den ordre public des betreffenden Staates abstellt.[263] Das UNÜ zur Anerkennung und Vollstreckung ausländischer Schiedssprüche erkennt den ordre public international als nationalen Standard an.[264] Es bleibt den Staaten, in denen Anerkennung und Vollstreckung begehrt wird, überlassen, welche Grenzen für die Anerkennung und Vollstreckung ausländischer Schiedssprüche bestehen. Es soll damit die Souveränität der Anerkennungs- und Vollstreckungsstaaten gewährleistet werden.[265]

Die durch den ordre public umfassten, fundamentalen völkerrechtlichen Grundsätze sollten aber im Schiedsverfahren berücksichtigt werden.[266] Das Schiedsgericht hat als Ziel den Erlass eines vollstreckbaren Schiedsspruches. Der ordre public transnational gibt jedoch keine zwingenden Regeln vor und ein Verstoß kann auch nicht die Aufhebung eines Schiedsspruches begründen. Die Anwendung des ordre public transnational im Schiedsverfahren zur Gewährleistung der Vollstreckbarkeit des Schiedsspruches ist aufgrund seiner ungenauen Bestimmungen und der Reduktion auf absolut anerkannte internationale Standards nur bedingt zielführend. Für die Durchführung des Schiedsverfahrens

---

260 *Lew/Mistelis/Kröll*, Comparative International Commercial Arbitration, Rn. 25-40.

261 *Jacquet/Delebeque/Corneloup*, Droit du commerce international, Rn. 1177; *Kessedijan* ICCA Congress Series 2007, 857 (870) hält daher eine Einbindung der Parteien in die Entscheidung, ob das Schiedsgericht den ordre public transnational anwenden soll, für notwendig.

262 Wolff/*Wolff*, New York Convention, Art. V Rn. 497; *Poudret/Besson*, Comparative Law of international Abritration, Rn. 933.

263 So auch: *Poudret/Besson*, Comparative Law of international Abritration, Rn. 933.

264 Wolff/*Wolff*, New York Convention, Art. V Rn. 497; anders: *Betz*, Proving bribery, fraud and money laundering in international arbitration, S. 32 f. sieht den ordre public transnational zwar nicht als konkret genug an, um vom Schiedsgericht angewandt zu werden, hält ihn aber auf der Ebene der Vollstreckbarkeit für relevant.

265 Wolff/*Wolff*, New York Convention, Art. V Rn. 494 f.

266 Umstr.: *Betz*, Proving bribery, fraud and money laundering in international arbitration, S. 30.

sollte zunächst das ordre public-Verständnis des Staates, in denen das Schiedsgericht seinen Sitz hat, zugrunde gelegt werden. Nur so gibt es einen Anknüpfungspunkt für die vom Schiedsgericht zu beachtenden Regelungen.[267] Vom Schiedsgericht zwingend berücksichtigt werden sollte der ordre public des Staates, in dem das Schiedsgericht seinen Sitz hat.[268]

Dennoch haben sich Schiedsgerichte in Korruptionsfällen bereits auf den ordre public transnational als Begründungsgrundlage bezogen.[269] Dies bietet den Vorteil, dass keine Festlegung auf eine nationale Rechtsordnung erforderlich ist. Durch die Ratifikation der OECD-Konvention oder dem UN-Übereinkommen zur Bekämpfung von Korruption haben die Staaten sich dazu verpflichtet, sich an der Umsetzung zur Korruptionsbekämpfung zu beteiligen. Im Schiedsverfahren darauf abzustellen, dass auch hier die Korruptionsbekämpfung aufgrund des transnationalen ordre publics berücksichtigt werden müsse, bietet sich durchaus an.

### *b) Ordre public transnational in der Korruptionsbekämpfung*

Zur Bestimmung der Korruptionsbekämpfung als ordre public transnational können insbesondere internationale Abkommen und Konventionen herangezogen werden.[270] Auch in nahezu allen staatlichen Rechtsordnungen sind ausdrückliche Verbotsregelungen vorgesehen. Ausgehend vom allgemeinen Verständnis der Befürworter eines transnationalen ordre public ist die Korruptionsbekämpfung unstrittig ein Teil des solchen. Die internationale Korruptionsbekämpfung wird auch dazu genutzt, die Existenz eines ordre public transnational herzuleiten.[271]

Im Hinblick auf Korruption hat die Anwendung eines ordre public transnational den Vorteil, dass nicht auf die strafrechtlichen Regelungen eines Staates zur Umsetzung internationaler Abkommen zurückgegriffen werden muss, die zudem in grenzüberschreitenden Fällen gegebenenfalls nicht greifen. Allerdings

---

267 S. auch unten: Kap. 3 § 6 II. 3. b).

268 Dieser Ansatz wurde vom Schiedsgericht in ICC Schiedsspruch Nr. 15912 zugrunde gelegt, ICC Dispute Resolution Bulletin 2016 No. 1, 84.

269 ICC Schiedsspruch Nr. 14470, ICC Bulletin (Supplement) 24 (2013), 83; ICC Schiedsspruch Nr. 13515, ICC Bulletin (Supplement) 24 (2013), 66 nennt den ordre public transnational, stellt aber letztlich auf das französische Strafrecht ab.

270 S. die Aufzählung der Regelungswerke zur Korruptionsbekämpfung oben: Kap. 1 § 1 III. 1. b); *Mourre*, Arb. Int. 2006, 95 (116).

271 *Lalive*, Rev. Arb. 1986, 329 (336 f.); *Lew/Mistelis/Kröll*, Comparative International Commercial Arbitration, Rn. 25-40.

umfassen Verbotsregelungen zur Bekämpfung von Korruption mittlerweile auch die Bestechung ausländischer Amtsträger. Auf der Ebene der zivilrechtlichen Folgen wird bei Nichteröffnung des strafrechtlichen Anwendungsbereiches auf einen Verstoß gegen die guten Sitten abgestellt. Eine Ausweitung der Korruptionsbekämpfung in Schiedsverfahren wird durch die Anwendung des ordre public transnational damit kaum bewirkt. Die Korruptionsbekämpfung lässt sich abstrakt unter den ordre public transnational fassen und seine Berücksichtigung kann die internationale Vollstreckbarkeit des Schiedsspruches zumindest fördern. Stützt man sich dabei auf die völkerrechtlichen Regelungen, ergibt sich für die relevanten Verhaltensweisen in den Randbereichen aber keine Konkretisierung, nicht einmal hinsichtlich einer Definition des Korruptionsbegriffes.

## 5. *Fazit*

Deutschland und Frankreich haben in den letzten Jahren die Bekämpfung der Korruption verschärft und beteiligen sich an internationalen Initiativen. Korruption wird somit als Gefährdung der staatlichen Ordnung anerkannt und zwar sowohl im Rahmen öffentlicher Ämter als auch in der Privatwirtschaft. Diese Entwicklung muss auch bei der Bestimmung des ordre public berücksichtigt werden und dem muss ein Schiedsgericht bei seinem Vorgehen Sorge tragen.

Vorschriften zur Verhinderung und Bestrafung von Korruption sind Teil des zwingenden Wirtschaftsrechts, das der Funktionsfähigkeit des Staates dient, sodass die Ermöglichung von Korruption unproblematisch vom ordre public erfasst wird. Hinsichtlich der Erstattung von Bestechungsgeldern und der Wirksamkeit von Verträgen, die lediglich mit Korruption belastet sind, besteht jedoch keine Einigkeit betreffend die zivilrechtlichen Folgen. Somit kann ein striktes Verbot der Rückerstattung oder eine konkrete Nichtigkeitsfolge aus dem internationalen ordre public nicht hergeleitet werden.

Die Berücksichtigung des ordre public bereits im Schiedsverfahren bildet dabei als Grenze der Parteiautonomie das Einfallstor für die umfassenden Regelungen zur Korruptionsbekämpfung. Solche ergeben sich sowohl aus innerstaatlichen, zwingenden Regelungen als auch aus Bestimmungen von Anti-Korruptionskonventionen. Um feste Anhaltspunkte zu haben, sollte das Schiedsgericht sich dabei an die auch für die staatlichen Gerichte bindenden Grenzen des ordre public halten.

# Kapitel 2: Auswirkungen von Korruption auf die Zuständigkeit des Schiedsgerichts

Auswirkungen von Korruption auf Schiedsverfahren können sich bereits auf der Ebene der Zuständigkeit des Schiedsgerichts ergeben. Für die Zuständigkeit des Schiedsgerichts muss eine wirksame Schiedsvereinbarung vorliegen (§ 3) und der Streitgegenstand objektiv schiedsfähig sein (§ 4).

## § 3 Die Zuständigkeit des Schiedsgerichts

Es sind zunächst die allgemeinen Regelungen zur Zuständigkeit des Schiedsgerichts darzustellen (I.) und im Folgenden ist der Trennungsgrundsatz und seine Reichweite und Ausnahmen zu untersuchen (II.).

### I. Kompetenzen bei der Entscheidung über die Zuständigkeit des Schiedsgerichts

#### *1. Kompetenz-Kompetenz des Schiedsgerichts*

In § 1040 Abs. 1 ZPO und Art. 1465 CPC ist die vorläufige Kompetenz-Kompetenz des Schiedsgerichts kodifiziert; das heißt, das Schiedsgericht hat nach seiner Konstituierung die Kompetenz, über seine eigene Zuständigkeit und im Zusammenhang hiermit über das Bestehen oder die Gültigkeit der Schiedsvereinbarung zu entscheiden. Der deutsche sowie der französische Gesetzgeber haben diesen von den Gerichten entwickelten Grundsatz[272] in das jeweilige Zivilprozessrecht integriert, wobei in der deutschen Rechtsprechung vor der Normierung in § 1040 Abs. 1 ZPO die Vereinbarung einer Kompetenz-Kompetenz-Klausel für die Entscheidungskompetenz des Schiedsgerichts gefordert wurde.[273] Das deutsche Prozessrecht setzt dabei zugleich auch die Vorgaben des UNCITRAL-Modellgesetzes (UNCITRAL-MG) um.

---

272 BGH, 05.05.1977, NJW 1977, 1397 (1398); BGH, 26.05.1988, WM 1988, 1430; Cour de cassation, 07.06.2006, Recueil Dalloz 2006, 1768 m. Anm. *v. Avena-Robardet;* ausf. rechtsvergleichende Darstellung: *Ahrendt*, Der Zuständigkeitsstreit im Schiedsverfahren, S. 18 ff.

273 Zöller-ZPO/*Geimer*, § 1040 Rn. 1.

Wie weit diese Kompetenz der Schiedsgerichte tatsächlich reicht, ist nicht abschließend geklärt und wird im deutschen und französischen Schiedsverfahrensrecht unterschiedlich beurteilt.[274] In § 1040 Abs. 3 S. 2 ZPO ist die Möglichkeit, die staatlichen Gerichte anzurufen, vorgesehen. Es handelt sich um eine unabdingbare Vorschrift des deutschen Schiedsverfahrensrechts.[275] Das französische Schiedsverfahrensrecht gesteht den Schiedsgerichten grundsätzlich eine weitgehende Entscheidungskompetenz zu.[276] Die staatlichen Gerichte müssen sich nach französischem Prozessrecht nur für unzuständig erklären, wenn eine Schiedsvereinbarung vorliegt, die nicht offensichtlich unwirksam ist, Art. 1448 Abs. 1 1. Halbs. CPC.[277]

Das deutsche Recht ist in § 1032 Abs. 1 ZPO mit der Umsetzung der UNCITRAL-MG von dem ursprünglichen weiten Verständnis der Kompetenz-Kompetenz abgerückt. Unter Geltung der alten Regelung wurde vertreten, dass die Schiedsgerichte eine auch für die staatlichen Gerichte bindende Entscheidung treffen könnten.[278] Durch die Gesetzesänderung wurde den Schiedsgerichten lediglich noch eine vorläufige Entscheidungskompetenz zugebilligt und den staatlichen Gerichten sind Kontrollmöglichkeiten auf unterschiedlichen Ebenen eingeräumt.[279] Im Gegensatz zu der französischen Regelung prüfen die deutschen Gerichte gemäß § 1032 Abs. 1 aE ZPO umfassend, ob eine wirksame Schiedsvereinbarung vorliegt und müssen sich nicht erst bei einer offensichtlichen Unwirksamkeit für unzuständig erklären.

### 2. *Kompetenz der staatlichen Gerichte*

Die staatlichen Gerichte dürfen vorab nur bis zur Bildung des Schiedsgerichts über deren Zuständigkeit entscheiden, § 1032 Abs. 2 ZPO. Ebenso ist im deutschen und französischen Schiedsverfahrensrecht eine Kontrolle durch die

---

274 *Born*, International Commercial Arbitration, § 5.06 [D][6][b][iii]; ausführlich zu den Unterschieden des deutschen und französischen Schiedsverfahrensrecht bzgl. der Kompetenzfrage: *Münch*, ZZPint 2014, 387; *ders.* ZZP 2015, 307.

275 Zöller-ZPO/*Geimer*, § 1040 Rn. 1.

276 *Moreau/Beregoi/Decours-Karmitz/Mallet/Leleu*, Arbitrage commercial, Chap. 2 Sec 4 Rn. 200; *Born*, International Commercial Arbitration, § 5.06 [D][6][b][iii]; ausführlich zum effet négative: *Münch*, ZZPint, 2014, 387 (403 ff.).

277 Cour de Cassation, civ. 1e, 11.07.2006, JCP G 2006 IV, 2778.

278 Stein/Jonas-ZPO/*Schlosser*, § 1040 Rn. 1; zu den unterschiedlichen Verständnissen des Begriffes: *Born*, International Commercial Arbitration, § 5.04 [D][1][g].

279 MükoZPO/*Münch*, § 1040 Rn. 52.

staatlichen Gerichte vorgesehen. Ein Zwischenentscheid, der die Zuständigkeit des Schiedsgerichts feststellt, kann in einem Zwischenverfahren angegriffen werden[280] und auch nach der Beendigung des Schiedsverfahrens besteht im Rahmen des Aufhebungs- oder Vollstreckbarerklärungsverfahrens die Möglichkeit, sich auf die Unzuständigkeit des Schiedsgerichts zu berufen, § 1059 Abs. 2 Nr. 1 a und c ZPO und Art. 1520, 1525 CPC. Um Rechtssicherheit zu schaffen und Missbrauch zu vermeiden,[281] ist im deutschen Recht die Präklusion in § 1040 Abs. 2 ZPO (als Spezialregelung zu § 1027 ZPO) vorgesehen. Das französische Recht statuiert eine Präklusionsregelung in Art. 1466 CPC für nationale und in Art. 1506 Nr. 3 CPC für internationale Schiedsverfahren.[282] Demnach ist einer Partei, die sich nicht unmittelbar auf die Unzuständigkeit des Schiedsgerichts berufen hat, die Geltendmachung dieses Einwands in einer späteren Verfahrensstadium ohne triftigen Grund verwehrt.

Obwohl durch die Reform des französischen Schiedsverfahrensrechts grundsätzlich eine weitere Zuständigkeit des Schiedsgerichts begründet werden sollte, ergeben sich letztendlich lediglich bezüglich der Regelungen zur vorgeschalteten Anrufung der staatlichen Gerichte wesentliche Unterschiede zum deutschen Schiedsverfahrensrecht.[283]

## II. Wirksamkeit der Schiedsvereinbarung

Die Zuständigkeit des Schiedsgerichts im Falle der Unwirksamkeit des zugrunde liegenden Vertrages wurde bereits ausführlich diskutiert,[284] dennoch gibt es auch aktuell noch Fälle möglicher Unzuständigkeit von Schiedsgerichten aufgrund von Korruption.[285]

---

280 MükoZPO/*Münch*, § 1040 Rn. 26.

281 BeckOK-ZPO/*Wolf/Eslami*, § 1027 Rn. 1, § 1040 Rn. 4; MüKoZPO/*Münch*, § 1027 Rn. 1, § 1040 Rn. 11; HK-ZPO/*Saenger*, § 1027 Rn. 1

282 *Münch* ZZPint 2014, 387 (409).

283 *Münch*, ZZPint 2014, 387 (403 f.).

284 MükoZPO/*Münch*, § 1040 Rn. 8 f.; BeckOK-ZPO/*Wolf/Eslami*, § 1040 Rn. 8 f. jeweils mwN; ausf. zur Einführung des Trennungsgrundsatzes ins deutsche Schiedsverfahrensrecht: *Ahrendt*, Der Zuständigkeitsstreit im Schiedsverfahren, S. 102 ff.

285 *Rieder/Schönemann*, NJW 2011, 1169; *Lachmann*, Handbuch für die Schiedsgerichtspraxis, Rn. 535 ff.

### 1. *Das auf die Schiedsvereinbarung anwendbare Recht*

Das deutsche Schiedsverfahrensrecht kennt keine Kollisionsnorm zur Anknüpfung der Schiedsvereinbarung. Allerdings hat eine unwirksame Schiedsvereinbarung gemäß § 1059 Abs. 2 Nr. 1 lit a ZPO die Aufhebbarkeit des Schiedsspruches zur Folge, sodass an das Recht des Staates, in dem das Schiedsgericht seinen Sitz hat, angeknüpft wird. In § 1059 Abs. 2 Nr. 1 lit. a ZPO ist der Vorrang der Parteivereinbarung geregelt.

In einer Vielzahl internationaler Schiedsordnungen ergibt sich das auf die Schiedsvereinbarung anwendbare Recht nach überwiegender Ansicht aus Art. V (I) a) UNÜ.[286] Grundsätzlich ist das UNÜ erst nach Erlass eines Schiedsspruches im Anerkennungs- und Vollstreckungsverfahren anwendbar, seine Anwendbarkeit bereits im Schiedsverfahren ist mittlerweile aber weitgehend anerkannt.[287] Das auf die Schiedsvereinbarung anwendbare Recht richtet sich nach der Vereinbarung der Parteien. Haben die Parteien eine solche Vereinbarung nicht getroffen, ist die *lex arbitri* anzuwenden. Jedoch folgen dem nicht alle nationalen Gerichte. Auch in den letzten Jahren wandte der griechische Supreme Court das griechische internationale Privatrecht an, um das auf die Schiedsvereinbarung anwendbare Recht zu ermitteln.[288]

Die französischen nationalen Gerichte verweisen auf die Meistbegünstigungslösung aus Art. VII Abs. 1 Alt. 2 UNÜ und kommen so zur Anwendbarkeit französischen Rechts.[289]

In Korruptionsfällen ist lediglich die Anwendbarkeit des Trennungsgrundsatzes für die Prüfung einer wirksamen Schiedsvereinbarung relevant. Aufgrund der weitgehenden Anerkennung dieses Grundsatzes, der sich auch aus dem UNÜ herleiten lässt, haben Streitigkeiten über das auf die Schiedsvereinbarung anwendbare Recht nur in Ausnahmefällen Auswirkungen auf die Zuständigkeit des Schiedsgerichts.[290]

### 2. *Trennungsgrundsatz*

Der Trennungsgrundsatz (*Doctrine of Seperability*) besagt, dass die Schiedsvereinbarung unabhängig von dem ihr zugrundeliegenden Vertrag zu behandeln ist.

---

286 *Schwab/Walter*, Schiedsgerichtsbarkeit, Kap. 43 Rn. 1 f., 6.
287 *Lew/Mistelis/Kröll*, Comparative and International Commercial Arbitration, Rn. 9-80.
288 Areios Pagos, Entscheidung Nr. AP 1219/2014.
289 *Salger/Trittmann*, Internationale Schiedsverfahren, § 24 Rn. 490.
290 S.u. Kap. 2 § 3 II. 3. d).

Entwickelt wurde er in der Rechtsprechung.[291] Grundsätzlich war das Problem der Nichtigkeit des der Schiedsvereinbarung zugrunde liegenden Vertrages mangels spezieller Regelungen über die allgemeinen zivilrechtlichen Vorschriften zu lösen. Im deutschen Recht wurde somit § 139 BGB herangezogen. Zumindest für Schiedsklauseln, Schiedsvereinbarungen, die Bestandteil des Hauptvertrages sind, wäre somit im Zweifel die Nichtigkeitsfolge anzunehmen gewesen.[292] Die Rechtsprechung hat die Schiedsvereinbarungen dahingehend ausgelegt, dass sie das Schiedsgericht in der Regel auch dazu ermächtigen sollen, über die Wirksamkeit des Vertrages zu entscheiden und die Zuständigkeit des Schiedsgerichts nicht nur für den Fall eines wirksamen Hauptvertrages festlegen sollen.[293]

Der Trennungsgrundsatz wurde, nachdem er in der Praxis bereits angewandt wurde, sowohl im deutschen als auch im französischen Schiedsverfahrensrecht ausdrücklich gesetzlich geregelt, § 1040 Abs. 1 S. 2 ZPO, Art. 1447 CPC. Obwohl das französische Schiedsverfahrensrecht nicht an das UNCITRAL-MG angelehnt wurde, entspricht zumindest diese Regelung inhaltlich dem Art. 16 Abs. 1 S. 2 UNCITRAL-MG.

Umstritten ist das Verhältnis von § 1040 Abs. 1 S. 2 ZPO zu § 139 BGB. Teilweise wird § 1040 Abs. 1 S. 2 ZPO als Regel zur Auslegung der Schiedsvereinbarung[294] und damit als Umkehr des § 139 BGB angesehen.[295] Andere betrachten § 1040 Abs. 1 S. 2 ZPO als zwingende Regelung unabhängig von jeglichem Parteiwillen.[296] Die Rechtsprechung hat sich dazu bisher nicht geäußert.[297] Da sich das Schiedsverfahren aus der Parteivereinbarung legitimiert,[298] spricht viel

291 BGH, 27.02.1970, NJW 1970, 1046; BGH, 28.05.1979, NJW 1979, 2567 (2569); Cour de Cassation, 07.05.1963, ETS Raymond Gosset c. Carapelli; Loquin, Cour de Cassation, 05.01.1999, Zanzi v. De Coninck, inédit, RTD Com. 1999, 380 zur Selbstständigkeit der Schiedsvereinbarung auch bezüglich des anzuwendenden Rechts.

292 BeckOK-ZPO/*Wolf/Eslami* § 1040 Rn. 8; MüKoZPO/*Münch* ZPO § 1040 Rn. 8 hält es für irrelevant, ob eine Schiedsklausel oder eine Schiedsabrede vorliegt; auf die Gesamtnichtigkeit aufgrund des sittenwidrigen Hauptvertrages berief sich die beklagte Partei in: OLG Hamburg, 12.03.1998, BeckRS 1998, 06211.

293 BGH, 27.02.1970, NJW 1970, 1046 f.; BGH, 28.05.1979, NJW 1979, 2567 (2569); OLG Hamburg, 23.04.1947, MDR 47, 133.

294 Stein/Jonas-ZPO/*Schlosser*, § 1040 Rn. 5.

295 BeckOK-ZPO/ *Wolf/Eslami*, § 1040 Rn. 9; Stein/Jonas-ZPO/*Schlosser*, § 1040 Rn. 5.

296 MükoZPO/*Münch*, § 1040 Rn. 10.

297 Lediglich: OLG Frankfurt a. M. 4.12.2014 – 26 SchH 11/14 [II B 2] (juris) zur Unerheblichkeit einer Lösungsklausel.

298 Entwurf eines Gesetzes zur Neuregelung des Schiedsverfahrensrechts, BT-Drucks 13/5274, BGBl 1997 Teil I Nr. 88, 224.

dafür, diese auch im Rahmen der Zuständigkeit zu berücksichtigen. Die Nichtigkeit des zugrundeliegenden Vertrages spielt im Rahmen der Zuständigkeit des Schiedsgerichts somit grundsätzlich keine Rolle, sodass das Schiedsgericht über die Wirksamkeit dieses Vertrages im Rahmen der Begründetheit entscheiden kann.[299]

### 3. *Ausnahmen von der Doctrine of Seperability*

Einschränkungen des Trennungsgrundsatzes werden heute nur noch sehr restriktiv vorgenommen. Die wenigen Fallkonstellationen, die hier relevant werden, sollen im Folgenden untersucht werden.

#### a) *Fehleridentität*

Auswirkungen in Bezug auf die Zuständigkeit des Schiedsgerichts ergeben sich allerdings, wenn sich der Strafrechtsverstoß auch auf die Schiedsvereinbarung erstreckt, und insoweit Fehleridentität gegeben ist.[300] Die Möglichkeit der Unwirksamkeit der Schiedsvereinbarung wird im deutschen Recht aber wohl nur anzunehmen sein, wenn man § 1040 Abs. 1 S. 2 ZPO als Auslegungsregelung begreift und eine Gesamtnichtigkeit entsprechend dem Rechtsgedanken des § 139 BGB grundsätzlich zulässt.[301] Es bleibt somit zu untersuchen, wann ein solcher Fall der Fehleridentität vorliegt.

Dies stellt den Ausnahmefall dar und wird auch in Fällen der Unwirksamkeit des Hauptvertrages aufgrund von Korruption in der Regel nicht anzunehmen sein.[302] Sinn und Zweck des Schiedsverfahrens nach dem Willen der Parteien ist es, das Schiedsgericht über die Streitigkeiten aus dem Hauptvertrag zu entscheiden zu lassen.[303] Zum Teil wird der Fall des sitten- oder gesetzeswidrigen Vertrages ausdrücklich als ein Fall der Anwendbarkeit des Trennungsgrundsatzes aufgeführt.[304] Statt einer Einteilung nach Fallgruppen bietet es sich dagegen

299 Stein/Jonas-ZPO/*Schlosser*, § 1040 Rn. 3.

300 *Schütze*, Schiedsgericht und Schiedsverfahren [6. Auflage 2016], Rn. 588; *Born*, Cases and Materials, S. 208.

301 s.o. Kap. 2 § 3 II. 2.

302 *Schwab/Walter*, Schiedsgerichtsbarkeit, Kap. 4 Rn. 17; *Banaiftemi* in: Addressing Issues of Corruption in Commercial and Investment Arbitration, 16 (20); Zum schweizerischen Recht: ICC, Arbitration Schiedsspruch Nr. 6497, YbCA 1999, 71.

303 OLG München, SchiedsVZ 2012, 159; *Lachmann*, Handbuch für die Schiedsgerichtspraxis, Rn. 536.

304 BeckOK-ZPO/*Wolf/Eslami* § 1040 Rn. 10; Stein/Jonas-ZPO/*Schlosser*, § 1040 Rn. 7; *Piehl*, Bestechungsgelder im internationalen Wirtschaftsverkehr, S. 116.

wohl eher an, im Einzelfall zur prüfen, ob die Sitten- oder Gesetzeswidrigkeit auf die Schiedsvereinbarung durchschlägt. Es wird vertreten, dass dies im Falle eines mit Korruption behafteten Hauptvertrages der Fall ist, wenn durch die Schiedsvereinbarung die Korruption erst ermöglicht werden[305] oder verschleiert werden soll.[306] Teilweise wird auch auf das kollusive Zusammenwirken der Parteien abgestellt.[307]

Bezüglich der Ermöglichung von Korruption durch eine Schiedsvereinbarung ist dem sicherlich zuzustimmen. Problematisch sind dagegen die Fälle der Verschleierung. Dass Schiedsverfahren aufgrund der Vertraulichkeit als Streitbeilegungsmethode gewählt werden, ist üblich und nicht zu beanstanden. Inwieweit einer Partei nachgewiesen werden kann, dass sie speziell den Aspekt der Korruption verschleiern wollte, ist zweifelhaft.

### *b) Investitionsschiedsverfahren*

Eine Ausnahme der konsequenten Anwendung des Trennungsgrundsatzes bilden die Investitionsschiedsverfahren. Diese regeln die Streitbeilegung zwischen Investoren und Staaten über die Verletzung von Rechten, die durch Investitionsschutzabkommen vermittelt werden. Mit der Begründung, dass Investitionsschutzvereinbarungen lediglich rechtmäßige Investitionen schützen, wird die Zuständigkeit des Schiedsgerichts abgelehnt.[308] Regelmäßig sind in den Investitionsschutzabkommen Klauseln enthalten, die sich ausdrücklich auf Korruption beziehen. Diese finden sich entweder im Rahmen der Definition des Begriffes „Investition“ oder in separaten Klauseln.[309] Angeknüpft wird dazu teilweise auch an die Definition der Investition in Art. 25 I ICSID Konvention, die impliziere, dass eine Investition nur vorliege, wenn sie gesetzeskonform ist.[310]

---

305 *Lachmann*, Handbuch für die Schiedsgerichtspraxis, Rn. 538 zur Ermöglichung der Geldwäsche; *Rieder/Schönemann*, NJW 2011, 1169 (1172).

306 *Rieder/Schönemann*, NJW 2011, 1169 (1172).

307 *Lachmann*, Handbuch für die Schiedsgerichtspraxis, Rn. 540; Zöller-ZPO/*Geimer*, § 1029 Rn. 55.

308 Inceysa Vallisoletana, S.l.v. Republic of El Salvador, ICSID Schiedsspruch Nr. ARB/03/26, 02.08. 2006 (Oreamundo Blanco, Landy, von Wobeser); Fraport AG v. Republic of the Philippines, ICSID Schiedsspruch Nr. ARB/03/25, 16. 08. 2007 (Feliciano, Cremades, Reisman); *Happ*, SchiedsVZ 2008, 19 (25); die Zuständigkeit wurde aufgrund von Beweisschwierigkeiten bejaht in: Ioannis Kardassopolous v. Georgia, ICSID Schiedsspruch Nr. ARB/05/18, 06. 07. 2007 (Fortier, Watts, Orrego Vicuna).

309 *Banaifatemi* in: Addressing Issues of Corruption in Commercial and Investment Arbitration, 16 (23).

310 *Rieder/Schönemann*, NJW 2011, 1169 (1172).

Durch die besonderen zu beachtenden völkerrechtlichen Regelungen in Investitionsschiedsverfahren können diese Argumente allerdings nicht für die Handelsschiedsgerichtsbarkeit herangezogen werden.

### *c) Der Fall Lagergren*

Im Fall Lagergren erklärte sich der Schiedsrichter für unzuständig und berief sich dabei auf den französischen Code Civil, Art. 1108, 1131, 1133 aF, demzufolge sich aus einem nichtigen Vertrag keine gegenseiten Ansprüche ergeben dürfen und auf die argentinische Zivilprozessordnung, Art. 768:5, die alle Bereiche, die gegen die guten Sitten verstoßen, von Schiedsverfahren ausnehme.[311] Außerdem sei er als Schiedsrichter nicht zur Verhängung von Strafen zuständig und könne so keine Streitigkeiten, in denen offensichtlich gegen Strafgesetze verstoßen wurde, entscheiden. Die Entscheidung wird heute als *denial of justice* angesehen[312] und gilt als überholt.[313] Hinsichtlich der Auswirkungen eines sittenwidrigen Vertrages auf die Wirksamkeit der Schiedsvereinbarung, ist dem grundsätzlich zuzustimmen. Es sollte aber berücksichtigt werden, dass die Parteien des Schiedsverfahrens gemeinsam beschlossen hatten, dass die Korruption im Schiedsverfahren keine Rolle spielen solle. Daraus kollusives Zusammenwirken der Parteien zur Verschleierung der Korruption abzuleiten, geht wohl zu weit. Auch nach heute vertretener Auffassung zu § 1040 Abs. 1 S. 2 ZPO kann jedoch in einem solchen Fall ein Durchschlagen der Sittenwidrigkeit auch auf die Schiedsvereinbarung angenommen werden.

Ob strafrechtlich relevante Sachverhalte Gegenstand von Schiedsverfahren sein können, ist dagegen eine Frage der objektiven Schiedsfähigkeit.[314]

### *d) NIOC v Crescent Petroleum, 2016*

Die Parteien schlossen im Jahr 2001 einen Vertrag, in dem sich NIOC zu der regelmäßigen Lieferung von Gas verpflichtete. Im Rahmen dieses Vertrages wurde auch vereinbart, dass auf den Vertrag iranisches Recht anwendbar sein sollte und Streitigkeiten vor einem Schiedsgericht entschieden werden sollten. Als Schiedsort wurde London vereinbart.[315] Welches Recht auf die Schiedsvereinbarung

---

311 Zum Sachverhalt s.o. Kap. 1 § 2 I. 1.

312 *Kilches*, SchiedsVZ 2016, 150 (152).

313 *Philip* in: Arbitration: Corruption Money, Laundering and Fraud (2006) 149 (152); *Horvath/Khan*, SchiedsVZ 2017, 127 (129 f.).

314 Anders wohl: *Sayed*, Corruption in International Trade and Commercial Arbitration, S. 87 f.

315 High Court of Justice, 04.03.2016, EWHC 2016, 510.

anwendbar sein sollte, wurde von den Parteien hingegen nicht vereinbart. Im Juli 2009 machte Crescent Petroleum vor einem ad hoc Schiedsgericht geltend, dass NIOC das Gas nicht wie vereinbart geliefert hatte. NIOC berief sich bereits im Schiedsverfahren und anschließend vor dem High Court of Justice auf die Unzuständigkeit des Schiedsgerichts.[316]

NIOC machte geltend, dass die Rechtswahl der Parteien sich auch auf die Schiedsvereinbarung erstrecke. Da das iranische Recht das Trennungsprinzip nicht kenne, sei die Schiedsvereinbarung aufgrund der Korruption nichtig und das Schiedsgericht unzuständig.[317] Das Schiedsgericht wandte dagegen Art. 2 (1) und 7 des English Arbitration Act auf die Schiedsvereinbarung an, welche für Schiedsverfahren die Anwendbarkeit des Trennungsprinzips vorschreiben. Die Rechtswahl beziehe sich lediglich auf das auf den Hauptvertrag anwendbare materielle Recht. Aus dem Trennungsprinzip ergebe sich daher die Wirksamkeit der Schiedsvereinbarung.[318] Das Schiedsgericht stellte fest, dass der der Schiedsvereinbarung zugrunde liegende Vertrag bindend sei und NIOC zur Lieferung von Gas verpflichte. Der High Court of Justice schloss sich sowohl hinsichtlich der Zuständigkeit als auch hinsichtlich der Wirksamkeit des Vertrages der Auffassung des Schiedsgerichts an.[319]

Die Entscheidung bringt hinsichtlich des Trennungsprinzips keine neuen Ergebnisse. Streitig war nicht, ob eine Ausnahme des Trennungsprinzips eingreift, sondern, ob dieses überhaupt anzuwenden ist.[320] Dennoch wird deutlich, dass die Zuständigkeit des Schiedsgerichts auch heute noch in Schiedsverfahren, in denen sich eine Partei auf die Belastung des zugrunde liegenden Vertrages mit Korruption beruft, relevant sein kann.[321] Dies gilt insbesondere bei grenzüberschreitenden Fällen. Das Trennungsprinzip ist in den europäischen

316 High Court of Justice, 04.03.2016, EWHC 2016, 510 Rn. 4.

317 High Court of Justice, 04.03.2016, EWHC 2016, 510 Rn. 4.

318 High Court of Justice, 04.03.2016, EWHC 2016, 510 Rn. 3; *Hornyold-Strickland*, What Law governs the Seperability of an Abritration Agreement?, Kluwer Arbitration Blog, 25.12.2016, http://arbitrationblog.kluwerarbitration.com/2016/12/25/what-law-governs-the-separability-of-an-arbitration-agreement/ (zuletzt abgerufen am: 05.10.2022).

319 High Court of Justice, 04.03.2016, EWHC 2016, 510 Rn. 17.

320 High Court of Justice, 04.03.2016, EWHC 2016, 510 Rn. 4.

321 Zu den Unterschieden des auf die Scheidsvereinbarung anzuwendenden Rechts: *Hornyold-Strickland*, What Law governs the Seperability of an Abritration Agreement?, Kluwer Arbitration Blog, 25.12.2016, http://arbitrationblog.kluwerarbitration.com/2016/12/25/what-law-governs-the-separability-of-an-arbitration-agreement/ (zuletzt abgerufen am: 05.10.2022).

Rechtsordnungen anerkannt, dennoch hat es sich noch nicht in allen Rechtsordnungen durchgesetzt.[322]

### III. Fazit

Die Zuständigkeit des Schiedsgerichts gehört seit dem Fall Lagergren nicht mehr zu den problematischen Aspekten von Schiedsverfahren in Zusammenhang mit Korruption. Zwar ist ein Fall, in dem die Widerrechtlichkeit des Hauptvertrages aufgrund von Korruption auch auf die Schiedsvereinbarung durchschlägt, denkbar, praktisch relevant bisher aber nicht. Dennoch zeigt der aktuelle Fall NIOC v Crescent Petroleum, dass die Zuständigkeit auch heute noch bei grenzüberschreitenden Fällen zu diskutieren sein kann.

Der Aspekt des öffentlichen Interesses sollte dagegen lediglich im Rahmen der Schiedsfähigkeit zu berücksichtigen sein und nicht die Unwirksamkeit der Schiedsvereinbarung begründen können.

## § 4 Schiedsfähigkeit

Bei der Schiedsfähigkeit ist zwischen subjektiver und objektiver Schiedsfähigkeit zu unterscheiden. Problematisch ist im Zusammenhang mit Schiedsverfahren, die mit Korruption belastet sind, lediglich die objektive Schiedsfähigkeit gemäß § 1030 ZPO, Art. 2059-2061 Code Civil, namentlich die Versagung der objektiven Schiedsfähigkeit aufgrund eines öffentlichen Interesses. In internationalen Schiedsverfahren ist mittlerweile anerkannt, dass sich die objektive Schiedsfähigkeit nach der *lex fori* bestimmt und damit unabhängig von einer Rechtswahl der Parteien.[323] Hergeleitet wird dies aus Art. V Abs. 2 lit. a UN-Übereinkommen als kollisionsrechtlicher Regelung.[324] Im folgenden Abschnitt wird daher lediglich auf die objektive Schiedsfähigkeit eingegangen und zwar nach deutschem und französischem Schiedsverfahrensrecht sowie auf die Entwicklung im internationalen Schiedsverfahrensrecht (I.). Anschließend werden

322 *Hornyold-Strickland*, What Law governs the Seperability of an Abritration Agreement?, Kluwer Arbitration Blog, 25.12.2016, http://arbitrationblog.kluwerarbitration.com/2016/12/25/what-law-governs-the-separability-of-an-arbitration-agreement/ (zuletzt abgerufen am: 05.10.2022).

323 BeckOK-ZPO/*Wolf/Eslami*, § 1030 Rn. 16; *Schwab/Walter*, Schiedsgerichtsbarkeit, Kap. 44 Rn. 1.

324 *Schwab/Walter*, Schiedsgerichtsbarkeit, Kap. 44 Rn. 1.

die Grundsätze auf Schiedsverfahren, die im Zusammenhang mit Korruption stehen, übertragen (II.).

## I. Die objektive Schiedsfähigkeit im internationalen Vergleich

### *1. Deutschland*

Die objektive Schiedsfähigkeit ist im deutschen Recht in § 1030 ZPO geregelt. Grundsätzlich ist jeder vermögensrechtliche Anspruch schiedsfähig. Darüber hinaus hat eine Schiedsvereinbarung über nichtvermögensrechtliche Ansprüche insoweit rechtliche Wirkung, als die Parteien berechtigt sind, über den Gegenstand einen Vergleich zu schließen. Von der objektiven Schiedsfähigkeit ausgenommen sind aber Bereiche, in denen der Staat sich ein Rechtsprechungsmonopol aufgrund eines öffentlichen Interesses vorbehält, § 1030 Abs. 1, 3 ZPO.

Die Bereiche, in denen sich der Staat ein Rechtsprechungsmonopol vorbehält, sind heute sehr begrenzt[325] und beschränken sich im deutschen Zivilrecht im Wesentlichen auf Bereiche des Patentrechts und des Wertpapierhandels.[326] Auch in diesen Bereichen werden jedoch nur Streitigkeiten von der Schiedsfähigkeit ausgenommen, in denen eine staatliche Mitwirkung ausdrücklich erforderlich ist.[327] Das OLG München ging 2006 davon aus, dass die Schiedsfähigkeit auch in den Fällen zu versagen sei, in denen die Gefahr besteht, dass Eingriffsnormen vom Schiedsgericht nicht angewendet werden würden.[328] Zu Recht wird darauf hingewiesen, dass eine Nichtanwendung von Eingriffsnormen als ordre public-Verstoß im Rahmen einer Ergebniskontrolle auf Ebene des Aufhebungs- und Vollstreckbarerklärungsverfahrens zu berücksichtigen ist und nicht präventiv die Schiedsfähigkeit einer Streitigkeit ausschließen kann.[329]

---

325 *Lachmann*, Handbuch Schiedsgerichtspraxis, Rn. 278; Musielak/Voit-ZPO/*Voit*, § 1030 Rn. 2.

326 Musielak/Voit-ZPO/*Voit* § 1030 Rn. 2-3; *Born*, Cases and Materials, S. 446 Rn. 8.

327 BeckOK-ZPO/*Wolf/Eslami* § 1030 Rn. 5; Musielak/Voit-ZPO/*Voit*, § 1030 Rn. 2; *Lachmann*, Handbuch für die Schiedsgerichtspraxis, Rn. 303 ff.

328 OLG Müchen, 17.05.2006, WM 2006, 1556: Der zugrundeliegende Handelvertretervertrag war kalifornischem Recht unterstellt und der Streit sollte von einem Schiedsgericht mit Sitz in Kalifornien entschieden werden, sodass davon auszugehen war, dass § 89b HGB, der auf der EG-HandelsvertreterRL beruht, nicht angewendet werden würde.

329 Zur Kritik an der Entscheidung: *Horn*, SchiedsVZ 2008, 209 (217); *Quinke*, SchiedsVZ 2007, 246; *Rühl*, IPrax 2007, 294.

## 2. *Frankreich*

Im französischen Recht ist die Schiedsfähigkeit in den Art. 2059-2061 Code Civil geregelt. Das französische Recht trifft komplexere Regelungen zur objektiven Schiedsfähigkeit und nimmt in Art. 2060 Code Civil ausdrücklich alle Streitigkeiten, die den ordre public betreffen, von der objektiven Schiedsfähigkeit aus.[330] Bei konsequenter Anwendung der Normen müsste somit bereits an dieser Stelle eine ordre public-Prüfung erfolgen.[331] Die französischen Gerichte gehen aber einen anderen Weg. Art. 2060 Code Civil sei für Schiedsverfahren in Zusammenhang mit strafbaren Handlung so zu lesen, dass Schiedsgerichte nicht für die Verhängung von Strafen zuständig seien, über das Bestehen oder Nichtbestehen zivilrechtlicher Ansprüche mit dem Vertrag aber durchaus entscheiden dürften.[332] Ein Rechtsprechungsmonopol für staatliche Gerichte ergebe sich zwingend nur aus solchen Normen, die eine ausschließliche Rechtsprechungskompetenz staatlicher Gerichte ausdrücklich vorschreiben.[333]

Eine Einschränkung wird im französischen Schiedsverfahrensrecht jedoch für nationale Schiedsverfahren vorgenommen. Das Schiedsgericht darf über zivilrechtliche Entschädigungsansprüche aufgrund strafbarer Handlungen erst nach Durchführung eines Strafprozesses durch staatliche Gerichte entscheiden.[334] Sowohl im deutschen als auch im französischen Schiedsverfahrensrecht ist die Schiedsfähigkeit von Streitigkeiten, in denen der zugrunde liegende Vertrag mit Korruption in Verbindung steht, anerkannt.[335]

Obwohl die Regelung im französischen Schiedsverfahrensrecht in Art. 2059-2061 Code Civil ihrem Wortlaut nach strengere Voraussetzungen aufstellt als § 1030 Abs. 1 ZPO, hat sich die französische Rechtsprechung dahingehend

---

330 Art. 2060 code civil: „(...) toutes les matières qui intéressent l'ordre public".

331 Vgl. *Niedermeier*, Schieds- und Schiedsverfahrensvereinbarungen in strukturellen Ungleichgewichtslagen, S. 175.

332 Cour d'Appel Paris, 29.03.1991, Rev. Arb. 1991, 478; *Delvolé/Pointon/Rouche*, French Arbitration Law and Practice, S. 53; *Born*, International Commercial Arbitration, § 5.03 [E]; *Loquin* in: L'ordre public et l'arbitrage, 7 (9).

333 *Sonnenberger/Dammann*, Französisches Handels- und Wirtschaftrecht, Kap. IX Rn. 92.

334 *Delvolé/Pointon/Rouche*, French Arbitration Law and Practice, S. 46.

335 ICC Schiedsspruch Nr. 13515 (2006), ICC Bulletin (Supplement) 24 (2013) 66 für die Anwendbarkeit französischen Rechts; *Delvolé/Pointon/Rouche*, French Arbitration Law and Practice, S. 74; Musielak/Voit-ZPO/*Voit*, § 1030 Rn. 2; Zöller-ZPO/*Geimer*, § 1030 Rn. 8 für alle Streitigkeiten, in denen sich die Nichtigkeit des Vertrages aus §§ 134, 138 BGB ergibt.

entwickelt, dass die Schiedsfähigkeit für Streitigkeiten in Zusammenhang mit strafbaren Handlungen im Ergebnis ebenso weitgehend angenommen wird wie im deutschen Recht.[336]

### 3. *Entwicklung im internationalen Schiedsverfahrensrecht*

Die Schiedsfähigkeit von Streitigkeiten in Zusammenhang mit strafbarem Verhalten wurde ursprünglich auch von Schiedsgerichten kritisch gesehen.[337] Schiedsgerichte als private Institutionen sollten keine verbindlichen Entscheidungen in Bereichen von öffentlichem Interesse treffen können.

Mittlerweile geht die Entwicklung im internationalen Schiedsverfahrensrecht dahin, den Schiedsgerichten auch in Bereichen von öffentlichem Interesse die Entscheidungskompetenz über Ausgleichsansprüche zuzugestehen.[338] Insbesondere ist zur Feststellung der Schiedsfähigkeit keine ordre public-Kontrolle vorzunehmen. Dies ergibt sich für internationale Schiedsverfahren bereits aus der gesonderten Behandlung von fehlender Schiedsfähigkeit und ordre public-Widrigkeit im UNÜ.[339] Teilweise wurde die Schiedsfähigkeit in Zusammenhang mit strafbaren Handlungen als notwendige Folge der Kompetenz der Schiedsgerichte, über ihre eigene Zuständigkeit zu entscheiden, hergeleitet.[340] Im deutschen Recht wird zwar eine strengere Trennung der Prüfung von Schiedsfähigkeit und der Kompetenz-Kompetenz bei der Bestimmung der Wirksamkeit der Schiedsvereinbarung vorgenommen, im Ergebnis kommen alle Ansichten jedoch zu dem gleichen Ergebnis.

## II. Korruption und Schiedsfähigkeit

Streiten die Parteien über Ansprüche aus einem Vertrag, der mit Korruption belastet ist, handelt es sich um eine vermögensrechtliche Streitigkeit, die gemäß § 1030 Abs. 1 ZPO und gemäß Art. 2059-2061 Code Civil grundsätzlich von

336 Anders wohl: *Niedermaier*, Schieds- und Schiedsverfahrensvereinbarungen in strukturellen Ungleichgewichtslagen, S. 175, der allerdings nur überblicksartig auf die Schiedsfähigkeit nach französischem Recht eingeht.

337 ICC Schiedsspruch Nr. 1110, YbCA 1996, 47.

338 *Born*, International Commercial Arbitration, § 5.04 [B]; *Banaifatemi* in: Addressing Issues of Corruption in Commercial and Investment Arbitration, 16 (18); *Horvath/Khan*, SchiedsVZ 2017, 127 (130).

339 *Born*, International Commercial Arbitration, § 5.06 [D][11][a].

340 Fiona Trust & Holding Corp. v. Privalov 24.01.2007, EWHC 2006, 2583; *Born*, International Commercial Arbitration, § 5.06 [D][11][a].

einem Schiedsgericht entschieden werden darf. Auswirkungen von Korruption auf die Schiedsfähigkeit können sich ergeben, wenn dem öffentlichen Interesse an der Korruptionsbekämpfung ein so hoher Stellenwert zugestanden wird, dass private Institutionen nicht in die Entscheidung involviert sein dürfen, beziehungsweise wenn davon ausgegangen werden muss, dass die Schiedsgerichte die Standards der Korruptionsbekämpfung nicht einhalten werden. Ob dies allerdings notwendig ist, ist zweifelhaft.

Die Kompetenz der Schiedsgerichte sollte ursprünglich nicht so weit gehen, dass sie über das Vorliegen strafbaren Verhaltens entscheiden können. Prominentes Beispiel ist der Fall Lagergren.[341] Mit der Begründung, dass er nicht für die Verhängung von Strafen zuständig sei, hatte der Einzelschiedsrichter seine Zuständigkeit abgelehnt; eine saubere Differenzierung zwischen der Prüfung einer wirksamen Schiedsvereinbarung und der Schiedsfähigkeit erfolgte nicht.[342] Zu beachten ist, dass es sich um ein Schiedsverfahren handelte, das einen Vertrag zum Gegenstand hatte, der direkt zum Zwecke der Korruption geschlossen wurde und nicht um ein Verfahren, in dem der zugrundeliegende Vertrag lediglich mit Korruption behaftet war und die Parteien sich auf die Außerachtlassung von Korruption geeinigt hatten, sodass wohl auch bei konsequenter Anwendung des Trennungsgrundsatzes und großzügiger Annahme der objektiven Schiedsfähigkeit, die Zuständigkeit des Schiedsgerichts zu diskutieren wäre. Dennoch gilt die Entscheidung heute als überholt.

Die aktuellen Entscheidungen zeigen, dass die Schiedsfähigkeit ebenso wie die Zuständigkeit des Schiedsgerichts kaum mehr diskutiert werden.[343] Dass die Schiedsgerichte keine Strafen verhängen können, hindert sie nicht daran, über Ausgleichsansprüche zu entscheiden. Auch in der Literatur werden die Schwerpunkte mittlerweile an anderen Stellen gesetzt.[344]

---

341 Ausführliche Darstellung des Sachverhalts s.o. Kap. 1 § 2 I. 1.

342 Zur Wirksamkeit der Schiedsvereinbarung s.o. Kap. 2 § 3 II. 3. c).

343 ICC Schiedsspruch Nr. 13914, ICC Bulletin (Supplement) 24 (2013), 77; ICC Schiedsspruch Nr. 14878, ICC Bulletin (Supplement) 24 (2013), 92 gehen stillschweigend von der Schiedsfähigkeit aus; die Schiedsfähigkeit wird bei Anwendbarkeit französischen Rechts ausdrücklich festgestellt in: ICC Schiedsspruch Nr. 13515 (2006), ICC Bulletin (Supplement) 24 (2013) 66; vgl. zur Schiedsfähigkeit in der Praxis auch *Banaifatemi* in: Addressing Issues of Corruption in Commercial and Investment Arbitration, 16 (18).

344 *Banaifatemi* in: Addressing Issues of Corruption in Commercial and Investment Arbitration, 16 (18); *Lew/Mistelis/Kröll*, Comparative and International Commercial Arbitration, Rn. 9-80.; nach Ansicht von *Kilches*, SchiedsVZ 2016, 150 (152) gilt dies zumindest im Bereich des civil law.

## III. Fazit

Das Vertrauen in die Schiedsgerichte ist in den letzten Jahren gestiegen. Dies zeigt sich an ebendieser Stelle. Es kann durchaus kritisch gesehen werden, dass Sachverhalte, die ein Thema von so großem öffentlichem Interesse betreffen, „hinter verschlossenen Türen entschieden“ werden. Das Ergebnis kann aber nicht sein, jedes Verfahren, in dem Korruptionsvorwürfe behauptet werden, von der Schiedsfähigkeit auszunehmen. Problematisch ist vielmehr, welche Standards Schiedsgerichte beachten und wie sie vorgehen müssen, um dem öffentlichen Interesse gerecht zu werden und nicht mehr, dass sie überhaupt Rechtsstreitigkeiten in Verbindung mit Korruption entscheiden. Es müssen Lösungen für die Durchführung des Schiedsverfahrens gefunden werden: Wie können die Schiedsgerichte zwingende Vorschriften beachten? Auf welcher Ebene des Verfahrens muss der ordre public berücksichtigt werden? Und wie weit muss eine staatliche Kontrolle letztlich gehen?

# Kapitel 3: Die Rolle des Schiedsgerichts bei der Ermittlung von Korruption

## § 5 Beweisrecht

Nachdem nahezu Einigkeit darüber herrscht, dass Schiedsgerichte grundsätzlich über Rechtsstreitigkeiten im Zusammenhang mit Korruption eine Entscheidung treffen dürfen, wird das Problem der Korruption mittlerweile vermehrt auf der Ebene der Beweisführung diskutiert. Das Schiedsgericht hat auch durch eine lückenlose Beweisführung sicherzustellen, dass es keine ordre public-widrige Entscheidung trifft.[345] Die Beweisbarkeit von Korruption begegnet schon vor den staatlichen Gerichten großen Schwierigkeiten. Schiedsgerichte sind freier in der Sachverhaltsermittlung als staatliche Gerichte, sie haben dagegen jedoch nur eingeschränkte Möglichkeiten auf staatliche Zwangsmittel zurückzugreifen.

Zunächst ist zu untersuchen, welches Beweisrecht auf Schiedsverfahren Anwendung findet (I.), welche Regelungen institutionelle Schiedsordnungen vorsehen (II.) und welche Rolle das Schiedsgericht bei der Ermittlung von Korruption einnimmt (III.). Nicht geklärt ist zudem, welches Beweismaß anzusetzen ist (IV.) und wie die Beweiserhebung abzulaufen hat, insbesondere welche Beweismittel dem Schiedsgericht zur Verfügung stehen (V.).

### I. Anzuwendendes Beweisrecht

Zunächst ist zu klären, was unter dem anzuwendenden Beweisrecht zu verstehen ist. Beweisverfahren und Anforderungen an die Beweisführung sind im deutschen Recht Fragen des Prozessrechts, während die Beweislast durch das materielle Recht geregelt wird. In anderen Rechtsordnungen wird allerdings bereits das Beweismaß im Bereich des materiellen Rechts geregelt.[346] Ob im Rahmen

---

345 Die lückenlose Beweisführung im Rahmen des Aufhebungsverfahrens wurde geprüft in: BayObLG, 23.10.2003, NJW-RR 2004, 287.

346 *Menaker/Greenwald* in: Addressing Issues of Corruption in Commercial and Investment Arbitration, 77 (78 f.); *Betz*, Proving Bribery, Fraud and Money Laundering in International Arbitration, S. 71.

der Beweislast die Regelungen des materiellen Rechts anwendbar sind oder die des Verfahrensrechtes, ist ebenfalls problematisch.[347]

### *1. Anzuwendendes Verfahrensrecht*

Während für die Bestimmung des anzuwendenden Beweismaßes und der Beweislast problematisch sein kann, ob das anzuwendende materielle oder das Verfahrensrecht heranzuziehen ist, richtet sich die Frage, welche Rolle das Schiedsgericht einnimmt, nach den anzuwendenden verfahrensrechtlichen Vorschriften.

#### *a) Parteivereinbarung*

Die Rechtswahlfreiheit der Parteien im Schiedsverfahren erstreckt sich auch auf das anzuwendende Verfahrensrecht, soweit die Regelungen des deutschen oder französischen Schiedsverfahrensrechtes keine entgegenstehenden zwingenden Regelungen enthalten.[348] Für Schiedsverfahren mit Sitz in Deutschland ergibt sich dies aus § 1042 Abs. 1, 3 ZPO, im französischen Verfahrensrecht ist die Rechtswahlfreiheit der Parteien in Art. 1494 Abs. 1 CPC geregelt. Den Parteien steht somit frei, ob sie ein nationales Verfahrensrecht wählen, ob sie sich für ein institutionelles Schiedsverfahren entscheiden oder sonstige Verfahrensregeln[349] zur Anwendung kommen lassen. Auch in dem UNÜ wurde die Parteiautonomie zur Regelung des Verfahrens in Art. V Abs. 1 lit. d aufgenommen, diese kommt allerdings erst im Rahmen des Aufhebungs- und Vollstreckbarerklärungsverfahrens zur Anwendung, sodass sie im schiedsgerichtlichen Verfahren nicht unmittelbar herangezogen werden kann.[350]

Wollen die Parteien die Beweisregeln einer nationalen Prozessordnung zur Anwendung kommen lassen, müssen sie diese ausdrücklich einbeziehen.[351] Zwingende Vorgaben der nationalen Verfahrensrechte bestehen für das

---

347 *Born*, International Commercial Arbitration, § 15.09 [B]; *Trittmann* in: The Taking of Evidence in International Commercial Arbitration, 15 (21); *Menaker/Greenwald* in: Addressing Issues of Corruption in Commercial and Investment Arbitration, 77 (78 f.).

348 *Schwab/Walter*, Schiedsgerichtsbarkeit, Kap. 15 Rn. 29; Eberl in: *Eberl*, Beweis im Schiedsverfahren, § 1 Rn. 4.

349 Zum Beispiel durch eine ausdrückliche Einbeziehung der IBA Rules.

350 Umstr.; wie hier: *Schwab/Walter*, Schiedsgerichtsbarkeit, Kap. 50.

351 Schumacher/*Schumacher*, Beweiserhebung im Schiedsverfahren, Rn. 9; *Trittmann* in: The Taking of Evidence in International Commercial Arbitration, 15 (21).

Beweisrecht grundsätzlich nur insoweit, als dass die Gleichbehandlung der Parteien und das rechtliche Gehör gewährleistet sein müssen, § 1042 Abs. 3 ZPO.[352] Den Parteien kommt somit grundsätzlich ein weiter Spielraum für die Regelung des Beweisverfahrens nach ihrem Willen zu.[353] Ausdrückliche Vereinbarungen über ein anzuwendendes Beweisrecht sind in der Praxis bisher – zumindest im Vorfeld eines Schiedsverfahrens – die Ausnahme.[354]

### *b) Ermessen des Schiedsgerichts*

Haben die Parteien keine Vereinbarung über das anzuwendende Beweisrecht getroffen, ist das Schiedsgericht gemäß § 1042 Abs. 3, 4 ZPO, Art. 1494 Abs. 2 CPC berechtigt, nach freiem Ermessen zu entscheiden, welche Beweisregelungen zur Anwendung kommen. Es besteht insbesondere keine Pflicht, die Beweisregelungen der *lex arbitri* anzuwenden.[355] Die Schiedsgerichte haben sich am mutmaßlichen Parteiwillen zu orientieren. Dazu ziehen sie den vereinbarten Schiedsort, die Verfahrenssprache sowie die Herkunft von Parteien und Schiedsrichtern heran.[356] Darüber hinaus ist das Schiedsgericht in internationalen Schiedsverfahren angehalten, die *lex causae* auch bei der Entscheidung über die anwendbaren Verfahrensregeln zu berücksichtigen aufgrund der Wirkungen zwischen materiellen und verfahrensrechtlichen Regelungen.[357] Praktisch relevant sind insbesondere für internationale Schiedsverfahren Fälle, in denen die Schiedsrichter sich an entwickelten internationalen Standards orientieren, den IBA Rules on the Taking of Evidence, die einen Kompromiss der Beweisregelungen zwischen civil und common law bilden.[358] In rein innerstaatlichen Schiedsverfahren ist zumindest eine Anlehnung an die Beweisregelungen der *lex arbitri* sinnvoll und üblich, da diese den Parteien – und in der Regel auch den

---

352 *Delvolvé/Pointon/Rouche*, French Arbitration Law and Practice, S. 169 ff.; Umstritten ist, inwieweit das Schiedsgericht den mutmaßlichen Parteiwillen beachten muss.

353 *Böckstiegel* in: The Taking of Evidence in International Commercial Arbitration, 1 f.

354 *Eberl* in: Eberl, Beweis im Schiedsverfahren, § 1 Rn. 5; *Kreindler*, ZVglRWiss 2015, 431 (433).

355 Schumacher/*Schumacher*, Beweiserhebung im Schiedsverfahren, Rn. 17; *Moreau*, Arb. Int. 2016, Rn. 228.

356 *Leisinger*, Vertraulichkeit in internationalen Schiedsverfahren, S. 217 f.

357 *Moreau*, Arb. Int. 2016, 95 Rn. 228; Schumacher/*Schumacher*, Beweiserhebung im Schiedsverfahren, Rn. 13.

358 *Trittmann*, IWRZ 2016, 255 (259); *Eberl* in: Eberl, Beweis im Schiedsverfahren, § 1 Rn. 8; *von Mehren/Salomon*, 20 J. Int'l Arb. 2003, 285 (291).

Schiedsrichtern – vertraut sind.[359] Der Schiedsrichter hat aber die Möglichkeit zur Durchführung des Freibeweisverfahrens und ist nicht an das strenge Beweisrecht der nationalen Verfahrensrechte gebunden.[360]

### 2. *Anzuwendendes Recht zur Bestimmung des Beweismaßes*

Wie bereits festgestellt, richtet sich das anzuwendende Verfahrensrecht nach dem Willen der Parteien und darüber hinaus nach den Bestimmungen des Schiedsgerichts. Problematisch bei der Bestimmung des Beweismaßes ist, dass nicht geklärt ist, ob sich das Beweismaß nach dem Verfahrensrecht oder dem materiellen Recht richtet. Im deutschen Recht wird das Beweismaß in § 286 ZPO geregelt, sodass wohl das anzuwendende Verfahrensrecht herangezogen werden muss. Das französische Recht trifft keine ausdrückliche Aussage zum Beweismaß, es kann aber auf Art. 9 CPC zurückgegriffen werden[361], sodass die Schiedsrichter auch für nationale Schiedsverfahren mit Sitz in Frankreich das Verfahrensrecht anwenden werden. In anderen Rechtsordnungen richtet sich das Beweismaß dagegen nach dem materiellen Recht.[362] Auch die Rom I-VO unterstellt die Frage des Beweismaßes in Art. 14 Abs. 1 dem materiellen Recht. Es gibt somit gute Gründe dafür, auf das anwendbare materielle Recht zurück zu greifen,[363] berücksichtigt werden muss aber auch, welche Erwartungen die Parteien bezüglich der Regelungen des Beweismaßes haben.

### 3. *Auf die Beweislast anzuwendendes Recht*

Das entsprechende Problem ergibt sich auf der Ebene der Beweislast. Die Regelungen zur Beweislast werden in der deutschen Rechtsordnung nicht als prozessuale, sondern vielmehr als materielle Regelungen eingestuft, sodass sich die Beweislast nach dem anzuwendenden materiellen Recht richten würde.[364] Im französischen Recht dagegen wird die Beweislast in Art. 9 CPC geregelt, auf der

359 *Böckstiegel* in: The Taking of Evidence in International Commercial Arbitration, 1 (3); *Eberl* in: Eberl, Beweis im Schiedsverfahren § 1 Rn. 18.

360 *Eberl* in: Eberl, Beweis im Schiedsverfahren § 1 Rn. 18.

361 Art. 9 CPC regelt ausdrücklich die Beweislast im französischen Zivilprozess: „Il incombe à chaque partie de prouver conformément à la loi les faits nécessaires au succès de sa prétention."

362 *Born,* International Commercial Arbitration, § 15.09 [B]; Schumacher/*Schumacher*, Beweiserhebung im Schiedsverfahren, 24 f. mwN.

363 *Born,* International Commercial Arbitration, § 15.09 [B].

364 *Menaker/Greenwald* in: Addressing Issues of Corruption, 77 (80f.).

Ebene der Beweisführung ist im französischen Prozessrecht somit einheitlich das anwendbare Prozessrecht maßgeblich. Allerdings ist der Grundsatz *actori incumbit probatio* in nahezu allen nationalen Rechtsordnungen normiert und entspricht zudem regelmäßig dem mutmaßlichen Parteiwillen.[365]

### 4. *Zwischenergebnis*

Aufgrund der Wechselwirkung zwischen Verfahrensrecht und dem anwendbaren materiellen Recht auf der Ebene der Beweisführung ist in internationalen Schiedsverfahren eine flexible Lösung angezeigt.[366] Da sich aus dem anwendbaren materiellen Recht ergibt, welche Tatsachen zu beweisen sind, kann es sich anbieten, sowohl für das Beweismaß als auch für die Beweislast das materielle Recht zugrunde zu legen.[367] Dies würde auch zu einem einheitlich anzuwendenden Recht führen. Andererseits ist nicht ersichtlich, warum in einem Schiedsverfahren mit Sitz in Deutschland und einer französischen Partei für das Beweismaß das gewählte materielle Recht herangezogen werden sollte, wenn die Rechtsordnungen, mit denen die beteiligten Parteien vertraut sind, diese Frage als verfahrensrechtliche einordnen.

## II. Beweisrecht in institutionellen Schiedsverfahrensordnungen und den IBA Rules

Insbesondere in internationalen Schiedsverfahren spielen die Regeln von Schiedsgerichtsordnungen oder die IBA Beweisregeln eine Rolle, die als Kompromiss zwischen den Beweisverfahren des civil und des common law oftmals sachgemäß sind, insbesondere durch den Trend, auch in nationalen Schiedsverfahren des civil law Rechtskreises zumindest auf einzelne Bestandteile des Beweisverfahrens des common law Rechtskreises zurückzugreifen.[368]

---

365 *Kreindler*, ZVglRWiss 2015, 431 (433).

366 *Born*, International Commercial Arbitration, § 15.09 [B]; für die Anwendbarkeit der *lex arbitri* aufgrund der höheren Vorhersehbarkeit: Schumacher/*Schumacher*, Beweiserhebung im Schiedsverfahren, 25.

367 *Smith/Nadeau-Séguin*, ICCA Congress Series 2015, 134 (140 f.).

368 *Leisinger*, Vetraulichkeit in internationalen Schiedsverfahren, S. 218; *Böckstiegel* in: FS Schlosser (2005) 49 (55).

### 1. *Institutionelle Schiedsverfahren*

Die Regeln institutioneller Schiedsverfahren sind hinsichtlich des Beweisverfahrens davon geprägt, den Schiedsrichtern ein weites Ermessen für die Durchführung des Beweisverfahrens einzuräumen und kodifizieren den beschränkten Untersuchungsgrundsatz.

Ausdrücklich geregelt wird darüber hinaus oftmals die Berechtigung des Schiedsgerichts, die Vorlage von Dokumenten anzuordnen. Nach Art. 28.2 DIS-SchO kann das Schiedsgericht insbesondere Zeugen und Sachverständige vernehmen und die Vorlage von Urkunden anordnen. Gemäß Art. 25 ICC-Schiedsordnung darf sich das Schiedsgericht aller angemessenen Mittel bedienen. Auch die UNCITRAL-SchO normiert in Art. 27 ausdrücklich die Befugnis des Schiedsgerichts, von den Parteien das Erbringen von Beweisen verlangen zu können.

### 2. *IBA Rules*

Die IBA Rules werden bezüglich des Beweisverfahrens vereinzelt als transnationales Prozessrecht betrachtet, welchem für internationale Verfahren erhebliche Bedeutung zukommt.[369] Die IBA Rules sehen zunächst vor, dass das Schiedsgericht sich mit den Parteien auf ein Beweisverfahren, einschließlich Umfang und Fristen für die Vorlage von Beweismaterial, einigt.[370] Die *pre trial discovery* wurde von der IBA Arbeitsgruppe nicht übernommen. Es darf vielmehr nur die Vorlage solcher Dokumente verlangt werden, die für den Ausgang des Verfahrens relevant sind, Art. 3 IBA Rules. Die vom Schiedsgericht zu ergreifenden Maßnahmen zur Erlangung der für das Verfahren relevanten Dokumente werden ausführlich aufgelistet. Die Würdigung der Beweismittel steht im Ermessen des Schiedsgerichts, nicht zu berücksichtigende Beweismittel werden aber genannt.

Die IBA Rules regeln das Beweisverfahren umfassend und gewährleisten so, dass Schiedsgericht sowie Parteien von Anfang an feststehende Regeln zur Durchführung des Beweisverfahrens zur Verfügung stehen. Die IBA Rules kommen nur bei ausdrücklicher Parteivereinbarung zur Anwendung, ist das

---

369 *Leisinger*, Vertraulichkeit in internationalen Schiedsverfahren, S. 218; *Raeschke-Kessler* in: FS Schlosser (2005) 713 (739); *Böckstiegel* in: FS Schlosser (2005) 49 (55); *Sachs*, SchiedsVZ 2003, 193 (198).

370 Art. 2 Abs. 1 und 2 IBA Rules 2010: "The consultation on evidentiary issues may address the scope, timing and manner of the taking of evidence".

Beweisverfahren durch die Regelungen nationaler Regelungen oder institutioneller Schiedsgerichtsordnungen in das Ermessen des Schiedsgerichts gestellt, kann sich eine Orientierung an dem in den IBA Rules vorgeschriebenen Vorgehen dennoch anbieten.

## III. Rolle der Schiedsrichter bei der Feststellung von Korruptionssachverhalten

Die Befugnis des Schiedsgerichts, *sua sponte* einen Rechtsverstoß zu ermitteln, wird im deutschen und französischen Schiedsverfahrensrecht überwiegend angenommen,[371] ist im internationalen Schiedsverfahren aber noch nicht anerkannt.[372] Es wird vielfach davon ausgegangen, dass ein Schiedsgericht nur ermittelt, was ihm von den Parteien angetragen wird.[373] Inwieweit dieses Verständnis beizubehalten ist, vor dem Hintergrund, dass das Schiedsgericht ebenfalls keinen ordre public-Verstoß begehen darf, ist zu untersuchen. Zudem ist zu ermitteln, ob nicht in Fällen in Zusammenhang mit Korruption sogar eine Pflicht zur Untersuchung besteht. Zu unterscheiden ist an dieser Stelle, inwieweit das Schiedsgericht berechtigt ist, einer von den Parteien nicht aufgeworfenen Rechtsfrage nachzugehen (1.) und über die Beibringung der Parteien hinausgehende Ermittlungen anzustellen (2.).[374]

---

371 *Lachmann*, Handbuch Schiedsgerichtspraxis, Rn. 1283 f.; Stein/Jonas-ZPO/*Schlosser*, § 1042 Rn. 44; *Kreindler*, Strafrechtsrelevante und andere anstößige Verträge als Gegenstand von Schiedsverfahren, S. 91 ff.; *Derains*, Rev. Arb. 2004, 781 (787); *Schlabrendorff* in: FS Schlosser (2005), 851 (860).

372 *De Souza Fleury*, Do Arbitrators have an ex officio duty/right to self-investigate corruption?', Kluwer Arbitration Blog, 25.11.2015, http://arbitrationblog.kluwerarbitration.com/2015/11/25/do-arbitrators-have-an-ex-officio-dutyright-to-self-investigate-corruption/ (zuletzt abgerufen am: 05.10.2022); *Derains*, Rev. Arb. 2004, 781 (787).

373 *Lionnet/Lionnet*, Handbuch der internationalen und nationalen Schiedsgerichtsbarkeit, S. 357 f. zur Geltung des Verhandlungsgrundsatzes in civil und common law Rechtsordungen.

374 Berücksichtigt wird dies teilweise auch bei der Frage, ob das Schiedsgericht ohne einen entsprechenden Antrag einer Partei, die Nichtigkeitsfolge für den zugrundeliegenden Vertrag aussprechen darf: *Scherer*, ASA Bulletin 2001, 684.

### 1. *Untersuchung der Nichtigkeit eines Vertrages aufgrund von Korruption* sua sponte *in nationalen und internationalen Schiedsverfahren*

Die Frage, welche Normen zu Korruptionsbekämpfung vom Schiedsgericht unabhängig von der Parteivereinbarung anzuwenden sind, ist eine Frage des anzuwendenden Rechts. Zunächst ist zu untersuchen, ob das Schiedsgericht die Nichtigkeit eines Vertrages überhaupt untersuchen darf und davon ausgehend, welche Rolle das Schiedsgericht im Rahmen des Beweisverfahrens einnimmt.

#### *a) Entwicklung in der schiedsgerichtlichen Praxis*

In der schiedsgerichtlichen Praxis beruft sich in der Regel eine der Parteien auf die Nichtigkeit des Vertrages aufgrund von Korruption, sodass die Rechtsfrage nicht *ex officio* von den Schiedsgerichten aufgeworfen werden kann beziehungsweise muss.[375] Aktuelle Fälle, in denen die Parteien übereinstimmend auf die Berücksichtigung der Korruption verzichten wollen, sind nicht bekannt. Ein solcher Fall war aber in der bereits dargestellten Lagergren-Entscheidung gegeben.[376] Die Parteien waren sich einig, dass korruptes Vorgehen in dem entsprechenden Staat üblich sei und bei der Entscheidung über die Ansprüche aus dem Vertrag außen vor bleiben sollte.[377] Lagergren berücksichtigte die Korruption in seiner Entscheidung *ex officio*. In nachfolgenden Entscheidungen zeigten sich die Schiedsgerichte eher zurückhaltend in der Ermittlung von Korruptionssachverhalten, selbst wenn eine Partei sich auf die Nichtigkeit des Vertrages aufgrund von Korruption berief.[378] Es ist erst recht nicht davon auszugehen, dass sie die Nichtigkeit des Vertrages aufgrund von Korruption von sich aus geprüft hätten. Berücksichtigt man die Besonderheiten des Falles,[379] ist die

375 Entscheidungen unter Anwendung französischen Rechts: ICC Schiedsspruch Nr. 13384, ICC Bulletin (Supplement) 24 (2013), 62; ICC Schiedsspruch Nr. 13515 (2006), ICC Bulletin (Supplement) 24 (2013) 66; ICC Schiedsspruch Nr. 14470, ICC Bulletin (Supplement) 24 (2013), 83; Gulf Leaders for Management and Services Holding Company v. SA Crédit foncier de France, Court d'Appel Paris, 04.03.2014, Rev. Arb., 2014, 955.

376 Sachverhalt siehe oben: Kap. 1 § 2 I. 1.

377 *Baizeau/Hayes*, ICCA Congress Series 2017, 225 (233).

378 ICC Schiedsspruch Nr. 7047, ASA Bull. 1995, 301.

379 Die Beteiligung beider Parteien an der Korruption sowie die Einigung, den Zweck des Vertrages, die Bestechung der Amtsträger, bei der Entscheidung des Schiedsgerichts außen vor zu lassen.

Lagergren-Entscheidung möglicherweise weniger überholt als einige der neueren Entscheidungen, in denen die Schiedsgerichte die Prüfung von Korruption von vorneherein ablehnten.

Dass Schiedsgerichte entgegen dem Willen der Parteien die Nichtigkeit des Vertrages untersuchen, erscheint vor dem Hintergrund neuerer Ansätze in der Literatur zur Untersuchungspflicht von Schiedsgerichten durchaus denkbar.

#### b) *Ansätze zur Herleitung einer Pflicht zur* ex officio *Untersuchung der Nichtigkeit eines Vertrages aufgrund von Korruption*

Im Folgenden werden Ansätze zur Herleitung einer Pflicht zur *ex officio* Untersuchung dargestellt. Eine solche kann sich insbesondere aus dem *Iura novit curia* Grundsatz (aa)) sowie aus der Pflicht, eine ordre public konforme Entscheidung (cc)) zu erlassen, herleiten. Nicht außer Acht gelassen werden darf an dieser Stelle jedoch der dem entgegenstehende *ne ultra petita* Grundsatz (bb)).

##### *aa) Iura novit curia als Grundlage für eine ex officio Untersuchung*

Ein möglicher Ansatz, das Recht der Schiedsrichter, von den Parteien nicht eingebrachte Rechtsfragen aufzuwerfen, herzuleiten, ist der *iura novit curia* Grundsatz.[380] Der *iura novit curia* Grundsatz wird in diesem Zusammenhang definiert als das Recht des Gerichtes, seine Entscheidung auf rechtliche Gründe zu stützen, die von den Parteien nicht vorgebracht wurden.[381] Dieser ist für staatliche Verfahren nach den civil law Rechtsordnungen weitgehend anerkannt,[382] nicht aber in den common law Rechtsordnungen, in denen der Richter traditionell eine passive Rolle einnimmt.[383] Für eine Anwendung auch im Schiedsverfahren wird angeführt, dass der Schiedsspruch keiner Inhaltskontrolle durch staatliche Gerichte unterliegt und das Schiedsgericht daher eine rechtlich zutreffende Entscheidung treffen müsse.[384] Die Anwendung des *iura novit curia* Grundsatzes

380 *Schlabrendorff* in: FS Schlosser (2005), 851 (860).

381 *Schlabrendorff* in: FS Schlosser (2005), 851 (860) „Rechtsanwendungsbefugnis"; *Alberti* in: Liber Amicorum Bergsten (2011), 3 (5); siehe für eine umfassende Erläuterung des Begriffes: *Waincymer*, J. Int. Arb. 2011, 201 (202 ff.).

382 In Frankreich aber beschränkt auf die zutreffende Anwendung französischen Rechts, während in Deutschland auch ausländisches Recht vom Gericht ermittelt werden muss; ausführlich zu den Ausgestaltungen in unterschiedlichen Rechtsordnungen: *Lörcher/Bauerschmidt* in: FS Elsing (2015), 317 (319).

383 *Waincymer*, J. Int. Arb. 2011, 201 (206).

384 *Lörcher/Bauerschmidt* in: FS Elsing (2015), 317 f.

wird jedoch vielfach nicht als zwingend im internationalen Schiedsverfahren angesehen[385] – auch nicht für solche Schiedsgerichte mit Sitz in Deutschland oder Frankreich, wenn die Streitigkeit eine enge Verbindung zu einer anderen Rechtsordnung aufweist. Das Recht der Schiedsgerichte, unter der Geltung deutschen oder französischen Schiedsverfahrensrechts *ex officio* die Nichtigkeit eines Vertrages aufgrund von Korruption nach seinem Ermessen zu untersuchen, kann aus dem *iura novit curia* Grundsatz hergeleitet werden,[386] eine Verpflichtung zur *ex officio* Untersuchung der Nichtigkeit des Vertrages von sich aus ergibt sich daraus aber nicht ohne weiteres.

#### *bb) Das Verbot der ex officio Untersuchung aus dem ne ultra petita-Grundsatz*

Bei all den Bestrebungen im deutschen Recht, dem Schiedsgericht aufzuerlegen, Korruptionssachverhalte zu ermitteln, muss beachtet werden, dass auch ein Verstoß gegen den *ne ultra petita* Grundsatz noch immer einen Aufhebungsgrund im nationalen[387] und internationalen Schiedsverfahrensrecht darstellt gemäß Art. 34 Abs. 2 (a)(iii) und 36 Abs. 1(a)(iii) UNCITRAL-MG und § 1061 Abs. 1 ZPO, Art. V Abs. 1 (c) UNÜ.[388] Das Schiedsgericht darf seine Kompetenz nicht überschreiten und ist angehalten, ein effektives Verfahren durchzuführen.

Anerkannt ist aber, dass das Schiedsgericht innerhalb des Klagebegehrens eine eigene rechtliche Bewertung der Tatsachen vornehmen darf.[389] Mittlerweile hat sich die Auffassung durchgesetzt, dass der *ne ultra petita* Grundsatz auch bei der Untersuchung einer Rechtsfrage auf Initiative des Schiedsgerichts hin berücksichtigt werden kann.[390] Durch frühzeitige Einbindung der Parteien und Hinweise des Schiedsgerichts, die den Parteien die Möglichkeit zur Stellungnahme geben, sollen die Parteien hinreichend am Fortgang des Verfahrens beteiligt werden.[391] Die Notwendigkeit der frühzeitigen Information der

---

385 *Alberti* in: Liber Amicorum Bergsten (2011), 3 (27) zeigt die negativen Folgen und praktischen Schwierigkeiten einer zwingenden Anwendung des *iura novit curia* Grundsatzes auf; *Lörcher/Bauerschmidt* in: FS Elsing (2015), 317 (343 f.).

386 Vgl. *Lörcher/Bauerschmidt* in: FS Elsing (2015), 317 (343).

387 OLG Köln, 28.06.2011, SchiedsVZ 2012, 161.

388 *Lew/Mistelis/Kröll*, Comparative International Commercial Arbitration, 714 mwN.

389 *Lörcher/Bauerschmidt* in: FS Elsing (2015), 317 (321).

390 *Pieth* in: FS Schwenzer (2011) 1375 (1381); *Ziadé* in: Addressing Issues of Corruption in Commercial and Investment Arbitration, 114 (122).

391 *Ziadé* in: Addressing Issues of Corruption in Commercial and Investment Arbitration, 114 (122); *Alberti* in: Liber Amicorum Bergsten (2011), 3 (19 ff.).

Parteien ergibt sich zwar bereits aus dem Anspruch auf die Gewährung rechtlichen Gehörs.[392] Durch die Möglichkeit für die Parteien, auf die Ermittlungen des Schiedsgerichts zu reagieren, kann ein Verstoß gegen den *ne ultra petita* Grundsatz aber im Ergebnis zu verneinen sein, nämlich, wenn die Partei ihr Klagebegehren anpasst. Aufgelöst wird der Konflikt auch durch die Ablehnung eines Verstoßes gegen den *ne ultra petita* Grundsatz, solange das Schiedsgericht Aspekte erforscht, die für seine Entscheidung relevant sind.[393] Dies kann problematisch sein, wenn eine Partei lediglich eine Anpassung des Vertrages beantragt, das Schiedsgericht darüber hinaus einen korrupten Sachverhalt ermittelt und den Vertrag aufgrund dessen für nichtig erklärt.[394]

### *cc) Ordre public-Konformität*

In der Literatur wird vielfach das *Recht* des Schiedsgerichts diskutiert, *sua sponte* zu ermitteln. Dieses kann als anerkannt angesehen werden, zumindest in der Literatur im civil law Rechtskreis.[395] Zu fragen ist jedoch auch, ob nicht vielmehr eine Pflicht zur Ermittlung *sua sponte* – unabhängig von dem gewählten Verfahrensrecht – besteht.[396]

#### *(1) Pflicht zum Erlass einer ordre public konformen Entscheidung*

Dass durch ein Schiedsverfahren eine abschließende vollstreckbare Entscheidung getroffen werden kann, legitimiert sich nicht zuletzt auch aus der Verpflichtung des Schiedsgerichts, eine Entscheidung zu treffen, deren Anerkennung und Vollstreckbarerklärung keinen Verstoß gegen den ordre public begründet.[397]

---

392 *Alberti* in: Liber Amicorum Bergsten (2011) 3 (19 ff.); *Lörcher/Bauerschmidt* in: FS Elsing (2015), 317 (322).

393 *Hwang/Lim*, Asian Int. Arb. J. 2012, 1 (18 f.); *Kreindler*, ICCA Congress, Series 2002, 252 f.

394 *Alberti* in: Liber Amicorum Bergsten (2011), 7; *Chilstein*, Rev. Arb. 2009, 3 (25).

395 *Veit*, Liber Amicorum Karrer (2017), 373; *Gaillard*, Rev. Arb 2017, 805 (836); *Derains*, Rev. Arb. 2004, 781 (787).

396 *Lachmann*, Handbuch für die Schiedsgerichtspraxis, Rn. 4299; *Lamm/Pham/Moloo* in: Liber Amicorum Cremades (2010) 691 (701).

397 *Born*, International Commercial Arbitration, § 15.04 [d]; *Ziadé*, Adressing Issues of Corruption in Commercial and Investment Arbitration, 114 (120); *Lamm/Pham/Moloo* in: Liber Amicorum Cremades (2010), 691 (701); auch in zahlreichen Verfahrensordnungen wird das Schiedsgericht ausdrücklich aufgefordert, die notwendigen Vorkehrungen zu treffen, um eine vollstreckbare Entscheidung treffen zu können: ICC-Rules Art. 42: „the arbitral tribunal shall act in the spirit of the Rules and shall make every effort to make sure that the award is enforceable at law"; LCIA-Rules

Wie bereits festgestellt, wird die objektive Schiedsfähigkeit mittlerweile sehr weitgehend angenommen. Dies bedeutet jedoch auch, dass die Schiedsgerichte die Institutionen sind, in denen über Verstöße gegen zwingendes Recht entschieden werden muss.[398] Schiedsgerichten wird mittlerweile vermehrt auch eine öffentliche Funktion zugeschrieben.[399] Die Pflicht, eine vollstreckbare Entscheidung zu treffen, besteht dabei auch gegenüber den Parteien.[400] Lehnt man einen transnationalen ordre public ab, ergeben sich in allen Staaten, in denen die Vollstreckung begehrt wird, unterschiedliche Anforderungen an den ordre public. Die Pflicht der Schiedsgerichte kann nicht so weit gehen, jegliche Standards zu berücksichtigen. Das Schiedsgericht ist jedoch dazu verpflichtet, das UNÜ zu beachten und konform dem ordre public der *lex arbitri* zu entscheiden.[401]

Das Argument, dass Schiedsgerichte nur bedingte Möglichkeiten haben, Beweise zu erheben und ihnen nicht die Zwangsmaßnahmen der staatlichen Gerichte zur Verfügung stehen, hat zwar Auswirkungen auf die Art und Weise der Beweiserhebung,[402] kann die Schiedsgerichte indes nicht von vorneherein davon entbinden, Nachforschungen anzustellen.[403]

### *(2) Übertragbarkeit der Rechtsprechung zu Verstößen gegen das Kartellrecht*

Anhand der Eco Swiss Entscheidung des EuGH[404] wurde die Pflicht zur *ex officio* Anwendbarkeit des Art. 81 EG (heute: Art. 101 AEUV) diskutiert.[405]

---

Art. 32.2: "Arbitral Tribunal, (...) shall make every reasonable effort to ensure that any award is legally recognised and enforceable at the arbitral seat."

398 *Cremades/Cairns*, Dispute Res. J. 2003, 76.

399 *Marcenaro* in: Addressing Issues of Corruption in Commercial and Investment Arbitration, 141 (145); *Kreindler*, Strafrechtsrelevante und andere anstößige Verträge als Gegenstand von Schiedsverfahren, S. 92 f.; *Scott Rau* in: Mandatory Rules in International Arbitration, 77 (78 f.) zur Frage, inwieweit das Schiedsgericht dem Parteiwillen oder dem öffentlichen Interesse verpflichtet ist.

400 *Platte*, 20 J. Int'l Arb. 2003, 307 (308 f.); *Philip* in: Arbitration: Corruption Money, Laundering and Fraud, 149 (155); *Chilstein*, Rev. Arb. 2009, 3 (26).

401 *Platte*, 20 J. Int'l Arb. 2003, 307 (312).

402 Dazu unten: Kap. 3 § 5 IV. und V.

403 Anders: *Lionnet/Lionnet*, Handbuch der internationalen und nationalen Schiedsgerichtsbarkeit, S. 358.

404 EuGH, 01.06.1999, Slg. 1999 I, 3055.

405 Ob der EuGH sich zur Frage der *ex officio* Prüfung überhaupt geäußert hat, wird nicht einheitlich beantwortet: *Hilbig*, Das gemeinschaftsrechtliche Kartellverbot im internationalen Schiedsverfahren, S.140.

Art. 81 EG wurde vom EuGH als Eingriffsnorm qualifiziert und müsse damit auch im Schiedsverfahren berücksichtigt werden.[406] Das Dilemma, in dem sich das Schiedsgericht befindet, ist identisch; entweder das Schiedsgericht erlässt einen nicht vollstreckbaren Schiedsspruch oder es überschreitet seine Kompetenzen.[407] Dass das Schiedsgericht zur Anwendbarkeit zwingender Normen verpflichtet sein kann, um ordre public konform zu handeln, lässt sich auch auf die Ermittlung von korrupten Verhaltensweisen übertragen.[408] Die Bestrebungen der europäischen Union zur Bekämpfung von Korruption sind mittlerweile auch in Regelungswerken manifestiert.[409] Zu berücksichtigen ist jedoch, dass ein dem Kartellrecht vergleichbar konkretes Regelungssystem nicht existiert.

Eine unmittelbare Herleitung der Pflicht zur *sua sponte* Ermittlung aus der Entscheidung des EuGH, wie sie bisweilen vorgenommen wird,[410] ist dagegen nicht überzeugend. Ob überhaupt eine Verpflichtung für die Schiedsgerichte vom EuGH ausgesprochen wurde, ist bereits zweifelhaft. Der EuGH hat vielmehr die staatlichen Gerichte zu einer wirksamen Kontrolle verpflichtet.[411] Zudem betrifft die Diskussion der Anwendbarkeit von Kartellrecht die Frage, inwieweit der EuGH das Schiedsgericht binden kann.

Der Entscheidung lässt sich aber die Notwendigkeit der Berücksichtigung zwingender Normen aufgrund der ordre public-Konformität entnehmen. Die Entscheidung hat gezeigt, dass zumindest der EuGH der ordre public-Konformität bei Verstößen gegen zwingendes Wirtschaftsrecht einen höheren Stellenwert zuweist als einer strengen Anwendung des *ne ultra petita* Grundsatzes.

### *c) Zwischenergebnis*

Auch in der Literatur konzentriert man sich vorrangig auf die Möglichkeiten der Beweisführung und das anzuwendende Beweismaß.[412] Dennoch lässt sich wohl

---

406 EuGH, 01.06.1999, Slg. 1999 I, 3055; *Hilbig*, Das gemeinschaftsrechtliche Kartellverbot im internationalen Schiedsverfahren, S.144.

407 *Sprange QC* in: Adressing Issues of Corruption in Commercial and Investment Arbitration, 134 f.; *Baizeau/Hayes*, ICCA Congress Series 2017, 225 (233).

408 *Born*, International Commercial Arbitration, § 15.05.

409 S.o. Kap. 1 § 1 1. b) aa).

410 *Kilches*, SchiedsVZ 2016, 150 (154).

411 *Hilbig*, Das gemeinschaftsrechtliche Kartellverbot im internationalen Schiedsverfahren, S.140 mwN; *Philip* in: Arbitration: Money Laundering, Corruption and Fraud, 149 (154).

412 *Schima/Sesser*, SchiedsVZ 2016, 61 (70); *Sayed*, Corruption in International Trade and Commercial Arbitration, S. 100-158; *Betz*, Proving Bribery, Fraud and

ein Konsens insofern feststellen, als dass die Pflicht des Schiedsgerichts, ordre public konform zu handeln, anzuerkennen ist und auch die Pflicht umfasst, *ex officio* Untersuchungen zur Nichtigkeit eines Vertrages durchzuführen. Sie ergibt sich unmittelbar aus der Verpflichtung des Schiedsgerichts, ordre public konform zu handeln. Die Parteiautonomie kennt auch im Schiedsverfahrensrecht Grenzen. Lehnt man die Pflicht des Schiedsgerichts zur *ex officio* Prüfung ab aufgrund eines möglichen Verstoßes gegen den *ne ultra petita* Grundsatz, bleibt lediglich die Möglichkeit des Schiedsgerichts sich für unzuständig zu erklären. Dem *ne ultra petita* Grundsatz kann aber auf andere Weise Rechnung getragen werden, insbesondere durch die frühzeitige Information und Einbindung der Parteien, sodass nur in absoluten Ausnahmefällen die Ablehnung der Zuständigkeit für das Schiedsgericht in Betracht kommen sollte.

### 2. *Beweiserhebung* sua sponte

Geht man von einer Pflicht des Schiedsgerichts aus, Rechtsfragen zu den zivilrechtlichen Folgen von Korruption *ex officio* aufzuwerfen, muss im Folgenden die Rolle des Schiedsgerichts im Rahmen des Beweisverfahrens untersucht werden.

#### *a) Geltung des Beibringungs- oder (beschränkten) Untersuchungsgrundsatzes*

#### *aa) Deutschland*

In der deutschen Literatur besteht keine Einigkeit darüber, ob im Schiedsverfahren der Untersuchungs- oder ein Beibringungsgrundsatz gilt. Ganz überwiegend wird aber ein beschränkter Untersuchungsgrundsatz angenommen.[413] Eine explizite Untersuchungspflicht, wie sie bis 1998 in § 1034 ZPO aF vorgesehen

---

Money Laundering in International Arbitration, S. 275 ff. lehnt lediglich ein hohes Beweismaß ab.

413 MükoZPO/*Münch*, § 1042 Rn. 145.; Stein/Jonas-ZPO/*Schlosser*, § 1042 Rn. 44; *Lachmann*, Handbuch für die Schiedsgerichtspraxis, Rn. 283 f.; *Eberl* in: Eberl, Beweis im Schiedsverfahren, § 1 Rn. 18; *Trittmann* in: FS Elsing (2015), 571 (580); *Berger*, Arb. Int. 2009, 217 (228); dagegen: *Lionnet/Lionnet*, Handbuch der internationalen und nationalen Schiedsgerichtsbarkeit, S. 357 f., der einen Untersuchungsgrundsatz gänzlich ablehnt aufgrund der fehlenden Möglichkeit des Schiedsgerichts Beweise zwangsweise zu erlangen und der Kostentragung durch die Parteien; zum österreichischen Schiedsverfahrensrecht, aber die deutsche Regelung heranziehend: Schumacher/*Schumacher*, Beweiserhebung im Schiedsverfahren, Rn. 24.

war, findet sich aber mittlerweile nicht mehr im deutschen Recht, woraus vereinzelt eine Änderung der Rechtslage hin zur Geltung des Beibringungsgrundsatzes im Schiedsverfahren hergeleitet wird.[414] Aus § 1042 Abs. 4 ZPO in Anlehnung an Art. 19 UNCITRAL-MG ergibt sich aber, dass das Schiedsgericht sich nicht auf die von den Parteien vorgebrachten Beweise beschränken muss, sondern darüber hinaus die Beweise ermitteln kann, die es für notwendig hält. Der im staatlichen Zivilprozess maßgebliche Beibringungsgrundsatz gilt im Schiedsverfahren damit nicht.

Daraus kann nicht unmittelbar abgeleitet werden, dass das Schiedsgericht auch berechtigt ist, von keiner Partei vorgebrachte Umstände zu ermitteln. Das Schiedsgericht tritt in die Beweiserhebung nicht unabhängig von dem Vorbringen der Parteien ein. Eine Amtsermittlungspflicht kommt einem Schiedsgericht unstreitig nicht zu.[415] Dass das Schiedsgericht nicht berechtigt ist, Ermittlungen gegen den Willen der Parteien anzustellen, wird aus § 1049 Abs. 1 ZPO hergeleitet.[416] Hat eine Partei Beweise in das Verfahren eingebracht, ist das Schiedsgericht berechtigt, nach seinem Ermessen davon ausgehend weitere Nachforschungen anzustellen. Dass im Schiedsverfahren eine größere Notwendigkeit zur Ermittlung der objektiven Wahrheit besteht, wird auch mit der eingeschränkten Überprüfungsmöglichkeit von Schiedssprüchen begründet.[417] Den Parteien steht es allerdings frei, davon abweichende Verfahrensregeln zur Beweiserhebung zu vereinbaren. Dazu, ob in Einzelfällen eine Untersuchungspflicht des Schiedsgerichts besteht, trifft das deutsche Schiedsverfahrensrecht keine Aussage.[418]

### *bb) Frankreich*

Die Beweiserhebung ist im neuen französischen Schiedsverfahrensrecht in Art. 1467-1469 CPC geregelt, der auch in internationalen Schiedsverfahren Anwendung findet, Art. 1506 Nr. 3 CPC. Demnach hat das Schiedsgericht die

---

414 Umstr. ist, ob die Streichung der Formulierung in § 1034 Abs. S. 2 ZPO aF „das dem Streite zugrunde liegende Sachverhältnis zu ermitteln, soweit sie die Ermittlung für erforderlich halten" inhaltliche Auswirkungen hat: MüKoZPO/*Münch*, § 1042 Rn. 155 mwNw.

415 Stein/Jonas-ZPO/*Schlosser*, § 1042 Rn. 44 nimmt aber eine Amtsermittlungs*befugnis* an.

416 *Lachmann*, Handbuch für die Schiedsgerichtspraxis, Rn. 282.

417 *Berger*, Arb. Int. 2009, 217 (228).

418 Von Stein/Jonas-ZPO/*Schlosser*, § 1042 Rn. 44 ausschließlich für Korruptionsfälle ausdrücklich angenommen; *Lachmann*, Handbuch für die Schiedsgerichtspraxis, Rn. 283 f.: es dürfen keine Ermittlungen gegen den Willen der Parteien durchgeführt werden, gleichzeitig besteht aber die Pflicht keinen ordre public Verstoß zu begehen.

zur Beweiserhebung notwendigen Schritte zu unternehmen.[419] Das Schiedsgericht wird mit umfassenden Befugnissen zur Ermittlung der Wahrheit ausgestattet.[420] Auch im französischen Schiedsverfahrensrecht ist somit vorgesehen, dass das Schiedsgericht von sich aus den Sachverhalt erforschen darf.[421] Allerdings bezieht sich die Regelung auch im französischen Schiedsverfahrensrecht auf die Beschaffung zusätzlicher Beweismittel zu einem von den Parteien vorgebrachten Umstand[422] und schweigt bezüglich eines Rechts oder einer Pflicht zur Erforschung eines gänzlich neuen Sachverhaltes.

### *cc) Schiedsordnungen und IBA Rules*

Schiedsordnungen erkennen zumindest das Recht des Schiedsgerichts, Ermittlungen durchzuführen, wo sie es für notwendig halten, an. In Art. 25 Abs. 1 5 ICC-SchO ist geregelt, dass das Schiedsgericht den Sachverhalt ermittelt und die Parteien auffordern kann, zusätzliche Beweise beizubringen. Art. 28.2 DIS-SchO wird noch deutlicher und berechtigt das Schiedsgericht ausdrücklich dazu, den Sachverhalt nach eigenem Ermessen zu erforschen. Eine entsprechende Regelung findet sich auch in Art. 22.1 LCIA-Rules. In den IBA Rules sind keine Regelungen zum Untersuchungsgrundsatz aufgenommen worden, es wird lediglich festgelegt, welche Maßnahmen das Schiedsgericht ergreifen kann, um an Informationen zu gelangen. Die Schiedsordnungen sehen damit explizit die Möglichkeit für die Schiedsgerichte vor, den Sachverhalt *sua sponte* zu ermitteln.[423] Eine Aussage zu einer möglicherweise bestehenden Pflicht zur Sachverhaltsermittlung treffen sie dagegen nicht.

Die Schiedsordnungen greifen damit auch die Entwicklung in der Praxis auf zur Übernahme von Bestandteilen des amerikanischen Beweisverfahrens, sodass die Anordnung einer Dokumenten-Vorlage zur Erforschung der materiellen Wahrheit im Schiedsverfahren mittlerweile üblich ist.[424]

---

419 „Le pouvoir d'ordonner la production forcée des preuves".

420 *Bollée*, Revue critique de droit international privé 2011, S. 553 (563 f.).

421 *Moreau/Beregoi/Decours-Karmitz/Mallet/Leleu*, Arbitrage commercial, Chap. 2 Sec. 4 Rn. 204 f.; *Gaillard*, Rev. Arb 2017, 805 (836).

422 *Delvolvé/Pointon/Rouche*, French Arbitration Law and Practice, S. 169 ff.

423 *Trittmann*, IWRZ 2016, 255 (258); *Lionnet/Lionnet*, Handbuch der internationalen und nationalen Schiedsgerichtsbarkeit, S. 360 legt die Regelungen entsprechend der staatlichen Verfahrensordnungen so aus, dass das Schiedsgericht lediglich berechtigt ist, die Vorlage weiterer Beweismittel zu verlangen.

424 Nicht dagegen eine umfassende Disclosure: *Kneisel/Lecking*, SchiedsVZ 2013, 150 (151).

### *dd) Zwischenergebnis*

Sowohl den nationalen Verfahrensordnungen in Deutschland und Frankreich als auch den Schiedsordnungen ist zu entnehmen, dass der Schiedsrichter eine aktivere Rolle einnimmt als der staatliche Richter unter der Geltung des Beibringungsgrundsatzes. Der beschränkte (oder milde)[425] Untersuchungsgrundsatz sieht vor, dass das Schiedsgericht Beweismittel erheben und verlangen darf, die von den Parteien nicht vorgelegt werden. Gerechtfertigt ist dieser Ansatz durch die fehlende inhaltliche Überprüfbarkeit von Schiedssprüchen (insbesondere hinsichtlich der Beweiswürdigung), die eine von vorneherein den wahren Sachverhalt berücksichtigende Entscheidung notwendig macht. Daraus lässt sich zumindest ableiten, dass das Schiedsgericht nicht an einen strengen Beibringungsgrundsatz gebunden ist[426] und eine aktive Rolle in der Sachverhaltsermittlung einzunehmen hat. Der Begriff des beschränkten Untersuchungsgrundsatzes ist insoweit missverständlich, als dass grundsätzlich die Parteien vorgeben, welcher Sachverhalt zugrunde gelegt wird, in bestimmten Fällen lediglich darüberhinausgehende Maßnahmen zur Ermittlung des Sachverhalts durch das Schiedsgericht angeordnet werden können.

### *b) Entwicklung in der schiedsgerichtlichen Praxis*

Im Folgenden soll der Umgang von Schiedsgerichten mit den Beweisschwierigkeiten in Korruptionsfällen skizziert werden. Es ergibt sich aus dem Wesen des Schiedsverfahrens, dass sich das Verfahren nach dem Willen der Parteien richtet.[427] Die Befugnis des Schiedsgerichts eine abschließende Entscheidung zu treffen, legitimiert sich aus der Vereinbarung der Parteien. Die Parteien sind es auch, die sämtliche Kosten des Verfahrens tragen, sodass sich auch der Ablauf des Beweisverfahrens in erster Linie nach ihren Vereinbarungen zu richten hat.[428]

---

425 *Trittmann*, IWRZ 2016, 255 (258).

426 *Lachmann*, Handbuch für die Schiedsgerichtspraxis, Rn. 1283 f. nicht ganz eindeutig, da die Pflicht zur Ermittlung bei möglichem ordre public Verstoß zwar genannt wird, gleichzeitig aber Ermittlungen gegen den Willen der Parteien abgelehnt werden; *Gaillard*, Rev. Arb. 2017, 805 (836).

427 *Born*, International Commercial Arbitration, § 15.01; Schumacher/*Schumacher*, Beweiserhebung im Schiedsverfahren, Rn. 27.

428 *Lionnet*/*Lionnet*, Handbuch der internationalen und nationalen Schiedsgerichtsbarkeit, S. 358.

### *aa) Westacre Investments Inc v. Jugoimport SDPR Holding Co Ltd (ICC Case No. 7047)*

In der Westacre-Entscheidung[429] wurde dieses Verständnis von dem Schiedsgericht auch zugrunde gelegt; möglicherweise auch, um die Probleme im Rahmen der Beweisführung zu umgehen.[430] Westacre war als Berater für die staatliche Agentur Jugoimport tätig geworden und verlangte die Zahlung der vereinbarten Vergütung. Zur Verteidigung berief sich die Jugoimport darauf, dass Westacre ohne ihr Wissen die Vermittlungsgebühren zur Bestechung von Amtsträgern genutzt habe. Der Vertrag sei somit mit Korruption belastet und könne keine Grundlage zur Zahlung der Gebühren darstellen. Der Einwand wurde ausdrücklich erst nachdem die Frist zur Beibringung von Beweisen bereits abgelaufen war erhoben. Das Schiedsgericht sah die Behauptung der Korruption als unerheblich an mit der Begründung, dass die Parteien vorzugeben haben, welcher Sachverhalt vom Schiedsgericht zu ermitteln sei und es nicht Aufgabe der Schiedsgerichts sei, Ermittlungen von sich aus anzustellen.[431] Das Schiedsgericht nahm dennoch Stellung zu den Umständen, die nach Ansicht von Jugoimport die Korruption nachweisen sollten, sodass die staatlichen Gerichte sowohl in der Schweiz als auch in Großbritannien eine Überprüfung der Entscheidung im Rahmen des Vollstreckungsverfahrens ablehnten.[432]

### *bb) ICC Case No. 8891 und ICC Case No. 13515*

Vier Jahre später in der Entscheidung ICC Case No. 8891[433] nahm das Schiedsgericht unter Anwendung französischen Rechts eine aktivere Rolle ein und erhob von sich aus Beweise zum Vorliegen von Korruption. Auch in diesem Fall hatte sich eine Partei auf die Nichtigkeit des Vertrages aufgrund eines Verstoßes gegen Korruptionsvorschriften berufen.[434] Davon ausgehend trat das Schiedsgericht

---

429 ICC Schiedsspruch Nr. 7047, 28.02.1994, ASA Bull. 1995, no. 2, 301 mit Sitz des Schiedsgerichts in der Schweiz.

430 *Rose*, Journal Int. Arb. 2014, 183 (185).

431 ICC Schiedsspruch Nr. 7047, 28.02.1994, ASA Bull. 1995, 301 (343): „If the defendant does not use it in his presentation of facts an Arbitral Tribunal does not have to investigate. It is exclusively the parties' presentation of facts that decides in what direction the arbitral tribunal has to investigate."

432 *Hwang/Lim*, Asian International Arbitration Journal, 2012, 1 (40f.); Court of Appeal, 3 Weekly Law Reports 2000, 811; Swiss Federal Tribunal's Judgment of 30.2.1994.

433 ICC Schiedsspruch Nr. 8891, Auszüge veröffentlich in: Clunet 2000, 1076.

434 ICC Schiedsspruch Nr. 8891, Clunet 2000, 1076 (1078 f.).

allerdings selbstständig in die Ermittlungen ein, lehnte das Vorliegen von Korruption aber schließlich ab.[435] Als Grundlage für dieses Vorgehen berief sich das Schiedsgericht auf den französischen ordre public international, der die Nichtigkeit des Vertrages erfordere.

In der Entscheidung ICC Case No. 13515 aus dem Jahr 2006 deklarierte das Schiedsgericht den zugrunde liegenden Vertrag nach dem anwendbaren französischen Recht für nichtig.[436] In seiner Entscheidung betonte das Schiedsgericht, dass es verpflichtet sei, „den Schleier zu heben" und von sich aus Ermittlungen anzustellen, um zu erforschen, ob der Vertrag mit Korruption belastet sei.[437] Es stellte somit Ermittlungen hinsichtlich der Höhe der Kommission an. Das Schiedsgericht erkannte die Pflicht, einen Korruptionssachverhalt von sich aus zu ermitteln, somit an.

### *cc) Gulf Leaders v. CFF*

Auch das Schiedsgericht in der Sache Gulf Leaders v CFF[438] mit Sitz in Frankreich und unter Anwendung französischen Rechts nahm eine aktive Rolle ein. Gulf Leaders kündigte den Vertrag und verlangte Rückzahlung der gezahlten Darlehensraten. CFF habe die an sie gezahlten Darlehensraten zur Korruption genutzt. Ausgehend von der Behauptung von Gulf Leaders trat das Schiedsgericht in die Ermittlungen ein und forderte von sich aus den Kläger zur Vorlage von Dokumenten auf, um der Behauptung der Korruption durch den Beklagten nachgehen zu können.[439] Das Schiedsgericht erforschte außerdem die Rolle des Vertreters - dessen Aufgabe nach Ansicht von Gulf Leaders lediglich die Bestechung von Amtsträgern gewesen sei - und inwieweit die Höhe der gezahlten Provisionen ein Hinweis für die Vornahme von Korruptionshandlungen gewesen sei.[440]

---

435 ICC Schiedsspruch Nr. 8891, Clunet 2000, 1076 (1078 f.).

436 ICC Schiedsspruch Nr.13515 (2006), ICC Bulletin (Supplement) 24 (2013), 66.

437 ICC Schiedsspruch Nr. 13515 (2006), ICC Bulletin (Supplement) 24 (2013) 66.

438 Nicht veröffentlicht, siehe zum Aufhebungsverfahren: Gulf Leaders v. CFF, Cour d'Appel Paris, 04.03.2014, Rev. Arb., 2014, Issue 4, 955; ausführliche Darstellung des Sachverhaltes s.u. Kap. 5 § 9 IV. 2.

439 Gulf Leaders v. CFF, Cour d'Appel Paris, 04.03.2014, Rev. Arb., 2014, Issue 4, 955 (957).

440 Gulf Leaders v. CFF, Cour d'Appel Paris, 04.03.2014, Rev. Arb., 2014, Issue 4, 955 (957).

#### *dd) Zwischenergebnis*

Aktuelle veröffentlichte Entscheidungen behandeln Fälle, in denen eine Partei sich auf das Vorliegen von Korruption beruft.[441] Den ergangenen Entscheidungen lässt sich zwar entnehmen, dass sie dem Schiedsgericht eine aktive Rolle in der Ermittlung des Sachverhaltes zugestehen,[442] nicht aber, ob in einem Fall, in denen die Parteien die Außerachtlassung von Korruption verlangen, dennoch Ermittlungen durchgeführt werden sollten oder müssten.

Zumindest ist eine Entwicklung dahingehend zu beobachten, dass die Schiedsgerichte eine aktivere Rolle in der Beweisführung einnehmen und über das Problem der Korruption nicht mehr hinwegsehen. Die Ermittlung der materiellen Wahrheit wird als Aufgabe der Schiedsgerichte anerkannt. Es ist jedoch noch immer eine gewisse Zurückhaltung zu erkennen, in die Beweisführung von Korruptionssachverhalten einzutreten, die sich auch darin äußert, dass Schiedsgerichte vereinzelt mit dem Verweis auf die hohen Beweisanforderungen den Einwand der Korruption nicht weiter behandeln.[443]

### *3. Hinreichende Anhaltspunkte zur Einleitung von Ermittlungen* sua sponte

Allgemeiner Konsens in der Literatur ist wohl, dass ein Schiedsgericht nicht verpflichtet sein kann *sua sponte* zu ermitteln, wenn keine hinreichenden Anhaltspunkte für korruptes Verhalten bestehen.[444] Dies würde einer Amtsermittlungspflicht gleichkommen, die dem Schiedsverfahren fremd ist. Anhaltspunkte können sich in erster Linie aus Äußerungen von Parteien oder Zeugen und Dokumenten ergeben.[445]

Um Maßstäbe für den Beweis von Korruption anhand von Indizien zu aufzustellen, wurden von mehreren Organisationen sog. red flag Listen entwickelt.[446]

---

441 ICC Schiedsspruch Nr. 13384, ICC Bulletin (Supplement) 24 (2013), 62 Rn. 71; ICC Schiedsspruch Nr. 13515 (2006), ICC Bulletin (Supplement) 24 (2013), 66; ICC Schiedsspruch Nr. 14470, ICC Bulletin (Supplement) 24 (2013), 83.

442 ICC 8891, Auszüge veröffentlich in: Clunet 2000, 1076; ICC Schiedsspruch Nr. 7047, 28.02.1994, ASA Bull. 1995, 301 (343).

443 *Gaillard*, Rev. Arb. 2017, 805 (809); siehe dazu auch unten: Kap. 3 § 5 IV. 2. a).

444 *Baizeau/Hayes*, ICCA Congress Series 2017, 225 (247); *Scherer*, ASA Bull. 2001, 684.

445 Siehe unten: Kap. 3 § 5 V. 1. und 2.

446 Guidelines zum FCPA, S. 22; UK Bribery Act 2010 Guidance; die ICC benennt in ihren Guidelines on Agents, Intermediaries and Other Third Parties, S. 5 f. 14 Anzeichen als red flags.

Wie hilfreich diese zum Nachweis der Korruption im Schiedsverfahren sind, ist umstritten.[447] Herangezogen werden können sie aber zumindest als hinreichende Anhaltspunkte für das Schiedsgericht, um überhaupt Ermittlungen zu Korruption anzustellen. Wie viele der Merkmale erfüllt sein müssen und welche Gewichtungen ihnen zukommen, hängt vom Einzelfall ab[448] und steht insbesondere im Rahmen der Entscheidung, ob überhaupt Ermittlungen eingeleitet werden, im freien Ermessen der Schiedsgerichte.

### *4. Fazit*

Das Schiedsgericht kann nicht ohne weiteres in jedem Fall verpflichtet sein, jeglichen Verstoß der Parteien gegen zwingendes Recht zu ermitteln. Letztlich hängt es vom Einzelfall ab, wann Ermittlungen eingeleitet werden müssen. Die red flag Listen bieten dabei in Korruptionsfällen erste angemessene Anhaltspunkte. Tritt das Schiedsgericht ausgehend von der Äußerung einer Partei oder einem von einer Partei eingereichten Dokument in Korruptionsermittlungen ein, ist eine Überschreitung seiner Kompetenzen jedenfalls nicht zu befürchten, so lange das Schiedsgericht für die Entscheidung des Falles relevante Tatsachen ermittelt. Liegen diese Voraussetzungen vor, ist von einer Pflicht für das Schiedsgericht, das Vorliegen von Korruption zu untersuchen, auszugehen.

## IV. Beweismaß für die Feststellung von Korruption

Korruption tatsächlich nachzuweisen gestaltet sich im Rahmen von Schiedsverfahren als sehr problematisch. Korruption kann als Unwirksamkeitsgrund für den zum Zweck der Korruption geschlossenen Vertrag eine Rolle spielen oder hinsichtlich der Wirksamkeit eines Hauptvertrages, der durch Korruption zustande gekommen ist, als Vorfrage zu klären sein.

Zum einen stehen den Schiedsgerichten nur sehr eingeschränkte Möglichkeiten zur Beweiserhebung zur Verfügung und zudem sind die Schiedsgerichte verpflichtet, ein effektives und zügiges Verfahren durchzuführen. Das Beweismaß liegt, soweit keine Parteivereinbarung entgegensteht, im Ermessen

---

447 *Baizeau/Hayes* ICCA Congress Series 2017, 225 (255 f.); Kritik an der Praktikabilität wird insb. von *Veit*, Liber Amicorum Karrer (2017), 373 (379) geübt; s.u. Kap. 3 § 5 V. 4. a).

448 In der Entscheidung ICC Schiedsspruch Nr. 8891, Auszüge veröffentlich in: Clunet 2000, 1076 stütze das Schiedsgericht seine Entscheidung in erster Linie auf vier Kriterien; *Rieder/Schoenemann*, NJW 2011, 1169 (1174).

des Schiedsgerichts. Nationale Schiedsverfahrensrechte enthalten nur sehr begrenzte Vorgaben bezüglich des Beweismaßes (IV.1). Eine einheitliche Praxis zu den anzusetzenden Beweisanforderungen an den Nachweis von Korruption haben sich in internationalen Schiedsverfahren noch nicht herausgebildet (dazu IV.2.).[449]

### *1. Nationale Schiedsverfahren*

Die Beweiswürdigung ist im deutschen und französischen Prozessrecht geregelt, sodass sich Schiedsgerichte nicht nach den zwingenden Beweismaßvorschriften des anwendbaren materiellen Rechts richten müssen.[450]

#### *a) Deutschland*

In nationalen Schiedsverfahren mit Sitz in Deutschland ist die freie Beweiswürdigung vorgesehen, § 1042 ZPO. Das Schiedsverfahrensrecht folgt damit der Regelung des § 286 ZPO und setzt die Überzeugung des Schiedsrichters voraus.[451] Das deutsche Prozessrecht sieht generell ein hohes Beweismaß vor, mit Wahrscheinlichkeiten darf sich das Gericht auch im Zivilprozessrecht nicht begnügen.[452] Trotz des grundsätzlich vorgesehenen hohen Beweismaßes lässt sich in der Rechtsprechung eine Entwicklung zu zahlreichen Beweiserleichterungen in Form von Vermutungen und Anscheinsbeweisen feststellen. Ein solches Vorgehen kennt der Strafprozess nicht.[453]

#### *b) Frankreich*

Für das französische Zivilprozessrecht hat die Cour de Cassation entschieden, dass die Partei, die sich auf eine Tatsache beruft, die Gewissheit nachweisen muss.[454] Eine ausdrückliche Regelung für die freie Beweiswürdigung existiert nicht.[455] Der Richter muss zu einer „*intime conviction*" kommen; einer tiefen

---

449 Nur: *Wilske/Fox* in: FS Bergsten (2011) 489 ff.; *Sayed*, Corruption in international trade and commercial arbitration, S. 89 ff.

450 Umstr.: Schumacher/*Schumacher*, Beweiserhebung im Schiedsverfahren, Rn. 25.

451 MükoZPO/*Münch*, § 1042 Rn. 163.

452 BGH, 17.02.1970, NJW 1970, 946; ausführlich zur Bedeutung der Wahrscheinlichkeit im Prozessrecht: *Geipel*, Handbuch der Beweiswürdigung, Kap. 6 Rn. 11 ff.

453 *Geipel*, Handbuch der Beweiswürdigung, Kap. 6 Rn. 2.

454 *Smith/Nadeau-Séguin*, ICCA Congress Series 2015, 134 (140 f.).

455 *Brinkmann*, Das Beweismaß im Zivilprozess aus rechtsvergleichender Sicht, S. 58; *Stegmair*, Die Auswirkungen des Strafprozesses auf den Zivilprozess in Deutschland und Frankreich, S. 230.

inneren Überzeugung.[456] Das französische Beweismaß wird damit subjektiv bestimmt. Grundsätzlich wird im französischen Prozessrecht ein hohes Beweismaß verlangt. Die französischen Gerichte gehen in der Praxis aber weniger streng vor als der Wortlaut der Anforderungen vermuten lassen.[457] Eine innere Überzeugung verlangt nicht das Ausräumen jeden Zweifels.

#### *c) Auswirkungen auf das Schiedsverfahrensrecht*

Sowohl im deutschen als auch im französischen Prozessrecht ist ein Gleichlauf im Zivil- und Strafprozess bezüglich des Beweismaßes vorgesehen. Das in den USA geltende System, das vorsieht, dass eine Partei im Zivilprozess unterlegen sein und dennoch im Strafprozess freigesprochen werden kann, existiert in Deutschland und Frankreich grundsätzlich nicht. Dennoch muss beachtet werden, dass in der Rechtsprechung im Zivilrecht angewandte Vermutungen und Beweiserleichterungen im Strafprozess nicht angewandt werden.

Für rein interne Schiedsverfahren wird somit von den Schiedsgerichten in der Regel ein hohes Beweismaß angesetzt werden.[458] Die Schiedsrichter sollten zur Herleitung jedoch auf die *lex arbitri* zurückgreifen, es besteht kein Anlass, ein besonders hohes Beweismaß speziell in Korruptionsfällen heranzuziehen. Aufgrund des extrem schwierigen Nachweises von Korruption, kann es sich anbieten, auf Beweiserleichterungen zurückzugreifen, um eine realistische Möglichkeit des Nachweises zu schaffen und die Korruptionsbekämpfung auf Ebene des Zivilrechts nicht von vorneherein zu erschweren.[459]

### *2. Internationale Schiedsverfahren*

Zwingende Vorgaben bei der Anwendung des Beweisrechts beschränken sich auf die Gleichbehandlung der Parteien, sodass den Schiedsrichtern in internationalen Schiedsverfahren ein weites Ermessen zukommt. Das zugrunde zu legende Beweismaß ist ebenfalls ein Punkt, an dem eine große Divergenz in den Prozessordnungen der civil und common law Rechtsordnungen zu finden ist.[460]

---

456 Für den Strafprozess in Frankreich ausdrücklich normiert in Art. 427 CPP; *Brinkmann*, Das Beweismaß im Zivilprozess aus rechtsvergleichender Sicht, S. 58; *Robert*, Dictionnaire du Français Primordial (Paris: S.N.L., 1971), S. 577.

457 *Smith/Nadeau-Séguin*, ICCA Congress Series 2015, 134 (140 f.).

458 *Sachs/Niedermaier* in: Eberl, Beweis im Schiedsverfahren, § 6 Rn. 13.

459 Siehe dazu unten: Kap. 3 § 5 IV. 2. b).

460 *Menaker/Greenwald* in: Addressing Issues of Corruption in Commercial and Investment Arbitration, 77 (84).

Während in den civil law Rechtsordnungen überwiegend ein hohes Beweismaß vorgesehen ist, § 286 ZPO, Art. 9 CPC,[461] ist in common law Rechtsordnungen bisweilen ausreichend, dass der Richter das Vorliegen einer Tatsache für wahrscheinlich hält.[462]

In internationalen Schiedsverfahren wird zum Nachweis von Korruption sowohl ein besonders hohes Beweismaß (a)) als auch ein niedriges Beweismaß (b)) angesetzt, jeweils mit Verweis auf die Schwierigkeiten des Nachweises von Korruption.

### *a) Erhöhte Beweisanforderungen*

Es wird auch angedacht, Korruptionsfällen eine besondere Rolle zuzuschreiben und hohe, teilweise die im Strafrecht maßgeblichen Beweisanforderungen zu stellen.[463] Begründet wird dies damit, dass das Schiedsgericht strafbares Verhalten ermittelt und die Behandlung des zugrunde liegenden Vertrages daraus ableite.[464] Zu untersuchen ist zunächst, welche erhöhten Beweisanforderungen die Schiedsgerichte stellen (aa)) und wie diese in der Literatur bewertet werden (cc)). Darüber hinaus wird ein Vergleich zu der Praxis der Sportschiedsgerichtsbarkeit gezogen werden (bb)).

#### *aa) Schiedsgerichtliche Praxis*

Ein erhöhtes Beweismaß anzusetzen ist der Weg, der von den Schiedsgerichten bisher am häufigsten eingeschlagen wurde[465] und hat dazu geführt, dass

---

461 Die Überzeugung des Richters wird gefordert in Deutschland (§ 286 ZPO), Frankreich (Art. 9 CPC), der Schweiz (Art. 157 schweizerische ZPO).

462 *Menaker/Greenwald* in: Addressing Issues of Corruption in Commercial and Investment Arbitration, 77 (84); ausf. zum Beweismaß in Deutschland und Frankreich im Vergleich zum Beweismaß im common law Rechtskreis: *Brinkmann*, Das Beweismaß im Zivilprozess aus rechtsvergleichender Sicht, S. 61 ff.

463 *von Mehren/Salomon*, 20 J. Int'l Arb. 2003, 285 (291); *Kilches*, SchiedsVZ 2016, 150 (153 f.); *Kreindler*, Strafrechtsrelevante und andere anstößige Verträge als Gegenstand von Schiedsverfahren, S. 32 ff.; a.A.: *Raeschke-Kessler/Gottwald*, in: FS Lüer 2008, 39 (52).

464 *Scherer*, ASA Bull. 2001, 684.

465 In 14 von 25 Fällen, in denen Korruptionsvorwürfe erhoben wurden, setzten die Schiedsgerichte ein hohes Beweismaß an (Stand 2003): *Crivellaro* in: Arbitration: Money Laundering, Corruption and Fraud, 109 (115); auch in aktuellen Fällen wird von Schiedsgerichten noch auf ein hohes Beweismaß zurückgegriffen: ICC Schiedsspruch Nr. 16090 (2016), ICC Dispute Res. Bull. 2016 No. 1, 147 Rn. 299.

Schiedsverfahren oftmals einen sicheren Hafen für die Beilegung von Streitigkeiten aus mit Korruption belasteten Verträgen geboten haben.[466] Mit Aussagen dazu, woraus sie das von ihnen angewandte Beweismaß herleiten, halten die Schiedsgerichte sich jedoch zurück.[467]

Das Schiedsgericht der Entscheidung ICC Case No. 5622 untersuchte die Nichtigkeit eines Beratervertrages, der im Rahmen eines Bauunternehmens in Algerien geschlossen wurde. Das Schiedsgericht verlangte unter Anwendung schweizerischen Rechts einen Beweis ohne jeglichen Zweifel (*beyond reasonable doubt*)[468] und damit das typischerweise im Strafrecht anzuwendende Beweismaß.[469] Das Schiedsgericht verwies in seiner Entscheidung auf das im Strafrecht maßgebliche Beweismaß, ohne darauf einzugehen, welches Strafprozessrecht zugrunde gelegt wurde. Es bezeichnete das angewandte Beweismaß vielmehr als das im Strafrecht typischerweise geltende hohe Beweismaß. Dass im Strafprozess ein hohes Beweismaß anzusetzen ist, ergibt sich bereits aus der Unschuldsvermutung und ist zwingende Voraussetzung für den Strafprozess in einem Rechtsstaat. Insbesondere das Führen eines Beweises durch Indizien ist im Strafrecht an strenge Voraussetzungen geknüpft.[470] Es dürfen keine Zweifel an der Schuld des Angeklagten bestehen bleiben. Für die Zulässigkeit von Indizienbeweisen stützte sich das Schiedsgericht dagegen auf Art. 8 des schweizerischen Code Civil, sodass letztlich nicht ganz eindeutig ist, welches Beweismaß das Gericht anwandte. Die vorgebrachten Indizien reichten dem Schiedsgericht jedenfalls nicht aus, um jegliche Zweifel auszuräumen.[471] Einem Schiedsgericht, dem nicht die Zwangsmaßnahmen eines staatlichen Strafgerichtes zur Verfügung stehen, wird die Annahme von Korruption unter Zugrundelegung des Beweismaßes aus dem Strafprozess nur in extremen Ausnahmefällen gelingen können.

Das strenge Beweismaß des Strafrechts wandten in der Praxis tatsächlich nur wenige Schiedsgerichte an. Viel öfter wird auf ein irgendwie erhöhtes Beweismaß zurückgegriffen.[472] Mehrfach wurde statt eines Nachweises *beyond reasonable*

---

466 *Khvalei* in: Special Supplement 2013: Tackling Corruption in Arbitration, 15.

467 *Smith/Nadeau-Séguin,* ICCA Congress Series 2015, 134 f.

468 Hilmarton Entscheidung (ICC Schiedsspruch Nr. 5622), YbCA 1996, 524 (529).

469 *Smith/Nadeau-Séguin* ICCA Congress Series 2015, 134 (150).

470 Hilmarton Entscheidung (ICC Schiedsspruch Nr. 5622), YbCA 1996, 524.

471 Hilmarton Entscheidung (ICC Schiedsspruch Nr. 5622), YbCA 1996, 524.

472 ICC Schiedsspruch Nr. 16090 (2016), ICC Dispute Res. Bull. 2016 No. 1, 147 Rn. 299: „the standard of proof is high"; ICC Schiedsspruch Nr. 6401 „very high probability"; ICC Schiedsspruch Nr. 8891 „has to be serious"; ICC Schiedsspruch Nr. 13515 (2006), ICC Bulletin (Supplement) 24 (2013) 66: „strong degree of certainty"; vgl.

*doubt, clear and convincing evidence* gefordert.[473] Für die Beweisführung vor staatlichen Gerichten ist dieses Beweismaß in den USA für den Nachweis strafrechtsrelevanter Tatsachen im Zivilprozess vorgesehen.[474] In der Regel reicht die Anwendung dieses Beweismaßes bereits aus, um den Nachweis der Korruption abzulehnen.

In der Entscheidung ICC Case No. 13384 verwies das Schiedsgericht unter Anwendung französischen Rechts darauf, dass strafrechtliche Normen nur restriktiv angewendet werden dürften und daher ein hohes Beweismaß anzusetzen sei.[475] Auch in dieser Entscheidung lehnte das Schiedsgericht die Nichtigkeit des Vertrages aufgrund von Korruption letztlich ab. Das Schiedsgericht der Entscheidung ICC Case No. 14470 mit Sitz in Frankreich verlangte einen Nachweis, der die Korruption nahezu sicher erscheinen lasse.[476] Nur so könne es zu der notwendigen „Überzeugung des Schiedsgerichts"[477] kommen. Das Schiedsgericht berief sich bei seiner Begründung nicht auf das strenge Beweismaß der *lex arbitri* sondern stellte auf die Schwere des vorgeworfenen Umstandes ab. Ein solcher Nachweis wurde nach Ansicht des Schiedsgerichts nicht geführt, sodass der Vertrag gültig sei.[478] Entscheidungen, in denen Schiedsgerichte die Korruption trotz der Zugrundelegung eines hohen Beweismaßes annahmen, sind nicht bekannt. Die angeführten Entscheidungen legen ein Beweismaß an, das zwischen dem des Zivilprozesses und dem strengen strafrechtlichen Beweismaß liegt; eine einheitliche Anwendung hat sich allerdings noch nicht herausgebildet.

### *bb) Entwicklung in der Sportschiedsgerichtsbarkeit*

In der Sportschiedsgerichtsbarkeit wurde das anwendbare Beweismaß sehr viel ausführlicher diskutiert als in der Handelsschiedsgerichtsbarkeit. Dort hat sich

---

auch *Menaker/Greenwald* in: Addressing Issues of Corruption in Commercial and Investment Arbitration, 77 (84).

473 *Rose*, J. Int. Arb. 2014, 183 (216 f.); *Gaillard*, Rev. Arb. 2017, 805 (834 f.).

474 *Betz*, Proving Bribery, Fraud and Money Laundering in International Arbitration, S. 71.

475 ICC Schiedsspruch Nr. 13384, ICC Bulletin (Supplement) 24 (2013), 62 Rn. 71: „the alleged infringement must be ascertained by a high standard of proof".

476 ICC Schiedsspruch Nr. 14470, ICC Bulletin (Supplement) 24 (2013), 83: „Toutefois, il estime devoir s'appuyer sur des éléments convergents et sérieux rendant plus que vraisemblable ou quasi certaine la corruption."

477 ICC Schiedsspruch Nr. 14470, ICC Bulletin (Supplement) 24 (2013), 83: „conviction du Tribunal Arbitral".

478 ICC Schiedsspruch Nr. 14470, ICC Bulletin (Supplement) 24 (2013), 83.

bereits eine Praxis herausgebildet, die von den nachfolgenden Sportschiedsgerichten anerkannt wird.[479]

Der Sportschiedsgerichtshof CAS wandte in der Entscheidung 2016/A/4501 Joseph S. Blatter v. FIFA das Beweismaß der *comfortable satisfaction* an.[480] Das Beweismaß sei höher als das der überwiegenden Wahrscheinlichkeit, aber niedriger als das strafrechtliche Beweismaß. Der Sportgerichtshof kam zu der Auffassung, dass dieses Beweismaß sowohl das des anwendbaren schweizerischen Prozessrechts sei als auch das in Disziplinarverfahren vom CAS entwickelte.[481] Teilweise wird das im Zivilprozess maßgebliche Beweismaß des schweizerischen Rechts auch als identisch mit dem des Strafrechts angesehen.[482]

Das vom CAS angewandte Beweismaß der *comfortable satisfaction* entwickelte sich anhand von Disziplinarverfahren und lässt sich somit nur bedingt auf die Handelsschiedsgerichtsbarkeit übertragen. Der Einfluss des strafrechtlichen Beweismaßes auf die Disziplinarverfahren lässt sich über die zumindest teilweise vergleichbare Interessenlage und den Sanktionscharakter in einem Strafprozess herleiten. Auf die Handelsschiedsgerichtsbarkeit lässt sich dieser Ansatz aber nicht übertragen.

#### *cc) Stellungnahme in der Literatur*

Auch in der Literatur wird mit dem Argument der Strafrechtsrelevanz von Korruptionsvorwürfen ein hohes Beweismaß präferiert.[483] Die Anwendung eines erhöhten Beweismaßes wird vereinzelt auch aus der Tatsache hergeleitet, dass der *pacta sunt servanda* Grundsatz ebenfalls als Teil des ordre public zu werten und eine Abweichung von diesem nur bei einem sicheren Nachweis von Korruption gerechtfertigt sei.[484] Zudem sollen Parteien davon abgehalten werden, leichtfertig Korruptionsvorwürfe zu erheben, die möglicherweise zu strafrechtlichen Untersuchungen führen könnten.[485]

---

479 CAS 2016/A/4501 Joseph S. Blatter v. FIFA; CAS 2011/A/2625.

480 CAS 2016/A/4501 Joseph S. Blatter v. FIFA, Rn. 121 f.

481 CAS 2016/A/4501 Joseph S. Blatter v. FIFA, Rn. 121 f.; CAS 2011/A/2625, Rn. 53.

482 *Betz*, ASA Bull. 2017, 281 (290).

483 *Kreindler*, Strafrechtsrelevante und andere anstößige Verträge, S. 32; *von Mehren/Salomon*, 20 J. Int'l Arb. 2003, 285 (291).

484 *Scherer*, ASA Bull. 2001, 684.

485 *Hwang/Lim*, Corruption in Arbitration - Law and Reality, S. 14; *Betz*, Proving Bribery, Fraud and Laundering in International Arbitration, S. 279 zur Wirksamkeit von Korruptionsvorwürfen als Verteidigungsmittel.

Erst in der neueren Literatur wird das Ansetzen des hohen Beweismaßes vereinzelt kritisiert[486] und eine Verbindung zwischen dem hohen Beweismaß und dem Ablehnen von Korruptionsvorwürfen durch Schiedsgerichte hergestellt. Es wird außerdem darauf verwiesen, dass in möglicherweise folgenden strafrechtlichen Untersuchungen[487] das Beweismaß *beyond reasonable doubt* angesetzt wird und keine Notwendigkeit besteht, dem vorzugreifen.[488] An dieser Stelle ist zwar zu beachten, dass bereits strafrechtliche Untersuchungen zu Rufschädigungen und wirtschaftlichen Konsequenzen für Unternehmen führen können und an die Annahme von Korruption daher nicht zu geringe Anforderungen gestellt werden dürfen.[489] Eine Anwendung des Beweismaßes im Schiedsverfahren rechtfertigt das aber nicht.

### *dd) Zwischenergebnis*

Die Entscheidungen der Schiedsgerichte zur Anwendung eines besonders hohen Beweismaßes haben in allen untersuchten Fällen zu einer Zurückweisung der Korruptionsvorwürfe geführt. Die Begründungen zur Anwendung eines hohen Beweismaßes, gerade zum Nachweis von Korruptionssachverhalten, fallen spärlich aus. Auch ist den schiedsgerichtlichen Entscheidungen gemeinsam, dass sie die behaupteten Korruptionsvorwürfe nicht als erwiesen ansahen, welches erhöhte Beweismaß angewendet wurde – das des maßgeblichen Strafprozessrechts oder lediglich ein irgendwie erhöhtes Beweismaß – ist nicht ersichtlich.

Schiedsgerichte sind befugt, über die Wirksamkeit eines mit Korruption belasteten Vertrages zu entscheiden, strafrechtliche Kompetenzen kommen ihnen dagegen nicht zu. Weshalb zum Nachweis von Korruption die Beweisregeln des Strafprozessrechts herangezogen werden sollten, ist nicht ersichtlich und es besteht auch kein Anlass ein wie auch immer ausgestaltetes erhöhtes Beweismaß zu fordern. Es sollte zumindest die realistische Möglichkeit erhalten bleiben, einer (oder beiden) Partei(en) Korruption nachzuweisen. Die Schwierigkeiten, Korruption nachzuweisen, überzeugen als Begründungsgrundlage nicht. Die

---

486 *Betz*, ASA Bull. 2017, 281 (290); *Smith/Nadeau-Séguin*, ICCA Congress Series 2015, 134 (140 f.); *Menaker/Greenwald* in: Addressing Issues of Corruption in Commercial and Investment Arbitration, 77 (85); *Pieth*, in: FS Schwenzer (2011) 1375 (1378 f.); für die Investitionsschiedsgerichtsbarkeit: *Llamzon/Sinclair* in: Legitimacy: Myths, Realities, Challenges, 451 (486).

487 Siehe dazu unten: Kap. 4 § 8 II.

488 *Menaker/Greenwald* in: Addressing Issues of Corruption in Commercial and Investment Arbitration, 77 (90).

489 *Betz*, ASA Bull. 2017, 281 (290).

Effektivität des Schiedsverfahrens kann auf andere Art und Weise gewährleistet werden. Auch möglicherweise folgende strafrechtliche Untersuchungen dürfen nicht von vorneherein dazu führen, dass auf Korruptionsvorwürfe nicht weiter eingegangen wird.

Insbesondere in civil law Rechtsordnungen ist ohnehin ein hohes Beweismaß im Zivilverfahren vorgesehen. Auch in anderen Rechtsordnungen ist jedenfalls für strafrechtsrelevante Verstöße ein erhöhtes Beweismaß anzuwenden. Statt mit Verweis auf die jeweils berücksichtigte *lex arbitri* ein hohes Beweismaß zugrunde zu legen, berufen sich die Schiedsgerichte auf die Schwere des Vorwurfes der Korruption.

#### *b) Beweiserleichterungen*

Um den Nachweis von Korruption in Schiedsverfahren zu ermöglichen, wurden verschiedene Möglichkeiten der Beweiserleichterungen entwickelt.

##### *aa) Geringes Beweismaß*

In der Literatur wurden zwar geringere Beweisanforderungen aufgrund der Schwierigkeiten in der Praxis den Nachweis von Korruption zu führen diskutiert,[490] diese haben sich aber in der schiedsgerichtlichen Praxis bisher nicht durchgesetzt.[491] Nur durch eine Abkehr von den hohen Anforderungen an das Beweismaß hat eine Partei eine realistische Möglichkeit, den Nachweis von Korruption zu führen.[492]

Wie dieses geringere Beweismaß ausgestaltet sein soll, wird unterschiedlich beurteilt. Vorgeschlagen wird, das Führen eines *prima facie* Beweises als ausreichend anzusehen. Der *prima facie* Beweis ist nach dem deutschen Verständnis im Rahmen der freien Beweiswürdigung nach § 286 ZPO bei einem typischen Geschehensablauf anzunehmen und stellt damit höhere Anforderungen als ein bloßer Indizienbeweis.[493] Während in der deutschen Literatur bereits vereinzelt bestritten wird, dass es sich überhaupt um eine Beweiserleichterung handelt,[494]

---

490 *Rose*, J. Int. Arb. 2014, 183 (216 f.).

491 In nur einem von 25 Fällen, in denen Korruptionsvorwürfe erhoben wurden, setzten die Schiedsgerichte ein niedriges Beweismaß an (Stand 2003): *Crivellaro* in: Arbitration: Money Laundering, Corruption and Fraud, 109 (115).

492 *Rose*, J. Int. Arb. 2014, 183 (217).

493 Stein/Jonas-ZPO/*Thole*, § 286 Rn. 224 für eine strenge Unterscheidung zwischen Indizienbeweis und Anscheinsbeweis; MüKoZPO/*Prütting*, § 286 Rn. 50 sieht den Anscheinsbeweis als eine besondere Form des Indizienbeweises an.

494 MüKoZPO/*Prütting*, § 286 Rn. 46.

wird international teilweise davon ausgegangen, dass der *prima facie* Beweis das denkbar niedrigste Beweismaß darstellt.[495] Welche Anforderungen an den *prima facie* Beweis zu stellen sind, hängt von dem Beweismaß des anwendbaren Rechts ab.[496] Andere präferieren ein generell flexibles Beweismaß und wollen eine überwiegende Wahrscheinlichkeit ausreichen lassen.[497]

Die Anforderungen an die Lösung von einem Vertrag dürfen nicht zu sehr reduziert werden. Dies könnte einen Verstoß gegen den *pacta sunt servanda* Grundsatz begründen. Zudem sind strafrechtliche Untersuchungen trotz der grundsätzlichen Vertraulichkeit von Schiedsverfahren nicht ausgeschlossen und können, auch wenn im Strafverfahren ein hohes Beweismaß angesetzt werden wird, bereits strafrechtliche Ermittlungen erhebliche nachteilige Folgen für die Beteiligten haben.

#### *bb) Beweislastumkehr bei prima facie Beweis von Korruption*

Angedacht werden kann auch eine Lösung über eine Umkehr der Beweislast in Korruptionsfällen. Diese Lösung bietet die Möglichkeit, dem Problem des schwierigen Nachweises von Korruption zu begegnen, ohne ein generell niedriges Beweismaß ansetzen zu müssen. Neben der Umkehr der Beweislast werden auch andere Möglichkeiten einer angemessenen Lösung der Beweisschwierigkeiten diskutiert. Teilweise wird deren Einordnung als Beweiserleichterung bestritten.[498] Da sie jedoch angewandt werden, um den Beweisschwierigkeiten in Korruptionsfällen gerecht zu werden, sind sie ebenfalls an dieser Stelle zu behandeln.

#### *(1) Beweislastregelungen*

Im Rahmen der Beweislast gibt es zumindest im Grundsatz weniger Differenzen zwischen unterschiedlichen Rechtsordnungen als bezüglich des anwendbaren Beweismaßes. Zwar enthalten weder nationale Schiedsverfahrensrechte noch Schiedsordnungen Regelungen zur Beweislast. Lediglich die UNCITRAL Arbitration Rules machen eine Aussage dahingehend, dass jede Partei die Beweislast für solche Tatsachen tragen sollte, die ihren Antrag oder ihre Verteidigung

---

495 *Rose*, J. Int. Arb. 2014, 183 (218).

496 *Marossi*, J. Int. Arb. 2011, 427 (435).

497 *Goldenbaum*, McGill Journal of Disp. Res. Vol. 2 2015-2016, 82; für Fälle der Investitionsschiedsgerichtsbarkeit: *Haugeneder/Liebscher*, Austrian Arb. Yearbook 2009, 539 (548).

498 Für die *adverse inferences*: *Amaral*, Journal of Int. Arb., 2018, 1 (9 f.).

unterstützen.[499] Allerdings wird im Rahmen der Beweislastregelungen in civil und common law Rechtsordnungen von der gleichen Grundregel ausgegangen. In nahezu allen Rechtsordnungen ist der Grundsatz *actori incumbit probatio* zur Beweislastregelung anerkannt, der besagt, dass die Partei, die sich auf Tatsachen beruft, diese auch zu beweisen hat.[500] Beruft sich eine Partei auf die Nichtigkeit eines Vertrages, weil dieser zum Zwecke der Korruption geschlossen oder mit Korruption behaftet sei, hat diese Partei grundsätzlich auch den erforderlichen Nachweis zu erbringen. Um die praktischen Hürden zum Nachweis der Korruption abzufangen, ohne ein generell geringes Beweismaß ansetzen zu müssen, kann bei einem *prima facie* Nachweis von Korruption der anderen Partei aufgegeben werden, Umstände nachzuweisen, die für das Nichtvorliegen von Korruption sprechen. Vereinzelt wird die Beweislastumkehr in Korruptionsfällen abgelehnt und darauf abgestellt, dass alle Beweise, die von der Partei erbracht werden, die sich auf die Korruption beruft, von der anderen Partei ohnehin entkräftet werden müssen.[501]

### *(2) Vorgehen staatlicher Gerichte bei Schwierigkeiten der Beweisführung*

Auch im staatlichen Zivilprozess kommt es regelmäßig zu erheblichen Problemen für die beweisbelastete Partei, die erforderlichen Nachweise im Rahmen des Beibringungsgrundsatzes zu erbringen. Der französische CPC sieht in Art. 10, 11, 138-142 ausdrücklich eine Mitwirkungspflicht der nicht beweisbelasteten Partei vor und berechtigt den Richter im Falle der Weigerung, die entsprechenden Schlüsse zu ziehen.[502]

Das deutsche Zivilprozessrecht ist restriktiver ausgestaltet. *Stürner* entwickelte zur Lösung von Beweisschwierigkeiten eine allgemeine Aufklärungspflicht der nicht beweisbelasteten Partei im Zivilprozess.[503] Demnach hat die nicht beweisbelastete Partei alle ihr möglichen und zumutbaren Aufklärungsbeiträge zu leisten, soweit die andere Partei keinen Zugang zum Beweismaterial hat. Kommt

---

499 UNCITRAL Arbitration Rules: Art 27 (1) „each party shall have the burden of proving the facts relied on to support its claim or defence"; *Rose*, J. Int. Arb. 2014, 183 (194).

500 *Hwang/Lim*, Corruption in Arbitration - Law and Reality, S. 14; *Menaker/Greenwald*, in: Addressing Issues of Corruption, 79 (80f.); *Wobeser* in: ICCA Congress Series 2017, 203 (214); *Moreau*, Arb. Int. 2016, 95 Rn. 229.

501 *Waincymer*, Procedure and Evidence in International Arbitration, S. 773.

502 *Katzenmeier*, JZ 2002, 533 (537 f.).

503 *Stürner*, Die Aufklärungspflicht der Parteien im Zivilprozess, 1976.

sie dem nicht nach, wird eine Fiktion der streitigen Tatsachen zugelassen.[504] Die Rechtsprechung geht einen anderen Weg. In den besonderen Fällen der Produkt- und Arzthaftungsprozesse wird eine Beweislastumkehr zugelassen.[505] Zu beachten ist jedoch, dass eine solche nur in Verfahren über Schadensersatzansprüche vorgesehen ist.[506] Darüber hinaus werden aus § 242 BGB hergeleitete Auskunftsrechte zugelassen und auch von den Gerichten im Zivilprozess großzügig angewandt. Für die Fälle, in denen eine Partei im Vorfeld des Prozesses die Wahrheitsfindung erschwert, wird dieses Verhalten im Prozess regelmäßig berücksichtigt. Letztlich werden Beweisschwierigkeiten über die Anwendung der sekundären Beweislast für die nicht beweisbelastete Partei aufgelöst.

### *(3) Zulässigkeit einer Beweislastumkehr im Schiedsverfahren*

Einer Umkehr der Beweislast ist für Schiedsverfahren mit Sitz in Deutschland oder Frankreich wohl zulässig. Zu den Voraussetzungen wurde bisher kaum Stellung bezogen.[507] Die Anerkennung gewisser Beweiserleichterungen – darunter auch die Beweislastumkehr – ist bereits für staatliche Verfahren vorgesehen, wenn eine Partei in einer bestimmten Art von Verfahren typischerweise in der Beweisführung benachteiligt ist.[508] Eine Beweislastumkehr kann auch von den Parteien vertraglich vereinbart werden.[509] Dem Einwand, dass von dem Grundsatz *actori incumbit probatio* nicht abgewichen werden solle, da dieser weithin anerkannt sei,[510] ist entgegenzuhalten, dass auch die Möglichkeit der Beweislastumkehr in nahezu allen Rechtsordnungen anerkannt ist.[511] Hinsichtlich

504 *Katzenmeier*, JZ 2002, 533 (535); *Stürner*, Die Aufklärungspflicht der Parteien im Zivilprozess, 1976.

505 BGH, 29.06.1953, LM Nr 15 zu § 286 ZPO; BGH, 26.11.1968, BGHZ 51 (91 ff.).

506 *Katzenmeier*, JZ 2002, 533 (535).

507 *Kreindler*, ZVglRWiss 2015, 431 (433).

508 *Delebecque/Bretzner/Vasseur*, Recueil Dalloz 2008, 2820; Musielak/Voit-ZPO/*Foerste*, § 286 Rn. 37; zur Notwendigkeit der Beweislastumkehr in civil law Rechtsordnungen im Vergleich zur Beweiserhebung in common law Rechtsordnungen: *Brand*, NJW 2017, 3558 (3563).

509 *Delebecque/Bretzner/Vasseur*, Recueil Dalloz 2008, 2820.

510 *Hwang/Lim*, Corruption in Arbitration - Law and Reality, S. 19; *Goldenbaum*, McGill Journal of Disp. Res., Vol. 2 2015-2016, 82 (89) versteht ihn als Bestandteil des ordre public transnational.

511 Teilweise wird dieses Vorgehen nur bei pflichtwidrigem Verhalten einer Partei für zulässig erachtet (*adverse inferences*): *Sachs/Niedermaier*, ZVglRWiss 2015, 449; adverse inferences sind auch in den UNCITRAL Arbitration Rules vorgesehen; *Marossi*, J. Int. Arb. 2011, 427 geht davon aus, dass dieses Vorgehen keine Umkehr

einer Umkehr der Beweislast für den Nachweis von Korruption werden Zweifel an der Fairness des Verfahrens geäußert.[512] Überwiegend wird daher nur ausnahmsweise eine Beweislastumkehr in Korruptionsfällen zugelassen. Wie diese Ausnahmefälle ausgestaltet sein sollten, wird nicht im Einzelnen erläutert.[513] Zumindest wird verlangt, dass von der ursprünglich beweisbelasteten Partei hinreichende Indizien für das Vorliegen von Korruption zu liefern sind.

Problematisch ist an dieser Stelle das international divergierende Verständnis zu den Voraussetzungen des *prima facie* Beweises. Der *prima facie* Beweis wird vielfach als denkbar niedrigstes Beweismaß verstanden.[514] Die bloße Behauptung der Korruption darf indes nicht ausreichen, um eine Umkehr der Beweisführungslast anzunehmen. Auch dem Risiko der böswilligen Erhebung von Korruptionsvorwürfen muss dabei Rechnung getragen werden,[515] damit die Gleichbehandlung der Parteien gewährleistet ist.[516] Die Beweislastumkehr stellt die gravierendste Beweiserleichterung dar und wird gerade aus diesem Grund von nationalen Gerichten lediglich zur Aufklärung von Schadensersatzprozessen in speziellen Fällen angewandt. Geht es dagegen um den Nachweis der Nichtigkeit eines Vertrages, sollten angemessenere Wege gefunden werden, die nicht beweisbelastete Partei in die Aufklärung des Sachverhaltes einzubeziehen.

##### *(4) Umkehr der subjektiven Beweislast oder der Beweisführungslast im Rahmen der sekundären Beweislast*

Der Umkehr der objektiven Beweislast wird – soweit eine Differenzierung überhaupt vorgenommen wird – die Umkehr der Beweisführungslast (subjektiven Beweislast) vorgezogen.[517] Während die objektive Beweislast regelt, zu welchen Lasten es sich auswirkt, wenn eine Tatsache nicht nachgewiesen werden kann,

---

der Beweisführungslast erfordert, sondern Folge der konsequenten Anwendung der Beweislastvorschriften ist.

512 *Mourre*, Int. Arb. 2009, 95 (103f.).

513 *Kaufmann-Kohler/Bärtsch*, SchiedsVZ 2004, 13 hält eine Beweislastumkehr generell für zulässig, aber nur so lange der verlangte Nachweis der Partei noch möglich ist.

514 *Betz*, Proving Bribery, Fraud and Money Laundering in International Arbitration, S. 279.

515 *Hwang/Lim*, Corruption in Arbitration - Law and Reality, S. 19; *Cremades/Cairns*, Dispute Res. J. 2003, 76; *Betz*, Proving Bribery, Fraud and Money Laundering in International Arbitration, S. 279.

516 *Mourre*, Int. Arb. 2009, 95 (103).

517 *Amaral*, Journal of Int. Arb., 2018, 1 (9); eine Differenzierung wird bisher kaum vorgenommen.

beschreibt die subjektive Beweislast die Verpflichtung einer Partei zum eigenen Tätigwerden einer Partei.[518] Bereits in der deutschen Rechtsprechung wird oftmals nicht klargestellt, ob eine Umkehr der objektiven oder der subjektiven Beweislast vorgenommen wurde.[519] Entsprechend unklar ist die Terminologie im Rahmen des Diskurses in der Schiedsgerichtsbarkeit.

Die Beweisführungslast oder subjektive Beweislast beschreibt, welche Partei einen Beweis antreten muss, um einen prozessualen Nachweis abzuwenden.[520] Dies ist insbesondere in Fällen der sekundären Beweislast der Fall. Aufgrund der Schwierigkeiten beim Nachweis von Korruption sei es zulässig, der nicht beweisbelasteten Partei die sekundäre Beweislast aufzubürden. Eine solche greift nach Ansicht der deutschen Rechtsprechung ein, wenn es der nicht beweisbelasteten Partei zuzumuten ist, die Darlegungen der anderen Partei zu ermöglichen, da diese zu den notwendigen Informationen andernfalls keinen Zugang hat.[521] In Fällen, in denen sich eine Partei auf die Nichtigkeit eines Vertrages aufgrund von Korruption beruft, hat diese das Vorliegen von Korruption grundsätzlich auch nachzuweisen. Ist ein Nachweis für die Partei allerdings nicht möglich, kann das Einreichen bestimmter Dokumente oder anderer Beweismittel von der anderen Partei verlangt werden. Kommt diese Partei dem nicht nach, geht das Gericht grundsätzlich von dem für sie nachteiligen Ergebnis aus. Die Umkehr der Beweisführungslast hat keine so weitreichenden Konsequenzen wie die Umkehr der objektiven Beweislast. Im Ergebnis ist sie mit den *adverse inferences* vergleichbar.[522] Mit einer Umkehr der Beweisführungslast geht keine unzumutbare Belastung für die betroffene Partei einher. In der Regel ist es nicht mit großem Aufwand verbunden, die Vorwürfe zu entkräften und beispielsweise nachzuweisen, dass tatsächlich Leistungen unabhängig von Korruption erbracht wurden.[523]

### *(5) Adverse Inferences*

Im internationalen Schiedsverfahrensrecht wird in diesem Zusammenhang oftmals auf *adverse inferences* im Rahmen der Dokumentenvorlage abgestellt. Das Schiedsgericht kann demnach für die nicht beweisbelastete Partei negative

518 MüKoZPO/*Prütting*, § 286 Rn. 101, 103.
519 HK-ZPO/*Saenger*, § 286 Rn. 67.
520 HK-ZPO/*Saenger*, § 286 Rn. 54.
521 BGH, 18.02.2009, NJW-RR 2009, 1142.
522 Siehe sogleich: Kap. 3 § 5 IV. 2. b) bb) (5).
523 *Lamm/Pham/Moloo* in: Liber Amicorum Cremades (2010) 691 (701).

Rückschlüsse ziehen, soweit diese Beweise, die sich in ihrem Machtbereich befinden, nicht zur Verfügung stellt.[524] Auch das französische Schiedsverfahrensrecht sieht in Art. 1467 CPC vor, dass eine Partei, die sich weigert, die notwendigen Beweise zu erbringen, mit Strafen belegt werden darf. Darunter kann auch die Möglichkeit gefasst werden, *adverse inferences* zu Lasten dieser Partei anzuwenden.

In Schiedsgerichtsordnungen sowie den UNCITRAL Arbitration Rules ist die Möglichkeit der *adverse inferences* nicht ausdrücklich vorgesehen. Dem Schiedsgericht wird jedoch ein erheblicher Spielraum bei der Ermittlung des Sachverhalts zugestanden, sodass *adverse inferences* auch nicht als unzulässig anzusehen sind.[525] Die IBA Rules of Evidence sehen in Art. 9 Abs. 5 und 6 die Möglichkeit der *adverse inferences* ausdrücklich vor. Voraussetzung ist, dass das angeforderte Beweismaterial tatsächlich nur von der nicht beweisbelasteten Partei erbracht werden kann, die andere Partei aber zumindest einen *prima facie* Beweis erbringt.[526] Außerdem muss das Schiedsgericht prüfen, ob das Beweismaterial relevant für die Entscheidung des Falles ist und die Partei, zu deren Lasten die *adverse inferences* angewandt werden, nicht unzumutbar belastet.[527] Trotz der international angenommenen Zulässigkeit von *adverse inferences* muss deren Anwendbarkeit nach dem anwendbaren Verfahrensrecht bestimmt werden.[528] Weder nach dem deutschen noch nach dem französischen Schiedsverfahrensrecht ist die Anwendung ausgeschlossen. Der französische Cour de Cassation hat für die Durchführung staatlicher Gerichtsverfahren bereits entschieden, dass der Richter nachteilige Schlüsse für eine Partei, die angeforderte Dokumente nicht zur Verfügung stellt, ziehen darf.[529]

---

524 *Betz*, Proving Bribery, Fraud and Money Laundering in International Arbitration, S. 266; *Solis*, Arb. Int. 2018, 79 (80 f.) zu *adverse inferences* in der Investitionsschiedsgerichtsbarkeit.

525 Art. 28 DIS Schiedsordnung 2018; Art. 25 ICC Schiedsordnung 2017; Art. 17 UNCITRAL Arbitration Rules.

526 IBA Evidence Rules, art 3(3)(c)(i) ("requiring a statement that the Documents requested are not in the possession, custody, or control of the requesting Party"); *Betz*, ASA Bull. 2017, 281 (289).

527 *Solis*, Arb. Int. 2018, 79 (92).

528 *Amaral*, Journal of Int. Arb., 2018, 1 (6 f.)

529 Cour de Cassation, 1e civ, 30.03.2005. 02/20429: „alors que chaque partie est tenue d'apporter son concours aux mesures d'instruction, sauf au juge à tirer toute conséquence d'une abstention ou d'un refus sans avoir égard aux règles gouvernant la charge de la preuve."

Trotz der nach den Schiedsverfahrensrechten vorgesehenen Zulässigkeit[530] und der Hilfe bei der Lösung von Beweisschwierigkeiten sind Schiedsgerichte zurückhaltend bei der Anwendung von *adverse inferences*.[531] Entscheidungen, in denen Schiedsgerichte *adverse inferences* angewandt haben, waren hauptsächlich Korruptionsfälle, in denen direkte Beweise nicht vorhanden waren, aber Indizienbeweise erbracht wurden.[532] Es bestehen auch Zweifel an der Vollstreckbarkeit einer auf *adverse inferences* beruhenden Entscheidung aufgrund eines Verstoßes gegen den Grundsatz eines fairen Verfahrens. Die Anwendung von *adverse inferences* sollte auf Fälle beschränkt bleiben, in denen die beweisbelastete Partei hinreichende Indizienbeweise vorbringen kann. Soweit die Relevanz der geforderten Dokumente sichergestellt ist und die Partei über die Folgen des Nichtvorbringens der geforderten Beweismittel informiert wurde,[533] sollte die Vollstreckbarkeit der Entscheidung allerdings sichergestellt sein. Im Ergebnis führen *adverse inferences* zu den nahezu gleichen Ergebnissen wie die Umkehr der Beweisführungslast.[534] Sie sollten als Möglichkeit der Schiedsgerichte zum Nachweis von Korruption durchaus in Betracht gezogen werden können.

### *(6) ICC Schiedsspruch Nr. 6497*

In der Entscheidung ICC Schiedsspruch Nr. 6497 wurde das Verhalten des Klägers, der sich weigerte angeforderte Schriftstücke einzureichen, unter Anwednung schweizerischen Rechts als Indiz zum Nachweis der Korruption herangezogen,[535] Die Parteien hatten mehrere Beraterverträge abgeschlossen. Als

530 In der Regel entscheidet das Schiedsgericht zusammen mit den Parteien in einem frühen Stadium des Verfahrens über die Anwendung von adverse inferences durch das Schiedsgericht: *Solis*, Arb. Int. 2018, 79 (86 Fn. 30).

531 *Solis*, Arb. Int. 2018, 79; *Betz*, Proving Bribery, Fraud and Money Laundering in International Arbitration, S. 267.

532 Angesprochen wurden adverse inferences auch in dem Investitionsschiedsgerichtsverfahren *Achmea BV v Slovak Republic* (2010) UNCITRAL, PCA Case No 2008-13, Award on Jurisdiction, Arbitrability and Suspension, para 19, (zur Frage, ob Unionsrecht anwendbar ist und das bilaterale Investitionsschutzabkommen verdrängt) bei der Weigerung des Klägers Kommunikation mit der europäischen Union vorzulegen, vom Schiedsgericht aber nicht für notwendig gehalten.

533 *Betz*, Proving Bribery, Fraud and Money Laundering in International Arbitration, S. 266.

534 *Kaufmann-Kohler/Bärtsch*, SchiedsVZ 2004, 13 (21); mit dem Erfordernis des *prima facie* Beweises sind auch die Voaussetzungen vergleichbar.

535 ICC Schiedsspruch Nr. 6497, YbCA 1999, 71.

der Anspruchsteller seine Provision einforderte, berief sich die beklagte Partei darauf, dass der eigentliche Zweck der Verträge die Organisation der Bestechung von Amtsträgern gewesen sei.[536] Das Schiedsgericht sah die Weigerung des Klägers, Schriftstücke einzureichen, als maßgebliches Indiz an. Das Schiedsgericht erklärte zwar ausdrücklich, dass die Beweislast bei der beklagten Partei lag, die sich auf die Nichtigkeit des Vertrages aufgrund von Korruption berief,[537] faktisch bewirkte das Vorgehen des Schiedsgerichts aber eine Umkehr der Beweisführungslast. Das Schiedsgericht erklärte den Vertrag für nichtig und stützte sich dabei maßgeblich darauf, dass der Kläger den vorgebrachten Anscheinsbeweis nicht entkräftet hatte. Das Schiedsgericht prüfte zunächst das Vorliegen eines Anscheinsbeweises und berücksichtigte im Rahmen der Pflicht der klagenden Partei zum Vorbringen der Dokumente auch die mögliche Vertraulichkeit. Zweifel an der Fairness des Verfahrens bestehen durch die Einbindung beider Parteien und die Einbeziehung deren schutzwürdiger Interessen nicht.

### *(7) ICC Schiedsspruch Nr. 12990*

Dieser Ansatz wurde auch von dem Schiedsgericht in der Entscheidung ICC Case No. 12990 gewählt.[538] Die beklagte Partei hatte sich darauf berufen, dass die geschlossenen Verträge mit Korruption belastet und damit nichtig seien. Das Schiedsgericht stellte darauf ab, dass illegale Verhaltensweisen von der Partei, die sich darauf beruft, kaum bewiesen werden können, insbesondere da die andere Partei in der Regel Anstrengungen unternehmen wird, um das illegale Verhalten zu verbergen. Vor diesem Hintergrund könne vom Kläger verlangt werden, Dokumente beizubringen, um nachzuweisen, dass von ihm im Rahmen seiner Beratertätigkeit tatsächlich Leistungen erbracht wurden und der einzige Zweck nicht in der Bestechung von Amtsträgern bestand.[539] Dieser Nachweis wurde nicht erbracht, sodass das Schiedsgericht die Korruption als erwiesen ansah und den Vertrag für nichtig erklärte. Diese Beweislasterleichterung sei aufgrund der Beweisnot der Partei, die den Korruptionssachverhalt nachweisen müsse, notwendig.[540]

536 ICC Schiedsspruch Nr. 6497, YbCA 1999, 71 f.
537 ICC Schiedsspruch Nr. 6497, YbCA 1999, 71 f.
538 ICC Schiedsspruch Nr. 12990, ICC Bulletin (Supplement) 24 (2013), 52.
539 ICC Schiedsspruch Nr. 12990, ICC Bulletin (Supplement) 24 (2013), 52: „Claimant has the *onus probationis* in this regard"; *Betz*, ASA Bull. 2017, 281 (290).
540 ICC Schiedsspruch Nr. 12990, ICC Bulletin (Supplement) 24 (2013), 52.

Das Schiedsgericht hatte seinen Sitz in Frankreich und wandte französisches materielles Recht an. Dazu, woraus sich eine Beweiserleichterung oder das Beweismaß ergeben sollte, nahm das Schiedsgericht keine Stellung.[541] Es ging lediglich darauf ein, dass die Beweislast bei der Partei liege, die sich auf das Vorliegen einer Tatsache berufe. Das Schiedsgericht schaffte durch die Beweiserleichterung zwar eine realistische Möglichkeit, Korruption nachzuweisen, die Entscheidung zeigt aber die Scheu der Schiedsgerichte, sich auf konkrete Regelungen zum Beweismaß zu beziehen.[542] Das Schiedsgericht berief sich darauf, dass Korruption nicht durch eindeutige Beweise bewiesen werden könne, sodass eine Beweislastumkehr notwendig sei.[543] Die Entscheidung zeigt die praktische Eignung der Anwendung einer Beweislastumkehr. Während es der beklagten Partei nahezu unmöglich gewesen wäre, nachzuweisen, dass die klagende Partei korrupte Handlungen vorgenommen hat, stellt es für die klagende Partei einen überschaubaren Aufwand dar, Nachweise über ihre Tätigkeit vorzubringen, soweit denn eine erbracht wurde.

### 3. *Fazit*

Dass Schiedsgerichte versuchen, die Problematik des Beweises von Korruption auf der Ebene des Beweismaßes zu lösen, ist verständlich. Einen Anlass, ein besonders hohes Beweismaß anzusetzen, gibt es allerdings nicht. Auch bei der Ermittlung strafrechtsrelevanter Sachverhalte wird vom Schiedsgericht lediglich über Ausgleichsansprüche entschieden. Bejaht man die Pflicht der Schiedsgerichte, *sua sponte* zu ermitteln, ob ein Korruptionssachverhalt vorliegt, setzt aber gleichzeitig ein hohes Beweismaß an, führen die Ermittlungen in der Regel ins Leere.

Auch eine Anlehnung an das Beweismaß der nationalen Verfahrensrechte führt in Deutschland und Frankreich zu der Anwendung eines hohen Beweismaßes. Dennoch sollte dem Umstand Rechnung getragen werden, dass der Beweis in Schiedsverfahren ohne staatliche Zwangsmaßnahmen kaum geführt werden kann. Um die Möglichkeit zu erhalten, Korruption in Schiedsverfahren nachzuweisen, bietet lediglich eine Umkehr der Beweisführungslast oder die Anwendung von *adverse inferences* einen angemessenen Weg, um einen Kompromiss zwischen einer effektiven Verfahrensführung und einer effektiven Korruptionsbekämpfung zu schaffen. Die Möglichkeit der Umkehr der Beweisführungslast

---

541 ICC Schiedsspruch Nr. 12990, ICC Bulletin (Supplement) 24 (2013), 52.

542 *Betz*, ASA Bull. 2017, 281 (290).

543 ICC Schiedsspruch Nr. 12990, ICC Bulletin (Supplement) 24 (2013), 52.

könnte auch in internen Schiedsverfahren mit Sitz in Deutschland oder Frankreich ein Weg sein, eine Möglichkeit zu schaffen, den Beweis von Korruption zu führen. Von der Partei, die sich auf das Vorliegen von Korruption beruft, muss allerdings mehr als eine bloße Behauptung verlangt werden. Nur bei Vorliegen von Indizien, die nach allgemeinen Erfahrungssätzen für das Vorliegen von Korruption sprechen, kann von der anderen Partei das Beibringen von Beweismitteln zur Entkräftung verlangt werden.

## V. Beweismittel

Das Schiedsgericht ist zwar flexibler in den Möglichkeiten der Beweiserhebung als staatliche Gerichte,[544] es hat aber auch weniger Möglichkeiten Nachforschungen anzustellen, insbesondere da ihm keine Zwangsmittel zur Verfügung stehen.[545] Da die Beweiserhebung von dem Parteiwillen bestimmt und durch die Parteien finanziert wird, ist es für das Schiedsgericht mir erheblichen Schwierigkeiten verbunden, selbstständig Ermittlungen vorzunehmen. Das Schiedsgericht ist nicht an den Strengbeweis des Zivilprozesses gebunden, sondern kann nach freiem Ermessen Beweise erheben.[546] Dies gilt sowohl für interne als auch internationale Schiedsverfahren in Deutschland[547] sowie in Frankreich.[548] Praktisch gestaltet sich der Nachweis von Korruption als problematisch, wenn sich nicht eine der Parteien auf das Vorliegen strafbaren Verhaltens beruft und ausreichende Nachweise erbringt. Schwierig kann insbesondere die Abgrenzung von verbotenen Bestechungsgeldern und zulässigen Provisionszahlungen sein.[549] Die in der Praxis relevantesten Beweismittel werden im Folgenden im Hinblick auf die Probleme, die bei ihrer Anwendung zum Nachweis von Korruption auftreten, untersucht.

---

544 *Trittmann,* IWRZ 2016, 255.

545 *Schütze*, Schiedsgericht und Schiedsverfahren [6. Auflage 2016], Rn. 338.

546 *Trittmann*, IWRZ 2016, 255 (258).

547 *Molitoris* in: Eberl, Beweis im Schiedsverfahren, § 3 Rn. 20; BeckOK-ZPO/*Wilske/Markert*, § 1042 Rn. 29; zu den Grenzen des schiedsrichterlichen Ermessens aufgrund von Parteivereinbarungen: *Schütze*, SchiedsVZ 2006, 1.

548 *Delvolvé/Pointon/Rouche*, French Arbitration Law and Practice, S. 124; *Derains* Rev. Arb. 2004, 781.

549 OLG Hamm, 27.09.2005, SchiedsVZ 2006, 106 (109 f.); für das schweizerische Recht: Schweizerisches Bundesgericht Lausanne, 23.09.2014, SchiedsVZ 2015, 101.

### *1. Partei- und Zeugenvernehmung*

Schiedsgerichte können unproblematisch Zeugen vernehmen. Zwangsmaßnahmen können vom Schiedsgericht allerdings nicht durchgeführt werden. Das Schiedsgericht kann auch keinen Eid abnehmen. Dementsprechend kann sich ein Zeuge vor einem Schiedsgericht auch nicht der Falschaussage strafbar machen.[550] Allerdings kommt in Fällen, die Korruptionssachverhalte behandeln, eine Strafbarkeit wegen Beteiligung an einer Straftat sowohl nach deutschem als auch nach französischem Recht in Betracht.[551]

#### *a) Vernehmung der Parteien*

Durch die Möglichkeit der freien Beweiserhebung hat das Schiedsgericht die Möglichkeit, die Parteien des Verfahrens als Zeugen zu vernehmen.[552] Diese Möglichkeit wird von den Schiedsgerichten auch in der Praxis regelmäßig genutzt.[553] Ebenso wie im Zivilprozess sind die Parteien bei Vernehmungen in Schiedsverfahren zur Wahrheit verpflichtet.[554] Oftmals hat eine Falschaussage vor einem Schiedsgericht aber keine Konsequenzen. Hinzu kommt, dass die Parteien sich, wenn sie zur Vornahme korrupter Handlungen befragt werden, ggf. auf die Selbstbelastungsfreiheit berufen können.[555]

Eine Weigerung der Partei auszusagen, kann das Schiedsgericht entsprechend dem Rechtsgedanken des § 1048 Abs. 3 ZPO zum Anlass nehmen, der Entscheidung lediglich die bis dahin erlangten Erkenntnisse zugrunde zu legen.[556] Hier muss das Schiedsgericht aber gegebenenfalls die Selbstbelastungsfreiheit berücksichtigen. Auch die Berufung auf die Vertraulichkeit bestimmter Tatsachen muss der Partei grundsätzlich möglich sein.

---

550 Lediglich in der Schweiz wird die Strafbarkeit wegen Falschaussage auch auf die Aussage vor einem Schiedsgericht erstreckt: Art. 309 Schweizerisches Strafgesetzbuch; *Sayed*, Corruption in International Commercial Arbitration, S. 97. Zur Anwendung von 434-13 Code Pénal in internationalen Schiedsverfahren: *Chilstein*, Rev. Arb. 2009, 3 (57 f.).

551 *Chilstein*, Rev. Arb. 2009, 3 (59).

552 *Molitoris* in: Eberl, Beweis im Schiedsverfahren, § 3 Rn. 22.

553 *Molitoris* in: Eberl, Beweis im Schiedsverfahren, § 3 Rn. 3.

554 *Born*, International Commercial Arbitration, § 15.08 [Z][12]; offen gelassen von: BGH, 30.01.1957, BGHZ 23, 198 (201); HK-ZPO/*Saenger*, § 1042 Rn. 22.

555 S. dazu sogleich Kap. 3 § 5 V 1. c).

556 Ausdrücklich vorgesehen in Art. 30 (3) UNCITRAL Arbitration Rules; *Delvolvé/Pointon/Rouge*, French Arbitration Law and Practice, S. 128.

### *b) Vernehmung eines an der Korruption Beteiligten*

Zeugen gegenüber, die nicht Partei sind, kann das Schiedsgericht keinerlei Sanktionen erlassen.[557] Es wird davon ausgegangen, dass eine Rechtsbeziehung lediglich zwischen der Partei und dem Zeugen zustande kommt.[558]

Typischerweise geeignet, in Schiedsverfahren zu Korruption auszusagen, ist die bestochene Person. Auch Mitarbeiter von Unternehmen können geeignete Zeugen zum Nachweis der Korruption darstellen. Durch die Rechtsbeziehung zwischen Partei und Zeugen und der damit einhergehenden Kostentragung der Partei werden auch Vorabkontakte zwischen Partei und Zeugen einschließlich der Vorbereitung des Zeugen in internationalen Schiedsverfahren mit Sitz in Deutschland anders als im deutschen Zivilprozess für zulässig erachtet.[559] Da die Parteien somit regelmäßig Gebrauch von der Möglichkeit machen, ihre Zeugen vorzubereiten, wird in der Regel auch die Möglichkeit von Kreuzverhören durch die andere Partei zugelassen.[560] Insbesondere bei Anschuldigungen kriminellen Inhalts kann es geboten sein, die Zeugen hierüber vorab zu informieren.[561] In der Art und Weise der Zeugenvernehmung sind die Schiedsgerichte frei, sodass auch schriftliche Stellungnahmen von Schiedsgerichten verwertet werden können,[562] in der Regel wird eine mündliche Vernehmung jedoch als aussagekräftiger erachtet.[563] Auch kann eine Vernehmung über Videokonferenzen oder Telefonate erfolgen, um ein effektives Verfahren zu gewährleisten.[564] Dies kann

557 *Rose*, J. Int. Arb. 2018, 183.

558 *Lionnet/Lionnet*, Handbuch der internationalen und nationalen Schiedsgerichtsbarkeit, S. 362.

559 *Schima/Sesser*, SchiedsVZ 2016, 61 (63); *Scherer*, ASA Bull. 2001, 684 (692); ausdrücklich vorgesehen in: Art. 4 Abs. 3 IBA Rules on the Taking of Evidence, Art. 20 Abs. 6 LCIA Rules; die meisten Schiedsordnungen treffen keine Aussage zur Zeugenvorbereitung, sodass davon auszugehen ist, dass diese zumindest nicht verboten sein sollen: *Bertke/Schroeder*: SchiedsVZ 2014, 80 (85).

560 Die Zeugenvernehmung im Schiedsverfahren erfolgt in internationalen Schiedsverfahren typischerweise an das common law System angelehnt: *Derains*, Rev. Arb. 2004, 781 (798 ff.).

561 Zu den weiteren Grenzen des Kreuzverhörs, insbesondere der Beschränkung des Inhalts: *Derains*, Rev. Arb. 2004, 781 (798 ff.).

562 Ausdrücklich vorgesehen ist diese Vorgehensweise in: Art. 4 (4) IBA Rules; *Lew/Mistelis/Kröll*, Comparative and International Commercial Arbitration, Rn. 22-66; *Lachmann*, Handbuch der Schiedsgerichtspraxis, Rn. 1498.

563 *Born*, International Commercial Arbitration, § 15.08 [W].

564 Alternative Formen der Zeugenvernehmung sind ausdrücklich vorgesehen in: Art. 3 ICC Arbitration Rules, Art. 28 (4) UNCITRAL Rules.

oftmals einen praktikablen Weg darstellen, um zu überprüfen, ob ein Zeuge hilfreiche Aussagen machen kann.

Problematisch ist, dass Zeugenaussagen in Korruptionsfällen nur in extremen Ausnahmefällen zu einem direkten Beweis führen.[565] Die Zeugen haben kein Interesse daran, ihre eigene Beteiligung an kriminellen Handlungen vor den Schiedsgerichten offen zu legen. Auch können Mitarbeiter von Unternehmen, die in korruptes Verhalten verwickelt sind, Bedenken haben, die Verwicklung des Unternehmens in Korruption im Schiedsverfahren zu bestätigen. Durch die eingeschränkten Möglichkeiten des Schiedsgerichts zum Laden von Zeugen und mangels der Sanktionierung von Falschaussagen, können die Zeugen sich der Situation entziehen, ohne Konsequenzen fürchten zu müssen. Zwar kann das Schiedsgericht bei Nichterscheinen eines Zeugen gemäß § 1050 ZPO auf die Hilfe durch staatliche Gerichte zurückgreifen,[566] allerdings muss dem Schiedsgericht dazu die Identität des Zeugen bekannt sein und diese Verfahrensweise führt zu einer erheblichen Verzögerung des Schiedsverfahrens. Dieses Vorgehen kann sich lediglich für Zeugen, die am Schiedsort ansässig sind, als praktikabel erweisen.[567]

### c) *Zeugnisverweigerungsrecht*

Insbesondere im Rahmen der Partei- und Zeugenvernehmung ist zu fragen, ob das Prinzip der Selbstbelastungsfreiheit auch im Schiedsverfahren zu beachten ist.[568] Für Strafverfahren ergibt sich die Selbstbelastungsfreiheit nach § 55 StPO aus dem unter anderen in Art. 6 EMRK festgeschriebenen *nemo tenetur se ipsum accusare* Grundsatz. Für deutsche Zivilverfahren gilt die Selbstbelastungsfreiheit gemäß § 384 Nr. 2 ZPO. Der BGH hat bereits 1990 entschieden, dass der Grundsatz *nemo tenetur se ipsum accusare* in Zivilverfahren umfassend beachtet werden muss.[569] Auch in Frankreich findet der *nemo tenetur* Grundsatz sowohl in Straf- als auch in Zivilverfahren Anwendung.[570] Die Anwendung des

565 *Veit* in: Liber Amicorum Karrer (2017), 373 (377); der einzig bekannte Fall stammt aus der Investitionsschiedsgerichtsbarkeit: World Duty Free v. Kenya ICSID Schiedsspruch Nr. ARB/OO/7, Award 04.10.2006.

566 Entsprechende Regelungen sind lediglich in Frankreich, der Schweiz, Schweden, Großbritannien, und den USA vorgesehen; *Derains*, Rev. Arb. 2004, 781 (795).

567 *Derains*, Rev. Arb. 2004, 781 (795).

568 Völlig offen gelassen von: *Betz*, Proving Bribery, Fraud and Money Laundering in International Abritration, S. 71.

569 BGH, 11.06.1990, NJW 1990, 3151; *Brand*, NJW 2017, 3558.

570 *Lenoir*, RFDA 2014, 487.

Grundsatzes im Zivilprozess divergiert allerdings in unterschiedlichen Rechtsordnungen, sodass die absolute Geltung auch im Zivilprozess nicht als internationaler Standard angesehen werden kann.[571]

In der schiedsgerichtlichen Praxis ergibt sich kein einheitliches Bild. Es wird angenommen, dass die Selbstbelastungsfreiheit in ICC-Schiedsverfahren keine Rolle spiele.[572] Darüber hinaus wird teilweise davon ausgegangen, dass mangels der Ermächtigung zur Verhängung von Zwangsmaßnahmen gegenüber Zeugen, diesen auch kein Zeugnisverweigerungsrecht zukomme und auch, dass für ein solches gar kein Anlass bestehe.[573] Wenn sich ein Zeuge aber bereit erklärt, vor dem Schiedsgericht auszusagen, ist im Rahmen der Bewertung seiner Aussage sehr wohl von Bedeutung, ob man ihm eine Selbstbelastungsfreiheit zuerkennt. Auch für den Zeugen selbst kann aufgrund der sich aus dem Schiedsverfahren möglicherweise ergebenden strafrechtlichen Untersuchungen ein Interesse daran bestehen, nicht zu sämtlichen Umständen seiner eigenen Rolle in dem streitigen Sachverhalt Auskunft geben zu müssen.

Hergeleitet werden kann die Selbstbelastungsfreiheit möglicherweise aus einem verfahrensrechtlichen ordre public, sodass der *nemo tenetur* Grundsatz von Schiedsgerichten gemäß § 1042 Abs. 3 ZPO zwingend zu berücksichtigen wäre.[574] Grundsätzlich wird angenommen, dass der verfahrensrechtliche internationale ordre public lediglich den Anspruch auf rechtliches Gehör und das Gleichbehandlungsgebot umfasst.[575] Die Selbstbelastungsfreiheit könnte als Bestandteil des Anspruches auf ein faires Verfahren verstanden werden. Der Anspruch auf ein faires Verfahren gewährleistet auch, dass beide Parteien sich am Verfahren beteiligen können, ohne der Gefahr ausgesetzt zu sein, sich durch eigenes Verhalten der Gefahr einer Strafverfolgung auszusetzen.[576] Aufgrund

571 Nach der schweizerischen Zivilprozessordnung darf die Aussage lediglich verweigert werden, um nahe Angehörige vor einer möglichen Strafverfolgung zu schützen, nicht aber sich selbst: *Betz*, Proving Bribery, Fraud and Money Laundering in International Abritration, S. 64.

572 *Greenberg/Lautenschlager* in: Liber Amicorum Bergsten (2011) 179.

573 *Von Bodungen* in: Eberl, Beweis im Schiedsverfahren, § 8 Rn. 23; *Lachmann*, Handbuch für die Schiedsgerichtspraxis, Rn. 1493.

574 *Betz*, Proving Bribery, Fraud and Money Laundering in International Abritration, S. 64; *Bertke/Schroeder*, SchiedsVZ 2014, 80 (84) wendet direkt § 384 ZPO an; *Kneisel/Lecking*, SchiedsVZ 2013, 150.

575 MüKoZPO/*Münch*, § 1059 Rn. 55, 27.

576 Satzger/Schluckebier/Widmaier-StPO/*Satzger*, EMRK Art. 6 Rn. 45 ff.; MüKoStPO/*Gaede*, EMRK Art. 6 Rn. 318 f.

der unterschiedlichen Ausgestaltung des *nemo tenetur* Grundsatzes in den verschiedenen Rechtsordnungen in Zivilverfahren ist fraglich, ob die Selbstbelastungsfreiheit tatsächlich von einem transnationalen ordre public, soweit man einen solchen überhaupt anerkennt, umfasst ist.[577] Die Verankerung in Art. 6 EMRK spricht zwar dafür, bezieht sich aber auf den Strafprozess und kann nicht ohne weiteres die Geltung des *nemo tenetur* Grundsatzes im Schiedsverfahren begründen.

Nach dem deutschen Rechtsverständnis wird der *nemo tenetur* Grundsatz als essentielle Garantie eines Rechtsstaates aufgefasst, sodass seine absolute Geltung auch im Zivilprozess gewährleistet sein muss. Die Selbstbelastungsfreiheit kann somit wohl unter den deutschen verfahrensrechtlichen ordre public gefasst werden. Ein entsprechendes Bild hinsichtlich der Bedeutung des *nemo tenetur* Grundsatzes ergibt sich in der französischen Rechtsprechung und Literatur. In Schiedsverfahren mit Sitz in Deutschland und Frankreich sollte die Selbstbelastungsfreiheit der Zeugen somit anerkannt werden.

### 2. *Urkunden*

Zum Nachweis von Korruption durch Urkunden sind insbesondere Dokumente zur Untersuchung der Vertragsbeziehung der Parteien relevant. Zu deren Vorlage kann das Schiedsgericht gemäß § 1048 Abs. 3 ZPO auffordern. Wie bereits festgestellt, ist das Schiedsgericht hierzu, auch unabhängig vom Vorbringen der Parteien, berechtigt.[578]

Dokumente über die Vereinbarungen der Parteien existieren in geschäftlichen Beziehungen für gewöhnlich. Diese werden von den Parteien in der Regel zusammen mit ihren Schriftsätzen eingereicht.[579] Auffällig ist, dass aus den in den Vertragstexten genutzten Formulierungen unterschiedliche Schlüsse gezogen werden. Sowohl vage Beschreibungen als auch sehr detaillierte Ausführungen zu der Tätigkeit eines Beraters oder Vermittlers können von Schiedsgerichten als Anhaltspunkte für das Vorliegen von Korruption gewertet werden.[580] Beide

577 So wohl: *Betz*, Proving Bribery, Fraud and Money Laundering in International Abritration, S. 64.

578 S.o. Kap. 3 § 5 III.

579 Zumindest bei Schiedsverfahren in civil law Rechtsordnungen: *Derains*, Rev. Arb. 2004, 781 (789).

580 *Scherer*, ASA Bull. 2001, 684 (694); *Pieth* in: FS Schwenzer, 1375 f. stellt lediglich auf vage Tätigkeitsbeschreibungen ab und bezieht eine kurze Dauer des Tätigwerdens als maßgebliches Kriterium mit ein.

Arten der Vertragsfassung sind geeignet, korruptes Verhalten der Parteien zu verschleiern. Auch können Urkunden Aufschluss darüber geben, welche Personen hinter einem Berater- oder Vermittlerunternehmen stehen und so auf den ersten Blick nicht ersichtliche persönliche Beziehungen aufdecken.[581] Auch Dokumente, die Zahlungen ohne nachvollziehbaren Anlass nachweisen, sind geeignete Beweismittel mit einiger Beweiskraft. Die Dokumente zu dem von den Parteien geschlossenen Vertrag und ihre Kommunikation können allerdings lediglich als indirekte Beweismittel herangezogen werden. Dokumente, aus denen Vereinbarungen über Korruption ausdrücklich hervorgehen, sind für gewöhnlich nicht vorhanden.[582]

Ebenso wie bei der Verweigerung einer Zeugenaussage kann das Schiedsgericht aus der Nichtvorlage von Dokumenten gemäß § 1048 Abs. 3 ZPO Schlussfolgerungen ziehen.[583] Hier muss aber gegebenenfalls dem berechtigten Geheimhaltungsinteresse der Parteien Rechnung getragen werden.[584] Auch über dieses muss allerdings ein Nachweis verlangt werden, um die Untergrabung der Beweisführung zu verhindern. Darüber hinaus bestehen Möglichkeiten, die Vertraulichkeit von Dokumenten trotz Verwertung im Schiedsverfahren zumindest teilweise zu gewährleisten. Das Schiedsgericht kann die Vertraulichkeit der Urkunden anordnen, sodass beide Parteien deren Inhalt vertraulich behandeln müssen.[585] Effektiver ist es regelmäßig, durch die Einbindung eines Sachverständigen nur Teile der Dokumente für die andere Partei offen zu legen. Das Schiedsgericht muss im Einzelfall entscheiden, welches Vorgehen ein faires Verfahren gewährleistet.[586]

581 *Khvalei* in: Special Supplement 2013: Tackling Corruption in Arbitration, 15.

582 *Khvalei* in: Special Supplement 2013: Tackling Corruption in Arbitration, 15.

583 *Derains*, Rev. Arb. 2004, 781 (793 f.); *Scherer*, Int. ALR 2002, 29 (32).

584 Gulf Leaders v. CFF (nicht veröffentlicht) siehe: Cour de Cassation, 24.6.2015, Rev. Arb. 2016, 221; Cour d´Appel de Paris, 4.3.2014, Rev. Arb. 2014, 955 (957 ff.).

585 Schumacher/*Schumacher*, Beweiserhebung im Schiedsverfahren, Rn. 214; *Günther* in: FS Sandrock (2000) 341 ff.; zu Zweifeln an der Praktibilität dieses Vorgehens: *Haller*, SchiedsVZ 2013, 135 f.

586 Eine Verletzung des rechtlichen Gehörs kommt insbesondere bei in camera Verfahren in Betracht, da der gegnerischen Partei die Möglichkeit, zu den Dokumenten Stellung zu nehmen, vorenthalten wird: *Haller*, SchiedsVZ 2013, 135.

### 3. *Sachverständige*

In der Beweisführung durch Sachverständige ist zwischen von den Parteien bestellten Sachverständigen und von dem Schiedsgericht bestellten Sachverständigen gemäß § 1049 ZPO zu unterscheiden. Praktisch relevant ist somit vor allem die Beibringung von Sachverständigengutachten durch die Parteien. Bei widersprechenden Gutachten kann das Schiedsgericht selbst einen Sachverständigen beauftragen.[587]

In der Praxis haben Schiedsgerichte Sachverständige herangezogen, um über die Geschäftspraktiken in dem Staat, in dem die Korruptionshandlung vorgenommen worden sein soll, Auskunft zu erlangen und das Verhalten der Parteien vor diesem Hintergrund zu bewerten.[588] Es wurden Informationen verlangt zur Verbreitung von Korruption in den betreffenden Geschäftskreisen sowie zur Üblichkeit eines Geschäftskontos in anderen Staaten, beispielsweise der Schweiz.[589] Der Aussage von Sachverständigen wurde in Zusammenhang mit weiteren Indizienbeweisen große Bedeutung beigemessen,[590] einen direkten Beweis können sie in der Regel aber nicht führen.

## VI. Indizienbeweise

Der Nachweis von Korruption im Schiedsverfahren muss oftmals durch Indizienbeweise erfolgen. Um die Beweisführung zu erleichtern, wurden red flag Listen herausgegeben, in denen maßgebliche Kriterien genannt werden (1.). Die Bedeutung sowohl des Prozentsatzes der Höhe der Vergütung (a)) als auch der persönlichen Beziehungen zwischen einem Berater/Vermittler und einem Amtsträger (b)) werden von den Schiedsgerichten uneinheitlich behandelt.

### 1. *Red flag Listen*

Um den Schiedsgerichten das Verfahren zu erleichtern, wurden red flag Listen von staatlichen[591] sowie privaten[592] Organisationen entwickelt. Diese enthalten

---

587 *Derains*, Rev. Arb. 2004, 781 (800).

588 ICC Schiedsspruch Nr. 16090 (2016), ICC Dispute Res. Bull. 2016 No. 1, 147 Rn. 310 ff.

589 ICC Schiedsspruch Nr. 16090 (2016), ICC Dispute Res. Bull. 2016 No. 1, 147 Rn. 310.

590 ICC Schiedsspruch Nr. 16090 (2016), ICC Dispute Res. Bull. 2016 No. 1, 147 Rn. 310.

591 Die vom Justizministerium der USA herausgegebene red flag Liste wurde mittlerweile von der Webseite des Ministeriums entfernt.

592 ICC: https://iccwbo.org/publication/icc-guidelines-agents-intermediaries-third-parties-2010/; red flag Liste des Natural Resources Governance Institute (12 red flags; Stand April 2017): https://resourcegovernance.org/sites/default/files/documents/cor

Tatsachen oder Umstände, die auf das Vorliegen von Korruption hindeuten. Wie viele der dort genannten Kriterien erfüllt sein müssen und wie diese zu gewichten sind, hängt vom Einzelfall ab und steht im Ermessen des Schiedsgerichts. Kriterien, die von mehreren Organisationen in ihre red flag Listen aufgenommen wurden, sind: Die Verbreitung von Korruption in dem betreffenden Staat, eine ungewöhnlich hohe Kommission für einen Berater/Vermittler, intransparente Aufzeichnungen zu den Vertragsbeziehungen, die fachliche Qualifikation des Beraters/Vermittlers, und persönliche Beziehungen des Beraters/Vermittlers zu Entscheidungsträgern, die bestochen worden sein sollen.

An dieser Stelle soll nur auf einige problematische Kriterien eingegangen werden, die in den red flag Listen genannt werden. Den einzelnen Kriterien kommt eine unterschiedliche Gewichtung zu. Die Üblichkeit von Korruption in dem betreffenden Staat ist als red flag für das Vorliegen von Korruption anerkannt. Zwar ist Korruption in einigen Staaten alltäglich anzutreffen, kommt aber auch in vermeintlich korruptionsfreien Staaten regelmäßig vor.[593] Nicht jeder Vertrag, der in bestimmten Staaten geschlossen wurde, sollte per se auf Korruption überprüft werden. Um die Verbreitung von Korruption in dem betreffenden Staat als Indiz zu verwerten, sollte tatsächlich nachgewiesen werden, dass die Entscheidungsträger üblicherweise Bestechungsgelder annehmen. Dass einzelne Korruptionsskandale bekannt sind, kann nicht ausreichen.[594] Einer Kommission, die im Verhältnis zu der erbrachten Leistung unverhältnismäßig hoch ist, sollte dagegen eine ungleich größere Bedeutung zukommen, da sie unmittelbar das Vertragsverhältnis der Parteien betrifft. Die red flag Listen wurden zur Untersuchung von Korruption in der Praxis auch bereits genutzt.[595]

Kritik wird vereinzelt an der Praktikabilität und Aussagekraft der red flag Listen geübt.[596] Dass sie den Nachweis von Korruption erleichtern, wird vereinzelt bestritten.[597] Tatsächlich können die Listen nur ein Ausganspunkt für

---

ruption-risks-in-the-award-of-extractive-sector-licenses-and-contracts.pdf (zuletzt abgerufen am: 05.10.2022).

593 S.o. Kap. 1 § 1 I. 2. Transparency International Corruption Index.

594 *Scherer*, ASA Bull. 2001, 684 (696); ICC Schiedsspruch Nr. 3916 (1982), Collection of ICC Arbitral Awards 1974-85, 507.

595 Im ICC Schiedsspruch Nr. 13914, ICC Bulletin (Supplement) 24 (2013), 77 wandte das Schiedsgericht die red flags der US Regierung an.

596 *Veit* in: Liber Amicorum Karrer (2017), 373 (380 f.) hält die Untersuchung der Rechtmäßigkeit einer Transaktion für zielführender als die Untersuchung von Anhaltspunkten von Korruption.

597 *Veit* in: Liber Amicorum Karrer (2017), 373 (380 f.).

die Beweisführung sein. Den einzelnen Kriterien kann nur in Zusammenhang mit anderen Indizien und bezogen auf den Einzelfall eine gewisse Aussagekraft zukommen. Eine strukturierte und einheitliche Beweiserhebung kann durch die red flag Listen aber dennoch gefördert werden.

### *a) Höhe der Kommission*

Im Falle der Korruption durch einen Vermittler oder Berater können sich Anhaltspunkte für das Vorliegen von Korruption aus dem vereinbarten Prozentsatz der Kommission ergeben. Wird eine unüblich hohe Kommission gezahlt, sind in dieser häufig Bestechungsgelder verborgen. Dass sich die Kommission prozentual nach dem geschlossenen Vertrag bemisst, stellt aber alleine noch kein maßgebliches Indiz dar.[598] Dabei handelt es sich um eine übliche Geschäftspraxis. Welche Bedeutung der Höhe der Vergütung des Vermittlers zukommt, wurde von Schiedsgerichten unterschiedlich beurteilt.

In ICC Schiedsspruch Nr. 8891 maß das Schiedsgericht der Höhe der Vergütung eine besondere Bedeutung bei.[599] Eine Kommission von 8 % sei ein deutliches Anzeichen für das Vorliegen von Korruption bei einer sonst üblichen Kommission von 1-2 %. Zu beachten ist auch, dass der Prozentsatz einer Kommission abhängig von Region und Geschäftsbereich unterschiedlich zu beurteilen ist, sodass die Hinzuziehung eines Sachverständigen hilfreich sein kann.

Andere Schiedsgerichte stellten klar, dass es sich bei dem Prozentsatz der Kommission lediglich um ein Indiz ohne besondere Bedeutung handele.[600] Im Schiedsverfahren ICC Schiedsspruch Nr. 9333 hielt das Schiedsgericht eine Vergütung von 27 % nicht für erheblich.[601] Es stellte darauf ab, dass der Vermittler möglicherweise gierig sei. Das kann aber nicht erklären, weshalb das französische Unternehmen bereit sein sollte, einer extrem hohen Vergütung zuzustimmen, wenn diese tatsächlich nur für die Vermittlertätigkeit gezahlt wurde. Das Schiedsgericht begründete das Ergebnis zudem mit der einflussreichen Position des Vermittlers, die sich aus der engen Verbindung seines Vaters zu dem Staatsoberhaupt ergab. Ob die persönliche Beziehung des Vermittlers zu Amtsträgern

---

598 *Scherer*, Int. ALR 2002, 29; *ders.* ASA Bull. 2002, 684 (697) so aber wohl das Schiedsgericht in der Entscheidung ICC Schiedsspruch Nr. 8891 (1998), Auszüge veröffentlicht in: Clunet 2000, 1076.

599 ICC Schiedsspruch Nr. 8891, Auszüge veröffentlicht in: Clunet 2000, 1076.

600 *Sayed*, Corruption in International Trade and Commercial Arbitration, S. 136.

601 ICC Schiedsspruch Nr. 9333, ASA Bull. 2001, 757.

des Staates dazu geeignet ist, Korruptionsvorwürfe zu entkräften, erscheint fragwürdig.

Letztlich scheiterte der Nachweis der Korruption nach Ansicht des Schiedsgerichts aber auch daran, dass nur ein beidseitiger Verstoß gegen Korruptionsvorschriften zur Nichtigkeit des Vertrages führe und zumindest ein solcher nicht nachgewiesen werden konnte.[602]

Die Höhe der vereinbarten Vergütung sollte bei der Sammlung von Indizienbeweisen unbedingt berücksichtigt werden. Eine besondere Bedeutung sollte ihr aber nur zukommen, wenn im Rahmen des Vergleichs zu dem sonst üblichen Prozentsatz die Region sowie die Branche, in welcher der Vermittler oder Berater tätig wurde, berücksichtigt wurden.[603] Sind diese Voraussetzungen gegeben, handelt es sich bei der Höhe des Prozentsatzes um ein eindeutiges Indiz, welchem bei einer so hohen Abweichung wie in dem dargestellten Fall, erhebliche Bedeutung zukommen sollte. Gibt es andere Gründe für eine unverhältnismäßig hohe Vergütung, sind diese von der Partei nachzuweisen, der die Korruption vorgeworfen wird.[604]

### b) *Persönliche Beziehungen*

Zu den Auswirkungen einer persönlichen Verbindung der Familie eines Vermittlers und der eines Amtsträgers nahm das Schiedsgericht in der Entscheidung ICC Schiedsspruch Nr. 9333 Stellung.[605] Die red flag-Liste der ICC nennt die persönliche Beziehung eines Beraters oder Vermittlers als eines der maßgeblichen Kriterien. Nach der Ansicht des Schiedsgerichts sprechen persönliche Beziehungen des Vermittlers dagegen nicht notwendigerweise für das Vorliegen von Korruption. Vermittler und Berater haben oft beträchtlichen Einfluss

---

602 *Sayed*, Corruption in International Trade and Commercial Arbitration, S. 110 f.; siehe zur Unterscheidung zwischen einseitigen und beidseitigen Verstößen auch unten: Kap. 4 § 7.

603 In ICC Schiedsspruch Nr. 13515 betrug die Kommission 40 % (hinsichtlich bestimmter Teile des Vertrages nur 25-30 %) und wurde von dem Schiedsgericht zurecht als wesentliches Indiz herangezogen: ICC Bulletin (Supplement) 24 (2013), 66; bei besonders prestigeträchtigen Projekten kann eine besonders hohe Kommission jedoch auf anderen Gründen beruhen: *Scherer*, Int. A.L.R. 2002, 29.

604 ICC Schiedsspruch Nr. 13515, ICC Bulletin (Supplement) 24 (2013), 66.

605 ICC Schiedsspruch Nr. 9333, ASA Bull. 2001, 757; auch in der Entscheidung ICC Schiedsspruch Nr. 4145 wurde der persönlichen Beziehung eines Vermittlers zu dem Direktor der Bank keine Bedeutung beigemessen; *Sayed*, Corruption in International Trade and Commercial Arbitration, S. 131.

in Wirtschaft und Politik in der Region, in der sie tätig werden.[606] Dass eine gute Vernetzung mit einflussreichen Personen eines Staates besteht, muss nicht daraus resultieren, dass der Berater oder Vermittler für die Bestechung von Personen in Machtpositionen bezahlt wird. Grundsätzlich ist aber zu erwarten, dass Berater und Vermittler zumindest auch nach ihrer Fachkenntnis in dem betreffenden Wirtschaftszweig ausgewählt werden.

Da Vermittlerverträge selbst in der Regel nicht verboten sind,[607] kann auch eine persönliche Beziehung zu Personen in Machtpositionen allein nicht ausreichen, um die Nichtigkeit des Vertrages zu begründen. Die Schiedsgerichte sollten über solche persönlichen Beziehungen aber nicht ohne weiteres hinwegsehen. Ein Indiz für das Vorliegen von Korruption stellen sie sicherlich dar. Wird außerdem aber noch eine außergewöhnlich hohe Kommission vereinbart und/oder der Vermittler oder Berater ausdrücklich von den Entscheidungsträgern in einem bestimmten Staat empfohlen, sollte das Schiedsgericht Nachweise zur Entlastung verlangen, um das Vorliegen von Korruption abzulehnen.

### 2. *Schiedsgerichtliche Praxis*

#### a) *Gulf Leaders*

Das Schiedsgericht in dem Fall Gulf Leaders v. CFF[608] untersuchte in erster Linie drei Indizien. Zunächst ermittelte es die Rolle des Vermittlers und ging auf die Anwesenheit des Vermittlers bei Treffen der Parteien ein. Dies spreche dafür, dass der Vermittler tatsächlich Tätigkeiten vorgenommen habe, welche die Zahlung einer Vergütung begründeten und widerlege die Behauptung, dass dem Vermittler eine verdeckte Rolle zugekommen sei. Des Weiteren wurde der besonderen Fachkenntnis des Vermittlers für Projekte wie das in Rede stehende eine große Bedeutung beigemessen. Letztlich wurde zur Untersuchung der Angemessenheit der vereinbarten Gebühren ein Sachverständiger herangezogen. Aus der Weigerung einer Partei, ein Dokument vorzulegen, wurden keine für die Partei nachteiligen Schlüsse gezogen, allerdings lediglich aufgrund der nachträglichen Bestätigung eines Zeugen, dass es sich um vertrauliche Dokumente handele. Das

---

606 *Scherer*, Int. ALR 2002, 29 f.

607 Vereinzelt bestehen Verbotsregelungen allein für den Abschluss von Vermittlerverträgen. Zur Verbotsregelung in Algerien: Hilmarton Entscheidung (ICC Schiedsspruch Nr. 5622), YbCA 1996, 524; *Scherer*, Int. ALR 2002, 29 (30).

608 Gulf Leaders v. CFF (nicht veröffentlicht) siehe: Cour de Cassation, 24.6.2015, Rev. Arb. 2016, 221; Cour d´Appel de Paris, 4.3.2014, Rev. Arb. 2014, 957 ff; Sachverhalt: s.u. Kap. 5 § 9 IV. 2.

Schiedsgericht untersuchte somit einige der in den red flag-Listen genannten Indizien. Um deren Vorliegen anzunehmen, fehlten jedoch stichhaltige Anhaltspunkte in Urkunden oder eindeutige Bestätigungen durch Zeugen.

Wird im Rahmen der Beweiserhebung ein Berater- oder Vermittlervertrag untersucht, kann die Rolle des Vermittlers gewöhnlich nur anhand von Indizien ermittelt werden. Die Fachkenntnis und die tatsächlich vorgenommenen Tätigkeiten eines Vermittlers sollten dabei berücksichtigt werden und die Erlangung von Informationen hierüber wird in der Regel auch für das Schiedsgericht möglich sein. Werden keine Nachweise über die Tätigkeit vorgelegt, können auch daraus entsprechende Schlussfolgerungen gezogen werden.[609] Die Schiedsgerichte sollten jedoch nicht bei der Untersuchung der Rolle des Vermittlers verbleiben, sondern zumindest auch die Höhe von gezahlten Gebühren mit einbeziehen.

### *b) ICC 16090*

Die Probleme des Schiedsgerichts bei der Führung eines Indizienbeweises lassen sich auch an der Entscheidung ICC Schiedsspruch Nr. 16090 nachvollziehen.[610] Auch in dieser Entscheidung erhob die beklagte Partei Korruptionsvorwürfe gegenüber einem Berater, der die Zahlung der vereinbarten Kommission einforderte und rief das Schiedsgericht zur Erklärung der Nichtigkeit des Vertrages auf.[611] Der Prozentsatz der Kommission lag bei 2 % und damit im Bereich des Üblichen. Der Kläger weigerte sich, Dokumente zur Entlastung vorzulegen und berief sich dabei auf die Vertraulichkeit der Dokumente aus steuerlichen Gründen, was aus Sicht des Schiedsgerichts einen legitimen Grund darstellte.[612] Auch dass die Zahlung der Kommission auf ein schweizerisches Bankkonto erfolgte, sah das Schiedsgericht als nicht bedeutsam an.[613] Tatsächlich kann es für die Nutzung eines ausländischen Geschäftskontos wohl andere Gründe geben.

Trotz der wenigen veröffentlichten Informationen zu dieser Entscheidung wird deutlich, dass ohne feste Anhaltspunkte wie eine ungewöhnlich hohe Kommission oder einen Urkundenbeweis vom Schiedsgericht kaum eine

---

609 *Sayed*, Corruption in International Trade and Commercial Arbitration, S. 129 mit Verweis auf die Entscheidungen ICC Schiedsspruch Nr. 8891 und die Hilmarton Entscheidung.

610 ICC Schiedsspruch Nr. 16090 (2016), ICC Dispute Res. Bull. 2016 No. 1, 147.

611 ICC Schiedsspruch Nr. 16090 (2016), ICC Dispute Res. Bull. 2016 No. 1, 147; *Betz*, Proving Bribery, Fraud and Money Laundering in International Abritration, S. 225.

612 ICC Schiedsspruch Nr. 16090 (2016), ICC Dispute Res. Bull. 2016 No. 1, 147 Rn. 304.

613 Die Nutzung eines ausländischen Kontos wurde bereits in der Westman Entscheidung für irrelevant erachtet: ICC Schiedsspruch Westman, Rev. Arb. 1994, 359 (367).

Aussage dazu getroffen werden kann, ob ein Korruptionssachverhalt vorliegt oder nicht.[614] Deutlich wird auch, dass das Schiedsgericht keine Möglichkeit hat, Urkunden zu erhalten, wenn die Parteien sich weigern, solche vorzulegen. Anhaltspunkte wie ein ausländisches Geschäftskonto, die Aussage einer Partei und die Üblichkeit von Korruption in einem Staat, vermögen kein abschließendes Urteil begründen. Die Entscheidung verdeutlicht auch ein weiteres Mal, dass das Schiedsgericht weitgehend auf das Vorbringen der Parteien beschränkt ist und der Nachweis von Korruption das Schiedsgericht, wenn keine der Parteien Dokumente mit stichhaltigen Anhaltpunkten beibringt, vor erhebliche Schwierigkeiten stellt.

#### *c) ICC 13914*

In der Entscheidung des Schiedsgerichts im ICC Schiedsspruch Nr. 13914[615] mit Sitz in London konnte die Korruption dagegen unter Anwendung der Kriterien der red flag Listen nachgewiesen werden. Bei dem Kläger handelte es sich um einen Berater, der das beklagte Unternehmen aus den USA bei einem Projekt zur Ölgewinnung in einem afrikanischen Staat unterstützen sollte. Der Kläger arbeitete bereits mehrere Jahre mit dem und für den betreffenden Staat. Die Beklagte machte vor dem Schiedsgericht geltend, dass der Kläger die Amtsträger eines staatlichen Unternehmens mit einem Teil der an ihn gezahlten Kommission bestochen habe.[616] Anwendbar waren das Recht des Staates Texas und der Foreign Corrupt Practices Act.

Zur Beweisaufnahme berief sich das Schiedsgericht ausdrücklich auf die von der amerikanischen Regierung herausgegebene red flag Liste und stellte fest, dass eine Vielzahl der genannten Kriterien erfüllt waren. In dem Staat, in dem der Berater tätig wurde, sei Korruption üblich.[617] Zudem wurde eine unangemessen hohe Kommission gezahlt, trotz der mangelnden Qualifikation und des vagen Auftrags des Beraters. Der Berater wurde beauftragt, „Türen zu

---

614 *Betz*, Proving Bribery, Fraud and Money Laundering in International Abritration, S. 225.

615 ICC Schiedsspruch Nr. 13914 (2013), ICC Bulletin (Supplement) 24 (2013), 77.

616 Das Schiedsgericht legte einen weiten Amtsträgerbegriff zugrunde, sodass die private Organisation der Amtsträgereigenschaft der bestochenen Personen nicht entgegenstand. Auf welche Definition das Schiedsgericht sich dabei stützt, ergibt sich aus der Entscheidung nicht eindeutig: *Letzien*, Internationale Korruption und Jurisdiktionskonflikte, S. 57 f.

617 Das Schiedsgericht berief sich auf den Transparency International Corruption Perceptions Index, s.o. Kap. 1 § 1 I. 2.

öffnen".[618] Letztlich sei die Tätigkeit des Beraters auch nicht hinreichend dokumentiert worden. Die Weigerung des Beraters, Dokumente zu seiner Tätigkeit vorzulegen, nahm das Schiedsgericht ebenfalls zum Anlass, die Korruption als nachgewiesen anzusehen. Eine Rechtfertigung für diese Verweigerung sei nicht dargelegt worden. In diesem Fall konnten auch Zahlungen des Beraters an die Funktionäre des staatlichen Unternehmens nachgewiesen werden, für die es keinen anderen Anlass gab als die Bestechung zur Förderung des Projektes der Beklagten. In diesem Fall lag letztlich eine Vielzahl von Anhaltspunkten für den Nachweis von Korruption vor. Das Schiedsgericht erlangte diese auch, indem es eine Mitwirkung der anderen Partei verlangte, und bei einer Verweigerung die entsprechenden Schlüsse zog.[619] Die red flag Listen konnten dem Schiedsgericht eine Hilfe zur strukturierten Beweiserhebung sein und gegebenenfalls auch zu einer größeren Einheitlichkeit in der schiedsgerichtlichen Praxis führen.

## VII. Fazit

Ein Nachweis von Korruption durch direkte Beweise wird regelmäßig nicht zu erbringen sein. Bei der Sammlung von Indizien bietet sich eine Orientierung an den red flag Listen durchaus an. Dass die dort genannten Umstände keine starren Kriterien darstellen dürfen, spricht nicht gegen ihre grundsätzliche Eignung. Umstände des Einzelfalls müssen und können vom Schiedsgericht berücksichtigt werden. Um die Rolle eines Vermittlers zu bestimmen, sollte das Schiedsgericht Unterlagen anfordern und bei der Weigerung der Partei, diese vorzulegen, einen Nachweis über die Gründe verlangen oder andernfalls für die Partei nachteilige Schlüsse ziehen. Das bloße Berufen auf Vertraulichkeit darf nicht ausreichen. Ein Korruptionsverdacht muss ernsthaft verfolgt und darf nicht zu bereitwillig verworfen werden. Dies darf nicht dazu führen, dass jegliche denkbaren Anstrengungen unternommen werden, insbesondere wenn es um die Vernehmung von Zeugen im Ausland geht. Dennoch muss berücksichtigt werden, dass gerade die Tatsachenfeststellungen des Schiedsgerichts oftmals keiner Überprüfung durch die staatlichen Gerichte mehr unterliegen.[620] Durch eine unzureichende Beweisaufnahme können Korruptionssachverhalte daher vollkommen unberücksichtigt bleiben. Es wird somit wohl weiterhin regelmäßig

618 „open doors": ICC Schiedsspruch Nr. 13914 (2013), ICC Bulletin (Supplement) 24 (2013), 77.

619 ICC Schiedsspruch Nr. 13914 (2013), ICC Bulletin (Supplement) 24 (2013), 77.

620 S.u. Kap. 5 § 9 III. 2.

Fälle geben, in denen Korruptionsvorwürfe trotz verbleibender berechtigter Zweifel abgelehnt werden müssen.

## § 6 Vom Schiedsgericht anzuwendendes materielles Recht

Im Rahmen des anwendbaren Rechts ist zunächst darzustellen, welches Vertragsrecht das Schiedsgericht anzuwenden hat (I.). Im Folgenden ist zu untersuchen, welches Strafrecht angewandt werden sollte und inwieweit das anwendbare materielle Recht von Eingriffsnormen verdrängt wird (II.).

Es stellt sich die Frage, welche Grenzen für die Rechtswahlfreiheit der Parteien bestehen, die sich aus dem öffentlichen Interesse an der Korruptionsbekämpfung sowie aus der Schutzwürdigkeit der Geschädigten ergeben können. Auch die Anwendbarkeit der Rom I-VO auf das Schiedsverfahrensrecht im Rahmen der Sonderanknüpfung von Eingriffsnormen ist zu diskutieren.[621]

### I. Anzuwendendes Vertragsrecht

#### *1. Rechtswahl der Parteien*

Für das anzuwendende Recht im Schiedsverfahren sehen die nationalen Rechtsordnungen vor, dass es auf die Rechtswahl der Parteien ankommt und, soweit eine solche nicht erfolgt ist, das Schiedsgericht nach seinem Ermessen entscheidet, welches Recht es anwendet, § 1051 ZPO, Art. 1511 CPC.[622] Dem weitgehend entsprechende Regelungen finden sich in Art. 28 UNCITRAL-MG, Art. 24 DIS-Schiedsordnung und Art. 21 ICC-Schiedsordnung.[623]

Die Wahl einer neutralen Rechtsordnung ist ohne weiteres möglich und wird regelmäßig mit der Wahl eines neutralen Schiedsortes verbunden.[624] Auch im Rahmen des anwendbaren Rechts sind der Parteiautonomie Grenzen gesetzt. Diese können sich insbesondere aus dem ordre public oder der Anwendung zwingender Vorschriften als Eingriffsnormen ergeben und sollen in erster Linie die Souveränität der Staaten, die eine Verbindung zu dem Rechtsstreit aufweisen,

---

621 *Hausmann* in: Reithmann/Martiny, Internationales Vertragsrecht, Rn. 7.438.; MüKoZPO/*Münch*, § 1051 Rn. 9.

622 Zu den Unterschieden zwischen der deutschen und der französischen Regelung sowie den Schiedsordnungen: s.u. Kap. 3 § 6 I. 2.

623 Vgl. *Hausmann* in: Reithmann/Martiny, Internationales Vertragsrecht, Rn. 7.447.; MüKoZPO/*Münch*, § 1051 Rn. 9.

624 *Born*, International Commercial Arbitration, § 19.03[D][3][e].

sowie die Vollstreckbarkeit des Schiedsspruches gewährleisten.[625] Zu beachten ist aber, dass im Schiedsverfahrensrecht die „Abwahl" eines bestimmten Rechts, auch wenn dieses als einziges im Zusammenhang mit dem Schiedsverfahren steht, grundsätzlich auch zur Unanwendbarkeit der zwingenden Normen führt.[626] Es muss ein besonderes Interesse eines Staates bestehen, welches die Anwendbarkeit dessen zwingender Normen rechtfertigt. Eine nicht an den Korruptionshandlungen beteiligte Partei kann sich somit nur auf die Geltung spezieller Vorschriften zur Korruptionsbekämpfung berufen, wenn sich deren Anwendbarkeit als Eingriffsnorm ergibt.

### *2. Bestimmung des anzuwendenden Rechts durch das Schiedsgericht*

Haben die Parteien keine Rechtswahl getroffen, entscheidet das Schiedsgericht nach § 1051 ZPO, Art. 1511 CPC nach seinem Ermessen darüber, welches Recht zur Anwendung kommt.

Eine Bindung an andere Vorschriften des internationalen Privatrechts, insbesondere die Rom-Verordnungen, ist dabei grundsätzlich nicht vorgesehen.[627] Es bietet sich für eine sachgemäße Lösung allerdings durchaus an, auf die Vorschriften des internationalen Privatrechts zurückzugreifen, in welchem insbesondere in Art. 3 Rom I-VO ebenfalls die Rechtswahl der Parteien vorgesehen ist.[628] Vielfach wird darauf abgestellt, dass unter mehreren in Betracht kommenden Rechtsordnungen diejenige zu wählen ist, welche die Wirksamkeit des Vertrages unberührt lässt. Dies gelte insbesondere deshalb, weil davon auszugehen sei, dass es dem mutmaßlichen Willen der Parteien entspricht, kein Recht zu wählen, welches zur Unwirksamkeit des Vertrages führt.[629] In Fällen, in denen die die Nichtigkeit begründenden Normen als Eingriffsnormen anzuwenden sind, soll dies dagegen nicht gelten.[630] Auch in Fällen, in denen alle in Betracht kommenden Rechtsordnungen die Nichtigkeitsfolge vorsehen - was in

---

625 *Balthasar* in: Balthasar, International Commercial Arbitration, § 9 Rn. 71; *Beulker*, Die Eingriffsnormenproblematik in internationalen Schiedsverfahren, S. 48 ff.

626 BeckOK-ZPO/*Vorwerk*/*Wolf*, § 1051 Rn. 23.

627 *Martiny* in: FS Schütze (1999) 529 (533 ff.) zum alten Recht; ausf. zum Verhältnis der Rom-VOen zum Schiedsverfahrensrecht: s.u. Kap. 3 § 6 II. 3. a) und c).

628 *Schmidt-Ahrendts*/*Höttler*, SchiedsVZ 2011, 267; so auch vorgesehen in Art. 28 (2) UNCITRAL-MG.

629 *Sayed*, Corruption in International Trade and Commercial Arbitration, S. 185.

630 *Sayed*, Corruption in International Trade and Commercial Arbitration, S. 185.

Korruptionsfällen durchaus denkbar ist - kommt dieser Auslegungsregel keine Bedeutung zu.

### *a) Deutschland*

Das Schiedsgericht hat sich nach deutschem Schiedsverfahrensrecht gemäß § 1051 ZPO danach zu richten, welches Recht die engste Verbindung zu dem Rechtsstreit aufweist, um so zu einem sachgemäßen und dem Parteiinteresse entsprechenden Ergebnis zu gelangen. Das deutsche Schiedsverfahrensrecht lässt in § 1051 ZPO lediglich die Anwendung einer Gesamtrechtsordnung zu in Abweichung von den DIS- und ICC- Schiedsordnungen[631] und dem UNCITRAL-MG, um die Parteien vor einer überraschenden Entscheidung des Schiedsgerichts zu schützen.[632]

### *b) Frankreich*

Auch das französische Schiedsverfahrensrecht sieht eine flexiblere Lösung vor, Art. 1511 CPC, und räumt dem Schiedsgericht einen größeren Spielraum bei der Bestimmung des anwendbaren Rechts ein. Zunächst besteht im französischen Schiedsverfahrensrecht keine Beschränkung auf das Recht mit der engsten Verbindung zu dem Rechtsstreit, sondern das Schiedsgericht kann das Recht anwenden, welches es für sachgemäß erachtet. Mit der Formulierung „*les règles* de droit" wird außerdem klargestellt, dass auf einzelne Bestimmungen von Rechtsordnungen zurückgegriffen werden kann und das Schiedsgericht seine Entscheidung auch auf Handelsbräuche stützen sowie *ex aequo et bono* entscheiden kann.[633]

---

631 Art. 24 Abs. 2 DIS-SchO „Rechtsregeln", in der DIS SchO 2018 wurde außerdem auf das Kriterium der engsten Verbindung zum Rechtsstreit verzichtet, um eine flexible Handhabung des Schiedsgerichts zu ermöglichen; Art. 21 ICC-SchO.

632 Von *Schmidt-Ahrendts/Höttler*, SchiedsVZ 2011, 267 als Abweichung vom UNCITRAL-MG eingeordnet; auch dieses lässt aber in Art. 28 Abs. 2 nur die Anwendung einer Gesamtrechtsordnung zu; Übersicht in: *Poudret/Besson*, Comparative Law of international Arbitration, Rn. Rn. 684.

633 *Balthasar/Ziadé* in: Balthasar, International Commercial Arbitration, § 9 Rn. 72; *Lionnet/Lionnet*, Handbuch der internationalen und nationalen Schiedsgerichtsbarkeit, S. 374; die Vorhersehbarkeit der schiedsrichterlichen Entscheidung und damit grundsätzliche Anwendbarkeit einer nationalen Rechtsordnung muss aber auch im französischen Schiedsverfahrensrecht gewährleistet werden: *Schütze*, Ausgewählte Probleme des deutschen und internationalen Schiedsverfahrensrechts, S. 118 ff.

Es steht dabei auch im Ermessen des Schiedsgerichts, die zwingenden Regelungen und den ordre public anzuwenden, die es für relevant hält.[634] Das Europäisches Übereinkommen über die internationale Handelsschiedsgerichtsbarkeit (EuÜ)[635] geht davon aus, dass durch das Schiedsgericht zunächst das anzuwendende Kollisionsrecht zu bestimmen ist, Art. VII Abs. 1 S. 2 EuÜ, ohne jedoch eine Anknüpfungsmethode vorzugeben und daraus dann das anzuwendende Sachrecht zu bestimmen.[636]

## II. Anzuwendendes Strafrecht

Bei der Entscheidung des Schiedsgerichts darüber, ob Korruption vorliegt und welche Konsequenzen sich daraus ergeben, kann von Bedeutung sein, ob das Verhalten der Parteien einen Verstoß gegen Strafgesetze darstellt.[637] Zu untersuchen ist daher, welche strafrechtlichen Normen das Schiedsgericht hierbei anzuwenden hat.

In Betracht kommt das Strafrecht des Staates, dessen Vertragsrecht anwendbar ist. Darüber hinaus kann sich die Anwendung der *lex loci arbitri* über die Berücksichtigung des ordre public oder im Wege einer Sonderanknüpfung ergeben. Auch die Anwendung ausländischer strafrechtlicher Vorschriften kann im Wege der Sonderanknüpfung in Betracht zu ziehen sein.

### 1. *Anwendung der strafrechtlichen Normen des von den Parteien gewählten materiellen Rechts*

Grundsätzlich ist davon auszugehen, dass das auf den Vertrag anwendbare materielle Recht auch die anwendbaren strafrechtlichen Normen vorgibt. Der Theorie, welche dem internationalen Privatrecht lediglich das anwendbare Privatrecht entnimmt,[638] ist nicht zu folgen.[639] Auch eine Beschränkung der Anwendung des § 1501 ZPO auf vertragliche Beziehungen ist nicht anzunehmen.[640] Strafrechtliche Vorschriften werden von den Schiedsgerichten regelmäßig als Teil

634 *Sayed*, Corruption in international Trade and Commercial Arbitration, S. 163.

635 Genfer Europäisches Übereinkommen über die internationale Handelsschiedsgerichtsbarkeit vom 21. April 1961, BGBl. II 1964, 107.

636 *Martiny* in: FS Schütze (1999) 529 (532).

637 S.u. Kap. 4 § 7 I.

638 *Czernich*, RIW 2016, 701 f.

639 *Lalive*, ICCA Congress Series 1986, 258 Rn. 19.

640 So aber wohl: *Beulker*, Die Eingriffsnormenproblematik in internationalen Schiedsverfahren, S. 210.

des gewählten nationalen materiellen Rechts eingestuft, § 1051 ZPO, Art. 1511 CPC.[641] Eine Anwendung des von den Parteien gewählten materiellen Rechts würde zumindest eine einheitlich anzuwendende Rechtsordnung herbeiführen. Dies entspricht auch den Vorgaben des deutschen Schiedsverfahrensrechts, die Wahl einer Gesamtrechtsordnung anzunehmen. Allerdings handelt es sich bei strafrechtlichen Vorschriften typischerweise um zwingende Regelungen, die von dem betreffenden Staat, unabhängig von jeglichem Parteiwillen, durchgesetzt werden, sodass auch eine Bestimmung des Strafrechts anhand der Regelungen des internationalen Privatrechts in Betracht kommt.

Es steht den Parteien zwar frei, nur Teile der gewählten Rechtsordnung zur Anwendung kommen zu lassen.[642] Wird das Recht eines Staates als anwendbares Recht vereinbart, sind grundsätzlich aber auch deren strafrechtliche Normen umfasst. Wenn die Parteien lediglich die Vorschriften über das anzuwendende Vertragsrecht vereinbaren und die strafrechtlichen Vorschriften nicht in ihre Parteivereinbarung einbeziehen, müssen die entstehenden Lücken durch eine Entscheidung des Schiedsgerichts – entsprechend dem Fall, dass keine Parteivereinbarung vorliegt – geschlossen werden. Darüber hinaus entfalten die als Eingriffsnormen anzuwendenden Regelungen Wirkung.

Ob die Parteien eine Gesamtrechtsordnung wählen oder nur bestimmte Vorschriften zur Anwendung kommen lassen wollen, ist durch Auslegung zu ermitteln. Es wird vereinzelt davon ausgegangen, dass insbesondere bei der Wahl einer neutralen Rechtsordnung regelmäßig eine Beschränkung auf bestimmte Rechtsnormen anzunehmen ist, da die Regelungen, auf welche die Parteien sich beziehen, nur die des Vertragsrechts sind und Regeln des öffentlichen Rechts oder des Strafrechts von den Parteien nicht bedacht werden.[643] Des Weiteren entspreche es in der Regel nicht dem mutmaßlichen Parteiwillen, strafrechtliche Normen eines Staates anzuwenden, die zur Nichtigkeit des Vertrages führen.[644] An der Zulässigkeit der Wahl einer neutralen Rechtsordnung oder den Regeln

---

641 Hilmarton Entscheidung (ICC Schiedsspruch Nr. 5622), YbCA 1996, 524; ICC Schiedsspruch Nr. 13384 (2013), ICC Bulletin (Supplement) 24 (2013), 62 Rn. 64; zu den Einzelheiten der schiedsrichterlichen Entscheidungen: siehe sogleich Kap. 3 § 6 II. 2.

642 *Betz*, ASA Bull. 2017, 281; *Moreau/Glucksmann/Feng*, Arbitrage international, Rn. 352 zur Berücksichtigung des mutmaßlichen Parteiwillens.

643 *Czernick*, RIW 2016, 701 (703).

644 *Moreau/Glucksmann/Feng*, Arbitrage international, Rn. 352 f.; *Czernick*, RIW 2016, 701 (703).

einer solchen bestehen heute keine Zweifel mehr.[645] Es kann dem Parteiinteresse entsprechen, Streitigkeiten aus einem Vertrag nach Regeln entscheiden zu lassen, die in keiner Verbindung zu dem Vertrag stehen. Vereinbaren die Parteien allerdings eine Gesamtrechtsordnung ohne Einbeziehung oder Ausschluss bestimmter Teile, ist nicht ersichtlich, warum die zwingenden Normen dieser Rechtsordnung nicht umfasst sein sollen.[646] Es ist anerkannt, dass die Abwahl einer bestimmten Rechtsordnung auch die Abwahl ihrer zwingenden Regelungen bedeutet.[647] Ebenso umfasst die Wahl einer Rechtsordnung grundsätzlich auch ihre strafrechtlichen Normen. Nur bei eindeutigen Anhaltspunkten in der Parteivereinbarung, dass lediglich die Vorschriften des Vertragsrechts der gewählten Rechtsordnung zur Anwendung kommen sollen, sollte das Schiedsgericht das anzuwendende Strafrecht nach seinem Ermessen bestimmen. Zu klären ist dann, ob darüber hinaus die zwingenden Regeln einer anderen Rechtsordnung ihre Anwendung im Wege einer Sonderanknüpfung beanspruchen.

### 2. *Schiedsgerichtliche Praxis*

In der Entscheidung ICC 13384[648] wurde von den Parteien eine vage Rechtswahlvereinbarung getroffen.[649] Das Schiedsgericht ging davon aus, dass die Parteien neben dem neutralen Schiedsort Frankreich auch französisches materielles Recht vereinbaren wollten. Es stützte sich dabei auch auf die Heranziehung französischer Rechtsprechung und Literatur durch den Kläger während des Verfahrens, welche von der beklagten Partei nicht gerügt wurde. Das Schiedsgericht zog im Rahmen der Untersuchung der Nichtigkeit des Vertrags somit zunächst die Vorschriften des französischen Code Pénal heran, wandte im Folgenden jedoch auch die Strafvorschriften des Staates an, in denen die korrupten Handlungen vorgenommen worden sein sollen.[650] Das Schiedsgericht wandte damit neben

645 In der Hilmarton Entscheidung (ICC Schiedsspruch Nr. 5622), YbCA 1996, 524 schloss ein französisches Unternehmen einen Beratervertrag mit einem Unternehmen mit Sitz in Großbritannien über ein Tätigwerden in Algerien. Im Rahmen des Schiedsverfahrens mit Sitz in der Schweiz sollte schweizerisches Recht anwendbar sein. An der Zulässigkeit dieser Rechtswahl wurden keine Zweifel geäußert.

646 *Hwang/Lim*, Corruption in Arbitration - Law and Reality, S. 25; *Betz*, ASA Bull. 2017, 281 (285).

647 BeckOK-ZPO/*Vorwerk/Wolf*, § 1051 Rn. 6.

648 ICC Schiedsspruch Nr. 13384, ICC Bulletin (Supplement) 24 (2013), 62.

649 „Arbitration shall (...) be governed and interpreted with the laws of France“.

650 ICC Schiedsspruch Nr. 13384, ICC Bulletin (Supplement) 24 (2013), 62.

den Strafvorschriften des gewählten materiellen Rechts ausländische Strafvorschriften als Eingriffsnormen an. Eine Herleitung der Anwendung der zwingenden ausländischen Normen lässt sich der Entscheidung nicht entnehmen.

In der Entscheidung ICC Case No. 13384 wandte das Schiedsgericht französisches Recht an und begründete dies mit der Rechtswahl der Parteien und dem damit anwendbaren materiellen Recht. Außerdem ging es auf die internationalen Konventionen und Regelungswerke internationaler Organisation zur Bekämpfung von Korruption ein (UN, UNCITRAL, OECD, European Union)[651] und darauf, dass Frankreich die Vorgaben dieser Konventionen in sein nationales Recht umgesetzt habe. Auch in der Entscheidung Gulf Leaders v. CFF stellte das Schiedsgericht neben den Art. 445-1 und 445-2 Code Pénal francais auf die Regelungen der OECD-Konvention zur Bekämpfung der Korruption ab. Auf diese Weise stellte das Schiedsgericht sicher, dass auch die internationalen Vorgaben durch die Entscheidung des Schiedsgerichts gewahrt werden. Das Schiedsgericht stellt somit - soweit absehbar - die internationale Vollstreckbarkeit des Schiedsspruches sicher. Auf die Anwendbarkeit ausländischer Eingriffsnormen ging das Schiedsgericht in seiner Entscheidung nicht ein.

Grundsätzlich kann auch ausschließlich auf das Völkerrecht abgestellt werden, allerdings wohl nur, wenn dies von den Parteien auch vereinbart wurde und die Vorgaben der anzuwendenden völkerrechtlichen Vorschriften konkret genug sind. Im Rahmen der Korruptionsbekämpfung kommt der Anwendung völkerrechtlicher Vorschriften durch die Umsetzung internationaler Konventionen in nationales Recht in nahezu allen Staaten in der Regel kaum eine eigenständige Bedeutung zu.[652] Die Berücksichtigung eines Verstoßes gegen international Wirkung entfaltende Konventionen neben den anwendbaren strafrechtlichen Vorschriften erscheint jedoch sachgemäß.

### 3. *Anzuwendende Eingriffsnormen*

Abweichend von dem durch das Schiedsgericht bestimmten anwendbaren materiellen Recht sind gegebenenfalls zwingende Eingriffsnormen (*lois de police*) anderer Rechtsordnungen anzuwenden, welche durch eine Sonderanknüpfung die zwingenden Normen des anzuwendenden Vertragsrechts verdrängen.

---

651 ICC Schiedsspruch Nr. 13384, ICC Bulletin (Supplement) 24 (2013), 62 Rn. 64.
652 *Betz*, ASA Bull. 2017, 281.

*a) Vorschriften zur Korruptionsbekämpfung als Eingriffsnormen*

Zur Qualifikation einer Vorschrift als Eingriffsnorm werden unterschiedliche Theorien vertreten.[653] Vorzugswürdig ist die Bestimmung anhand einer materiell-rechtlichen Bestimmung.[654] Art. 9 Abs. 1 Rom I-VO definiert Eingriffsnormen als „zwingende Vorschrift, deren Einhaltung von einem Staat als so entscheidend für die Wahrung seines öffentlichen Interesses, insbesondere seiner politischen, sozialen oder wirtschaftlichen Organisation, angesehen wird, dass sie ungeachtet des nach Maßgabe dieser Verordnung auf den Vertrag anzuwendenden Rechts auf alle Sachverhalte anzuwenden ist, die in ihren Anwendungsbereich fallen." Dies entspricht der zuvor durch den BGH und in der Literatur entwickelten Definition[655] und auch der des deutschen Rechts zu Art. 34 EGBGB aF.

Ob es sich bei einer Norm um eine Eingriffsnorm handelt, ist anhand ihres Zweckes durch Auslegung zu ermitteln.[656] Bei der Einordnung von Vorschriften zum Schutz von Individualinteressen (Arbeitnehmer- oder Verbraucherschutzvorschriften) kann die Einordnung als Eingriffsnorm aufgrund des Schutzes privater Interessen der Parteien problematisch sein.[657] Bei Strafvorschriften zur Korruptionsbekämpfung stellt sich dieses Abgrenzungsproblem nicht.[658] Sie sichern die Integrität des Staates sowie den Wettbewerb,[659] sodass vorrangig Staatsinteressen unabhängig von dem konkreten Rechtsverhältnis geschützt

653 MüKoBGB/*Martiny*, Art. 9 Rom I-VO Rn. 12 ff. nennt fünf Ansätze zur Bestimmung zwingend anzuwendender Eingriffsnormen.

654 BAG Urt. 12.12.2001, IPRax 2003, 258; *Zwickel* in: Martiny/Reithmann, Internationales Vertragsrecht, Rn. 5.18; *Beulker*, Die Eingriffsnormenproblematik im internationalen Schiedsverfahren, S. 29.

655 *Zwickel* in: Reithmann/Martiny, Internationales Vertragsrecht, Rn. 5.15; *Beulker*, Die Eingriffsnormenproblematik in internationalen Schiedsverfahren, S. 29.

656 MüKoBGB/*Martiny*, Art. 9 Rom I-VO Rn. 13; *Beulker*, Die Eingriffsnormenproblematik im internationalen Schiedsverfahren, S. 24.

657 *Beulker*, Die Eingriffsnormenproblematik im internationalen Schiedsverfahren, S. 26 zu der damit einhergehenden früher vorgenommenen Praxis die Bestimmung von Eingriffsnormen anhand einer Abgrenzung von Privatrecht zu öffentlichem Recht vorzunehmen.

658 *Kalin*, Verhaltensnorm und Kollisionsrecht, S. 176 ordnet Strafvorschriften zur Korruptionsbekämpfung als Verhaltensnormen ein, die immer auch als Eingriffsnormen zu qualifizieren seien.

659 S. zu den Schutzzwecken der strafrechtlichen Normen zur Sanktionierung von Korruption oben Kap. 1 § 1 II. 1.

werden. Grundsätzlich kann sich dies auch aus den völkerrechtlichen Übereinkommen zur Korruptionsbekämpfung ergeben, durch Ratifikation und Umsetzung entstehen jedoch bereits nationale Eingriffsnormen, sodass es in der Regel keines Rückgriffs auf das Völkerrecht bedarf.[660] Bei Vorschriften zur Bekämpfung von Korruption sowohl im Amt als auch in der Privatwirtschaft handelt es sich um Eingriffsnormen. Ihr Charakter als solche lässt sich auf das öffentliche Interesse an ihrer Umsetzung zurückführen. Der Schutz privater Vermögensinteressen begründet dagegen nicht ohne weiteres die Einordnung einer Vorschrift als Eingriffsnorm.

Teilweise werden als Eingriffsnormen auch Vorschriften aufgefasst, welche die Vermittlertätigkeit an sich verbieten.[661] Auch bei diesen handelt es sich um Vorschriften des öffentlichen Rechts, die dem Interesse des erlassenden Staates dienen sollen. Zwar kann der internationale Geltungsanspruch der Vorschriften in Frage gestellt werden mit der Begründung, dass die Einschaltung eines Vermittlers oder Beraters bei der Durchführung von Projekten im Ausland eine legitime Praxis darstellt. Besteht jedoch eine enge Verbindung des Sachverhaltes zur Rechtsordnung eines Staates, in welchem Vermittlertätigkeiten verboten sind, ist davon auszugehen, dass diese Normen gerade auch in Fällen mit Auslandsberührung Berücksichtigung finden sollen. Durch Vorschriften, die den Wettbewerb regeln, wird das Funktionieren des Wirtschaftssystems eines Staates sichergestellt.[662] Das Schiedsgericht ging in der Hilmarton Entscheidung vor allem darauf ein, dass auch im schweizerischen Recht Bestrebungen zur Korruptionsbekämpfung zu erkennen seien und zwingende Vorschriften des Wirtschaftsrechts zur Bekämpfung von Korruption die Sittenwidrigkeit eines Vertrages nach schweizerischem Recht begründen könnten.[663] Das staatliche Gericht in der Schweiz sah die Anwendung algerischen Wirtschaftsrechts dagegen als Aufhebungsgrund an.[664] Der Abschluss eines Vermittlervertrages an sich verstoße nicht gegen die guten Sitten und auch eine Verbindung des Sachverhalts zum algerischen Wirtschaftsrecht könne die Unwirksamkeit des Vertrages nicht begründen. Anders wäre zu entscheiden, wenn sich die Unwirksamkeit des Vertrages aus einem Verstoß gegen Korruptionsvorschriften ergeben würde,

---

660 *Zwickel* in: Reithmann/Martiny, Internationales Vertragsrecht, Rn. 5.14 f.; *Balthasar* in: Balthasar, International Commercial Arbitration, § 1 Rn. 66.

661 Hilmarton Entscheidung (ICC Schiedsspruch Nr. 5622), YbCA 1996, 524.

662 MüKoBGB/*Martiny*, Art. 9 Rom I-VO Rn. 72.

663 Hilmarton Entscheidung (ICC Schiedsspruch Nr. 5622), YbCA 1996, 524.

664 Schweizerisches Bundesgericht, 17. 4. 1990, Rev. Arb. 1993, 315.

welche Teil des internationalen ordre public seien und damit einen Verstoß gegen die guten Sitten nach dem anwendbaren schweizerischen Recht begründen würden.[665]

### *b) Berücksichtigung des ordre public*

Als Grenze der Parteiautonomie ist auch im Rahmen des anwendbaren Rechts zunächst der ordre public zu beachten,[666] sodass eine Anwendung von zwingenden Normen durch das Schiedsgericht sich bereits aus diesem ergibt. Grundsätzlich korrigiert der ordre public das Ergebnis der Nichtberücksichtigung von zwingenden Normen eines Schiedsverfahrens nachträglich.[667] Eingriffsnormen dagegen verdrängen von vorneherein die Anwendung der *lex contractus* im Wege der Sonderanknüpfung.[668] Durch die Pflicht des Erlasses einer vollstreckbaren Entscheidung sind die Grenzen des ordre public aber bereits während des Verfahrens zu beachten.[669]

Nach dieser Lösung wird vereinzelt eine Verbindung der Rechtsordnung, aus der sich die zwingenden Vorschriften ergeben, mit dem Rechtsstreit gefordert.[670] Nur in diesen Fällen erfasse der ordre public eines Staates auch ausländische Eingriffsnormen.[671] Das Schiedsgericht hat dafür zu sorgen, dass der Schiedsspruch von dem Staat, in dem er erlassen wird, nicht aufgehoben wird. Die vom

---

665 Hilmarton Entscheidung (ICC Schiedsspruch Nr. 5622), YbCA 1996, 524; so auch: *Horn*, SchiedsVZ 2008, 209; *Poudret/Besson*, Comparative Law of International Arbitration, Rn. 707.

666 *Born*, International Commercial Arbitration, § 19.04 [B]; *Derains*, Rev. Arb. 1986, 375; *Pörnbacher/Baur* in: FS Schütze (2014), 431 (441) zu den Zweifeln an der Anwendbarkeit des ordre public im Schiedsverfahren.

667 S.o. Kap. 1 § 2 II. 1. und 2.

668 Ausführlich zu den unterschiedlichen Funktionen und Zielrichtungen: *Beulker*, Die Eingriffsnormenproblematik in internationalen Schiedsverfahren, S. 48 ff.

669 *Moreau/Glucksmann/Feng*, Arbitrage international, Rn. 352 ff.; *Piehl*, Bestechungsgelder im internationalen Wirtschaftsverkehr, S. 121; im Ergebnis auch *Betz*, Proving Bribery, Fraud and Monaey Laundering in International Arbitration, S. 257 f., die im Schiedsverfahren nur die zwingenden Regeln der *lex arbitri* als maßgeblich erachtet, da im Anerkennungs- oder Vollstreckungsverfahren aber die Feststellungen des Schiedsgerichts nur begrenzt überprüft werden (insbesondere vor den staatlichen Gerichten der Schweiz), müsse aber bereits im Schiedsverfahren auf eine Verletzung von ordre public relevanten Normen eingegangen werden.

670 *Balthasar* in: Balthasar, International Commercial Arbitration, § 9 Rn. 71.

671 *Balthasar* in: Balthasar, International Commercial Arbitration, § 9 Rn. 71; Zöller-ZPO/*Geimer*, § 1051 Rn. 4.

ordre public erfassten Normen des Staates, in dem das Schiedsgericht seinen Sitz hat, sind somit anzuwenden.[672] Eine Berücksichtigung sämtlicher Rechtsordnungen von Staaten, in denen eine Vollstreckung des Schiedsspruches in Betracht kommt, kann selbstverständlich nicht vorgenommen werden. Um den Tendenzen der Internationalisierung des Schiedsverfahrens Rechnung zu tragen, wird auch bei der Berücksichtigung zwingender Normen auf den transnationalen ordre public abgestellt.[673] Das Schiedsgericht habe damit nicht eine enge Kontrolle wie staatliche Gerichte anhand eines nationalen ordre public, sondern lediglich eine Ergebniskontrolle dahingehend vorzunehmen, ob international anerkannte Rechtsgrundsätze beachtet wurden.[674]

Wie bereits festgestellt, sind auch die Vorschriften internationaler Konventionen Bestandteil des internationalen ordre public.[675] Durch die Ratifikation der Konventionen haben die Staaten sich gegenseitig verpflichtet, für die Korruptionsbekämpfung einzustehen.[676] Kommen also nicht die durch die Umsetzung der Konventionen und diesen in den Anforderungen entsprechenden nationalen Strafvorschriften zur Anwendung, müssen die Vorschriften des Völkerrechts im Schiedsverfahren angewandt werden, soweit ihre Vorgaben konkret genug sind.[677]

Vielfach wird die Bestimmung der zwingenden Normen im Schiedsverfahren ausschließlich aus ihrer ordre public Relevanz hergeleitet und eine Anwendung oder Berücksichtigung von Eingriffsnormen darüber hinaus, insbesondere durch eine Orientierung an den Regelungen des internationalen Privatrechts, gänzlich abgelehnt worden.[678] Grundsätzlich bestehen autonome und abschließende Regelungen zur Bestimmung des anwendbaren Rechts; im deutschen Recht mit § 1051 ZPO, im französischen mit Art. 1511 FCPC. Darüber hinaus

---

672 So auch: *Poudret/Besson*, Comparative Law of International Arbitration, Rn. 706; bestritten aufgrund der Unabhängigkeit des Schiedsgerichts von jeglicher Rechtsordnung: *Bucher*, Die neue internationale Schiedsgerichtsbarkeit in der Schweiz, S. 89 ff., der auch auf den Verlust der staatlichen Vollstreckungshilfe verweist, wenn ein Vertrag als völkerrechtlich eingeordnet wird, S. 104.

673 *Horn*, SchiedsVZ 2008, 209 (213).

674 *Horn*, SchiedsVZ 2008, 209 (213).

675 S.o. Kap. 1 § 2 II. 3. d).

676 Vgl. *Lalive*, ICCA Congress Series 1986, 259 Rn. 30 ff.

677 Als möglich, aber wohl nicht zwingend angesehen von: *Betz*, Proving Bribery, Fraud and Money Laundering in International Arbitration, S. 257.

678 *Pörnbacher/Baur* in: FS Schütze (2015), 431 (446); *Sayed*, Corruption in International Trade and Commercial Arbitration, S. 264.

dürfe die Vereinbarung der Parteien nicht übergangen werden.[679] Der ordre public sei als einzige Grenze der Privatautonomie anzuerkennen.[680]

### c) *Berücksichtigung von Eingriffsnormen über die Anwendung des Art. 9 Rom I-VO*

Die Anwendbarkeit zwingender ausländischer Rechtsnormen anderer Staaten im Schiedsverfahren wird bisweilen aus Art. 9 Rom I-VO hergeleitet, sodass neben dem anwendbaren Recht die Eingriffsnormen der Staaten zur Anwendung kommen, die eine Verbindung mit dem Rechtsstreit aufweisen. Die Ansichten zum Verhältnis der Rom I-VO zu den schiedsgerichtlichen Kollisionsnormen sind zahlreich[681] und reichen von der Annahme einer unmittelbaren Geltung der Rom-VOen und der damit einhergehenden Verdrängung nationaler schiedsgerichtlicher Kollisionsnormen[682] über die mittelbare Berücksichtigung zwingender Vorschriften[683] bis hin zur der Ansicht einer vollständigen Unanwendbarkeit von Normen des internationalen Privatrechts außerhalb der speziellen schiedsgerichtlichen Regelungen.[684]

Für die Verdrängung spezieller Kollisionsnormen der Schiedsverfahrensrechte durch die Rom I-VO wird angeführt, dass das europäische Primärrecht Vorrang gegenüber den nationalen Kollisionsnormen hat.[685] Demgegenüber wird § 1051 ZPO weitgehend als speziellere und abschließende Vorschrift verstanden und dem internationalen Schiedsrichter eine bereits im Ansatz grundverschiedene

---

679 *Sayed*, Corruption in International Trade and Commercial Arbitration, S. 264.

680 *Sayed*, Corruption in International Trade and Commercial Arbitration, S. 264.

681 *Poudret/Besson*, Comparative Law of International Arbitration, Rn. 706 ff.; *Hilbig*, Das gemeinschaftsrechtliche Kartellverbot im internationalen Handelsschiedsverfahren S. 125 f.; *Pörnbacher/Bauer* in: FS Schütze (2014), 431 (439).

682 *Mankowski* in: FS Schütze (2014), 369 (383 ff.); *ders.* RIW 2011, 30 (34f.); HK-ZPO/*Saenger*, § 1051 Rn. 2; zum Anwendungsvorrang des EU-Rechts: OLG Düsseldorf, 25.11.2013, FamRZ 2014, 583.

683 *Handorn*, Das Sonderkollisionsrecht der deutschen internationalen Schiedsgerichtsbarkeit, S. 180; *Czernich*, RIW 2016, 701 f.

684 H.M.: *Hausmann* in: Reithmann/Martiny, Internationales Vertragsrecht, Rn. 7.444 ff.; *Martiny* in: FS Schütze (1999), 529 (533); *Schlosser*, RIW 1994, 723 (727); teilweise wird sogar eine Abdingbarkeit zwingender deutscher Normen in rein innerstaatlichen Schiedsverfahren angenommen: *Balthasar/Ziadé* in: Balthasar, International Commercial Arbitration, § 9 Rn. 73; *Pfeiffer*, NJW 2012, 1169 (1171).

685 *Mankowski* in: FS Schütze (2014), 369 leitet den Vorrang aus Art. 34 EGBGB ab; HK-ZPO/*Saenger*, § 1051 Rn. 2 stellt auf die unmittelbare Geltung der Rom VOen im deutschen Recht durch Art. 288 Abs. 2 AEUV ab.

Position zugeschrieben als dem staatlichen Richter.[686] Allerdings sollte § 1051 ZPO ursprünglich einen Gleichlauf mit den Normen des internationalen Privatrechts schaffen.[687] Darüber hinaus sei der Ausschluss der Anwendbarkeit auf Schiedsvereinbarungen in Art. 1 Abs. 2 lit. e Rom I-VO so auszulegen, dass die Rom I-VO das im Schiedsverfahren anwendbare Recht nicht regeln wolle.[688] Bezüglich der Anwendbarkeit zwingender Regelungen ergibt sich aber zumindest eine vergleichbare Interessenlage. Eine Übertragung der Kriterien aus Art. 9 Rom I-VO für die Anwendbarkeit der Eingriffsnormen bietet sich zudem an, da eine weitergehende Anwendung von Eingriffsnormen durch Schiedsgerichte als durch staatliche Gerichte nicht angezeigt ist.[689] Dies reicht aber nicht aus, eine unmittelbare Geltung des europäischen Kollisionsrechtes herbeizuführen, welche die speziellen Kollisionsnormen obsolet machen würde. Zwar ist europäischen Regelungen der Vorrang vor nationalem Recht einzuräumen, allerdings nur in Bereichen, die auch von dem europäischen Recht geregelt werden sollen.

*aa) Schiedsgerichtliche Praxis*

In der Entscheidung ICC Case No. 9333 sprach das Schiedsgericht eine mögliche Anwendbarkeit von Art. 19 des schweizerischen Bundesgesetz über das Internationale Privatrecht (der Art. 9 Rom I-VO entsprechenden Norm) an, der zu einer Anwendung des amerikanischen Foreign Corrupt Practices Act als Eingriffsnorm geführt hätte, ließ die Frage aber offen, da der Anwendbarkeit des Foreign Corrupt Practices Act nach Ansicht des Schiedsgerichts bereits entgegenstand, dass keinerlei Verbindung zum amerikanischen Recht bestand. Kläger war ein Marokkaner, der die Vergütung für Beraterleistungen einforderte, und Beklagte ein französisches Tochterunternehmen eines amerikanischen Konzerns. Ein berechtigtes Interesse (Art. 19 IPRG) der USA zur Anwendung des FCPA sah das Schiedsgericht ebenfalls als nicht erwiesen an. Die weltweiten Bestrebungen zur Korruptionsbekämpfung allein rechtfertigten nach Ansicht des Schiedsgerichts keinen Export bestimmter Bekämpfungsmodelle.[690]

---

686 *Kossuth*, ICCA Congress Series 1987, 258 (270).

687 BT Drucks. 13/5274, 53, BGBl. 1997 Teil I Nr. 88, 3224; *Mankowski*, RIW 2011, 30 (31).

688 *Pfeiffer*, NJW 2012, 1169 (1171); *Hausmann* in: Reithmann/Martiny, Internationales Vertragsrecht, Rn. 7.444; *Martiny* in: FS Schütze (1999), 529 (532 f.); *Schlosser*, RIW 1994, 723 (727); *Ostendorf*, SchiedsVZ 2010, 234 dagegen: *Mankowski*, RIW 2011, 30 (31), der anführt, dass der Ausschluss sich lediglich auf das auf die Schiedsvereinbarung anwendbare Recht bezieht.

689 *Czernick*, RIW 2016, 701 f.

690 ICC Schiedsspruch Nr. 9333, ASA Bull. 2001, 757.

Eine enge Verbindung des Rechtsstreits zu dem Staat, dessen Eingriffsnormen angewandt werden sollen, wird auch nach der Rom I-VO gefordert. Dass eine der Parteien ein Tochterunternehmen eines Konzerns eines anderen Staates ist, reicht dagegen nicht aus, um die Anwendbarkeit von dessen Eingriffsnormen zu begründen. Die Interessen der USA waren von dem Rechtsstreit nicht maßgeblich betroffen und die Möglichkeit zur Anwendung ausländischer Eingriffsnormen soll keine Übertragung der strengsten Bekämpfungsmodelle bewirken, wenn ein legitimes Interesse des Staates zur Anwendung seiner Rechtsordnung nicht nachgewiesen werden kann.[691] Eine finanzielle Beteiligung eines ausländischen Unternehmens an dem Rechtsstreit, welches aber nicht Partei des Rechtsstreits oder Vertragspartei der in Rede stehenden Verträge ist, kann daher nicht ausreichen. Es ist aber davon auszugehen, dass eine Verbindung des Staates, in dem die korrupte Handlung vorgenommen wurde oder vorgenommen werden soll besteht, zu dem Rechtsstreit, in dem über die Wirksamkeit des Vertrages, der zum Zwecke dieser Korruption geschlossen wurde, besteht.

Darüber hinaus gehen Schiedsgerichte selten auf gegebenenfalls anzuwendende Eingriffsnormen ein. Dies hängt wohl vorrangig damit zusammen, dass ein Verstoß zumindest gegen Vorschriften, die Korruption im Amt verbieten, nach nahezu allen Rechtsordnungen und zudem in internationalen Konventionen verboten ist und die Nichtigkeit eines Vertrages begründen kann.[692] Zu einer Kollision unterschiedlicher Rechtsordnungen kommt es dann nicht.

Eine solche kann sich ergeben, wenn der Rechtsstreit mit einem Staat in Verbindung steht, der eine Berater- oder Vermittlertätigkeit allgemein verbietet. Die erste Entscheidung zu dem Fall Hilmarton gegen OTV eines Einzelschiedsrichters erging 1988.[693] OTV, ein französisches Unternehmen, schloss im Rahmen eines Bauprojektes in Algerien einen Beratervertrag mit Hilmarton. Die vereinbarte Kommission betrug 4 % des Preises des Bauvertrages, OTV bezahlte aber lediglich die Hälfte der vereinbarten Vergütung. Zusammen mit dem Beratervertrag schlossen die Parteien auch eine Schiedsvereinbarung ab. Vereinbart wurde die Beilegung von Streitigkeiten aus dem Vertrag durch einen Schiedsrichter mit Sitz in der Schweiz unter Geltung der ICC Verfahrensordnung. Der Schiedsrichter kam zu dem Ergebnis, dass es zu einem Verstoß gegen algerisches Recht bereits durch den Abschluss eines Vermittlervertrages gekommen war.[694] In der

691 ICC Schiedsspruch Nr. 9333, ASA Bull. 2001, 757.

692 S.u. Kap. 4 § 7 I.

693 Hilmarton Entscheidung (ICC Schiedsspruch Nr. 5622), YbCA 1996, 524.

694 Hilmarton Entscheidung (ICC Schiedsspruch Nr. 5622), YbCA 1996, 524 (529).

Hilmarton Entscheidung wandte das Schiedsgericht die algerische Vorschrift zum Verbot von Vermittlerverträgen an. Der Vertrag war schweizerischem Vertragsrecht unterstellt. Aufgrund der engen Verbindung des Sachverhalts zu Algerien (Durchführung eines Großauftrags in Algerien) sah das Schiedsgericht die Anwendung zwingenden algerischen Wirtschaftsrechts als geboten an.[695]

Außerdem sei Gegenstand des Vertrages die missbräuchliche Einflussnahme (trafic d'influence) gewesen, sodass auch ein Verstoß gegen den schweizerischen ordre public gegeben sei.[696] Der Vertrag sei somit nichtig und Hilmarton könne keine Zahlung der vereinbarten Vergütung verlangen. Hilmarton focht die Entscheidung vor den staatlichen Gerichten in der Schweiz erfolgreich an. Gleichzeitig erwirkte OTV eine erfolgreiche Vollstreckbarerklärung der Entscheidung vor den staatlichen Gerichten in Frankreich. Die französischen Gerichte sahen sich durch die Entscheidung der schweizerischen Gerichte nicht an der Vollstreckbarerklärung gehindert. Die Entscheidung des Schiedsgerichts sei eine unabhängige und eigenständige Entscheidung.

Der Fall wurde anschließend erneut vor einem Schiedsgericht entschieden und auch für diese Entscheidung wurde die Vollstreckbarerklärung in Frankreich begehrt. Die Hilmarton Entscheidung wurde besonders im Hinblick auf die in Frankreich gängige Praxis diskutiert, die Aufhebung eines Schiedsspruches im Erlassstaat nicht als verbindlich einzuordnen.[697]

Art. 9 Abs. 1 Rom I-VO sieht die Anwendung von Eingriffsnormen der *lex fori* vor.[698] Das Schiedsverfahren kennt kein *lex fori*, sodass in Schiedsverfahren lediglich die Anwendung ausländischer Eingriffsnormen unter den einschränkenden Voraussetzungen nach Art. 9 Abs. 3 Rom I-VO in Betracht kommt.

### *(1) Deutschland*

Zu untersuchen ist, wie Eingriffsnormen bei Geltung des deutschen Schiedsverfahrensrechts zu berücksichtigen sind. Schiedsgerichte sind nicht an die *lex fori* gebunden, sodass eine Anwendung von Eingriffsnormen des Sitzstaates sich für sie nicht unmittelbar begründen lässt, insbesondere kann Art. 9 Abs. 2 Rom I-VO nicht weiterhelfen. Normen zur Eindämmung von Korruption sind allerdings vom ordre public international erfasst. Die zwingenden Normen des

---

695 Hilmarton Entscheidung (ICC Schiedsspruch Nr. 5622), YbCA 1996, 524 (529).

696 Hilmarton Entscheidung (ICC Schiedsspruch Nr. 5622), YbCA 1996, 524 (529).

697 *Pic/Rajan*, Indian Journal of Arbitration Law 2017, 197 (199).

698 *Kalin*, Verhaltensnorm und Kollisionsrecht, S. 177 ff. zu dem trotz des missverständlichen Wortlauts notwendigen Anwendungsbefehl.

Sitzstaates sind daher von den Schiedsgerichten zu beachten, schon um die Anerkennbarkeit der Entscheidung zu gewährleisten.[699]

In Betracht kommt auch die Anwendung der zwingenden Normen der *lex causae*. Grundsätzlich kommen bei der Wahl einer Rechtsordnung durch die Parteien auch deren zwingende Vorschriften zur Anwendung. Allerdings sind Eingriffsnormen bei der Wahl eines neutralen Rechts regelmäßig nicht von der Rechtswahl der Parteien umfasst.[700]

Die Anwendung welcher Eingriffsnormen vom Kollisionsrecht vorgegeben wird, wird unterschiedlich beurteilt. Stützt man die Anwendung von Eingriffsnormen auf die Rom I-VO, können die zu berücksichtigenden Eingriffsnormen sich nur nach Art. 9 Abs. 3 Rom I-VO bemessen. Der BGH geht davon aus, dass auch Eingriffsnormen ausländischer Staaten zu berücksichtigen sind, wenn eine Verbindung des Staates zum Rechtsstreit besteht.[701] In der schiedsgerichtlichen Praxis wird vielfach eine enge Verbindung des Staates zu dem Rechtsstreit gefordert.[702] Als Konkretisierung wird oftmals Art. 9 Abs. 3 Rom I-VO herangezogen, der solche Eingriffsnormen für relevant hält, die am Erfüllungsort gelten. Da dieser in der Regel durch die Parteiautonomie geprägt wird, Eingriffsnormen aber als zwingende, von Parteivereinbarungen unabhängige Vorschriften zur Anwendung kommen, wird der Erfüllungsort zurecht nicht als angemessener Anknüpfungspunkt angesehen.[703]

Für eine Verbindung zum Rechtsstreit spielt der Ort der tatsächlichen Leistungserbringung eine große Rolle. Dies ist bei einer Vermittler- oder Beraterleistung in der Regel der Staat, in dem das Projekt umgesetzt werden soll. Neben den Eingriffsnormen des Sitzstaates sind in Fällen, in denen die Wirksamkeit von Berater- oder Vermittlerverträgen in Rede steht, die Eingriffsnormen des Staates zu beachten, in dem der Berater oder Vermittler tätig wird. Darüber hinaus

---

699 *Czernick*, RIW 2016, 701 (703) fordert außerdem eine Verbindung des Sitzstaates zum Rechtsstreit.

700 S.o. Kap. 3 § 6 II. 1.

701 BGH, 22.06.1972, BGHZ 59, 82 (87) zur Berücksichtigung eines nigerianischen Ausfuhrverbots im Rahmen eines See-Güterversicherungsvertrages. BGH, 21.12.1960, NJW 1961, 822 zur Berücksichtigung der Umgehung einer amerikanischen Embargo Bestimmung.

702 *Balthasar* in: Balthasar, International Commercial Arbitration, § 1 Rn. 66; *Sayed*, Corruption in International Trade and Commercial Arbitration, S. 260.

703 Bei Vermittler- oder Beraterverträgen handelt es sich um Dienstleistungsverträge.

kann eine enge Verbindung des Rechtsstreits zu dem Staat bestehen, in dem die Korruptionshandlung vorgenommen wird oder in dem sich diese auswirkt.[704]

Außerdem muss es sich um eine Verbotsnorm handeln, die nach ihrem Sinn und Zweck auf den Sachverhalt anzuwenden ist.[705] Wird über die Wirksamkeit eines Vertrages, der Korruption ermöglichen soll, entschieden, beanspruchen Vorschriften zur Korruptionsbekämpfung Wirksamkeit, soweit der Vertrag die Redlichkeit der Hoheitsträger oder den Wettbewerb des Staates beeinträchtigt.[706] Diese sind somit als ausländische Eingriffsnormen zu berücksichtigen. Einer Auseinandersetzung mit den anzuwendenden ausländischen Eingriffsnormen bedarf es aber lediglich in Fällen, in denen sich ein Konflikt der Normen des gewählten Rechts mit den in Betracht kommenden Eingriffsnormen ergibt.

#### *(2) Frankreich*

Als Ausgangspunkt wird auch im französischen Schiedsverfahrensrecht davon ausgegangen, dass jegliche in Betracht kommende Eingriffsnormen solche jenseits der *lex fori* sind.[707] Anders scheint dies bisweilen von französischen Gerichten beurteilt zu werden, die eine Anwendung aller französischen Eingriffsnormen (*lois de police*) durch Schiedsgerichte mit Sitz in Frankreich fordern.[708] Zu klären ist damit, wann von Schiedsgerichten mit Sitz in Frankreich die Anwendung von Eingriffsnormen eines anderen Staates zu erwarten ist. In Frankreich ist die Rechtsprechung hinsichtlich nicht französischer zu berücksichtigender Eingriffsnormen nicht einheitlich. Obwohl für Schiedsgerichte grundsätzlich alle Eingriffsnormen ausländisch sind, wird die Anwendung französischer Eingriffsnormen von den französischen Gerichten für alle Schiedsverfahren mit Sitz in Frankreich gefordert, oftmals allerdings durch einen Rückgriff auf den französischen internationalen ordre public begründet.[709]

---

704 Siehe auch: Aufzählung bei *Betz*, Proving Bribery Fraud and Money Laundering in International Arbitration, S. 258, die offenlässt, woraus sich die Anwendung ausländischer Eingriffsnormen unter Geltung des schweizerischen Schiedsverfahrensrechts ergibt.

705 *Kalin*, Verhaltensnorm und Kollisionsrecht, S. 175.

706 *Sayed*, Corruption in International Trade and Commerical Abritration, S. 260 f.

707 *Moreau/Glucksmann/Feng*, Arbitrage international, Rn. 349.

708 Cour d' Appel Paris, 30.09.1993, Rev. Arb. 1994, 359; Cour d' Appel Paris, 07.04.2011, Rev. Arb. 2011, 747; *Balthasar/Ziadé* in: Balthasar, International Commercial Arbitration, § 9 Rn. 73.

709 *Moreau/Glucksmann/Feng*, Arbitrage international, Rn. 355 ff.

Zur Anwendbarkeit nicht französischer, ausländischer Eingriffsnormen wird nur vereinzelt Stellung genommen.[710] Den französischen Gerichten lassen sich bisher keine einheitlichen Kriterien entnehmen, welche Eingriffsnormen herangezogen werden sollten.[711] Eine Anwendung ausländischer Eingriffsnormen wird vornehmlich ausschließlich auf den französischen internationalen ordre public gestützt, sodass es zu einer Anwendung solcher Eingriffsnormen kommt, deren Nichtbeachtung im Aufhebungs- oder Vollstreckbarerklärungsverfahren die Aufhebung des Schiedsspruches begründen könnte.[712] Eine darüber hinausgehende Anlehnung an das System des internationalen Privatrechts und der damit verbundenen Anwendung von Eingriffsnormen aufgrund einer engen Verbindung des Rechtsstreits zu einer ausländischen Rechtsordnung entspricht nicht der französischen Konzeption. Vielmehr wird eine Anwendung von Eingriffsnormen, welche sich nicht mit einer Notwendigkeit aufgrund ihrer ordre public Relevanz begründen lässt, bisweilen als Verstoß gegen *ne ultra petita* gewertet.[713] Oftmals wird in Korruptionsfällen aufgrund der verbreiteten Verbote und internationalen Konventionen von einer Entscheidung über die maßgeblichen Eingriffsnormen abgesehen.

#### *bb) Stellungnahme*

Schiedsverfahren finden nicht losgelöst von jeglicher nationalen Rechtsordnung statt, sodass sich die Anwendung von Eingriffsnormen des Sitzstaates durchaus anbietet. Darüber hinaus darf die Anwendbarkeit ausländischer Eingriffsnormen aber nicht ausgeschlossen werden. Kommt ein ausländisches Strafrecht zur Anwendung, das Korruption verbietet und eine Verbindung zu dem Rechtsstreit aufweist, muss das Verbot auch bei der Entscheidung des Schiedsgerichts berücksichtigt werden.

---

710 Cour d'Appel Paris, 07.04.2011, Rev. Arb. 2011, 747 (zum Insolvenzrecht); Cour d'Appel Paris, 30.09.1993, Rev. Arb. 1994, 359 (369); Cour d'Appel Paris, 27.10.1994, Rev. Arb. 1994, 709.

711 *Balthasar/Ziadé* in: Balthasar, International Commercial Arbitration, § 9 Rn. 73.

712 *Seraglini/Ortscheidt*, Droit de l'arbitrage interne et international, Rn. 898; *Moreau/Glucksmann/Feng*, Arbitrage international, Rn. 355 f.

713 *Court de Fontmichel*, L'arbitre, le juge et les pratiques illicites du commerce international, préf. H. Gaudemet-Tallon, Rn. 315; *Fouchard/Gaillard/Goldman* in: Fouchard/Gaillard, International Commercial Arbitration, Rn. 1528.

## III. Fazit

Durch die grundlegende Andersartigkeit zwischen Strafrecht und Schiedsverfahrensrecht ergeben sich in Korruptionsfällen Probleme bei der Bestimmung des anwendbaren Rechts. Zunächst ist von der Vereinbarung der Parteien auszugehen und zu prüfen, ob das Strafrecht der *lex causae* zur Anwendung kommt. Auch an dieser Stelle sind der Parteiautonomie jedoch durch den ordre public Grenzen gesetzt, welche die Vorschriften zur Korruptionsbekämpfung internationaler Konventionen umfassen. Darüber hinaus sind die Korruptionsvorschriften als Eingriffsnormen im Sinne des Art. 9 Rom I-VO zu verstehen, welche von den Schiedsgerichten zu beachten sind. Es ist durchaus sachgemäß, an die Anwendbarkeit von Eingriffsnormen im Schiedsverfahren ebenso hohe Anforderungen zu stellen wie in Verfahren vor staatlichen Gerichten.

Neben den strafrechtlichen Verbotsvorschriften zur Korruptionsbekämpfung des Sitzstaates, welche sich aus dem internationalen ordre public ergeben und für die Vollstreckbarkeit der Entscheidung relevant sind, sind auch die zu berücksichtigenden Eingriffsnormen von Drittstaaten anzuwenden. Dies erfordert jedoch insbesondere eine Verbindung des Rechtsstreits zu diesem Staat. Im Rahmen der Anwendbarkeit der Eingriffsnormen ist vor allem zu prüfen, ob eine Verbindung des Rechtsstreits zu dem Staat, dem diese entstammen, besteht. Obwohl die internationale Zusammenarbeit in der Korruptionsbekämpfung zu einer Vereinheitlichung der Bekämpfungsmechanismen geführt hat, bestehen in den einzelnen Ausprägungen Unterschiede. Für eine Übertragung eines besonders strikten Bekämpfungsmodelles gibt es jedoch keinen Anlass. Trotz dieser Unterschiede in Einzelfällen ist eine Kollision der in Frage kommenden Rechtsordnungen in vielen Fällen nicht gegeben, sodass eine ausführliche Auseinandersetzung der Schiedsgerichte mit dem anzuwendenden Recht weiterhin nur in Einzelfällen zu erwarten ist.

# Kapitel 4: Konsequenzen festgestellter Korruption im Schiedsverfahren

Sieht das Schiedsgericht Korruption als erwiesen an, stellt sich im Folgenden die Frage, welche Konsequenzen es daraus zieht oder ziehen sollte. Zunächst sind die zivilrechtlichen Folgen von Korruption zu untersuchen (§ 7), namentlich die Nichtigkeit von mit Korruption belasteten Verträgen sowie die Rückabwicklung der Verträge. Abschließend werden mögliche Einschränkungen der Vertraulichkeit für das Schiedsgericht zur Befriedigung des öffentlichen Interesses thematisiert (§ 8).

## § 7 Zivilrechtliche Folgen von Korruption

Korruption muss zunächst strafrechtlich sanktioniert sein, damit sie effektiv bekämpft werden kann. Auch zivilrechtliche Ausgleichsansprüche können aber eine Abschreckungswirkung haben und darüber hinaus können über sie gegebenenfalls Korruptionszahlungen abgeschöpft werden.[714] Aus der ordre public-Relevanz von Korruption ergibt sich, dass Entscheidungen von Schiedsgerichten, die Korruption ermöglichen oder unsanktioniert lassen, nicht anzuerkennen und zu vollstrecken sind. Dies muss aber möglicherweise nicht zu einem Ausschluss aller mit der Korruption in Verbindung stehenden Ansprüche führen. Für Fälle, in denen kein beidseitiger Verstoß gegen Korruptionsvorschriften vorliegt, werden der nicht an der Korruption beteiligten Partei möglicherweise Rückforderungs- und Schadensersatzansprüche zugesprochen werden können. Ob Korruption vorliegt, wurde bereits von zahlreichen Schiedsgerichten untersucht. Da nur wenige von ihnen Korruptionsvorwürfe als erwiesen ansahen, gibt es zur Beurteilung der Folgen von Korruption keine umfassende schiedsgerichtliche Praxis.

Zu untersuchen ist zunächst, in welchen Fällen von der Nichtigkeit eines mit Korruption belasteten Vertrages auszugehen ist (I.) und darüber hinaus,

714 Straube/Rasche/*Straube*, Arbeitsrechtliche Korruptionsbekämpfung, Rn. 417; zur kontraproduktiven Wirkung strafrechtlicher Sanktionierung im Rahmen zivilrechtlicher Korruptionsbekämpfung: *Meyer*, Korruption im Vertrag, S. 173; anders im schweizerischen Obligationenrecht: *Raeschke-Kessler/Gottwald* in: FS Lüer (2008) 39 (46).

welche alternativen zivilrechtlichen Folgen denkbar sind (III.). Abschließend ist auf die Zulässigkeit von Schadensersatzansprüchen in den denkbaren Fällen einzugehen (IV.).

## I. Nichtigkeitsfolge

Oftmals werden zum Zwecke von Korruption geschlossene Verträge pauschal als nichtig bezeichnet.[715] Dies ist sowohl in common law als auch in civil law Rechtsordnungen weitgehend anerkannt und lässt sich aus dem Grundsatz des römischen Rechts *ex turpi causa non oritur actio* herleiten.[716] Auch an dieser Stelle muss jedoch unterschieden werden, ob es sich um eine Fallkonstellation handelt, in der die Auswirkungen der Korruption so gravierend sind, dass die Nichtigkeit des Vertrages zwingende Folge ist.

### *1. Deutsches Zivilrecht*

Verträge, die gegen Verbotsgesetze verstoßen, sind gemäß § 134 BGB nichtig. Die strafrechtlichen Vorschriften zur Korruptionsbekämpfung müssen also zunächst Verbotsgesetze im Sinne des § 134 BGB darstellen. Dies ist für die deutschen Strafvorschriften hinsichtlich sowohl der Amtsträgerbestechung (§§ 331 ff. StGB) als auch der Korruption in der Privatwirtschaft (§§ 299 ff. StGB) anzunehmen.[717] Dabei ist es ausreichend, wenn die Strafbarkeit allein für den Bestochenen vorgesehen ist.[718]

---

715 *Rieder, Schoenemann*, NJW 2011, 1169; *Elgueta,* The Legal Consequences of Corruption in International Arbitration: Towards a More Flexible Approach?, Kluwer Arbitration Blog, abrufbar unter: http://kluwerarbitrationblog.com/2016/01/20/the-legal-consequences-of-corruption-in-international-arbitration-towards-a-more-flexi ble-approach/ (zuletzt abgerufen am: 05.10.2022).

716 *Rainer*, Europäisches Privatrecht – Die Rechtsvergleichung, S. 458; *Elgueta,* The Legal Consequences of Corruption in International Arbitration: Towards a More Flexible Approach?, Kluwer Arbitration Blog, abrufbar unter: http://kluwerarbitrationblog.com/2016/01/20/the-legal-consequences-of-corruption-in-international-arbitration-towards-a-more-flexible-approach/ (zuletzt abgerufen am: 05.10.2022).

717 MüKoBGB/*Armbrüster*, § 134 Rn. 80; Staudinger-BGB/*Seibl/Fischinger/Hengstberger*, § 134 Rn. 458 f.

718 MüKoBGB/*Armbrüster*, § 134 Rn. 80; Staudinger-BGB/*Seibl Fischinger/Hengstberger*, § 134 Rn. 458 f.

### *a) Wirksamkeit von Schmiergeldabrede und Vermittlervertrag*

Ein Vertrag ist gemäß § 134 BGB aber nur nichtig, wenn der zivilrechtliche Erfolg des Vertrages von dem Verbotsgesetz verhindert werden soll.[719] Dies ist der Fall, wenn der Hauptzweck des Vertrages durch das Strafrecht verbotene Korruption ist. Insbesondere bei Berater- oder Vermittlungsverträgen sowie Schmiergeldabreden, die ausschließlich zum Zwecke der Bestechung von Personen in Machtpositionen geschlossen werden und das Verschieben von Vermögenswerten dazu ermöglichen, ist dies gegeben. Die Vorschriften zur Korruptionsbekämpfung sollen gerade den Erfolg dieser Verträge verhindern. Ob es sich um eine Schmiergeldabrede oder einen Vermittler- oder Maklervertrag handelt, spielt keine Rolle. Das Zwischenschalten eines Beraters oder Vermittlers kann eine Besserstellung keinesfalls begründen und die Beurteilung erfolgt daher entsprechend der Wirksamkeit einer Schmiergeldabrede.

Einzig eine mögliche Teilnichtigkeit des Vertrages ist bei einem Vermittlungsvertrag denkbar und scheidet bei einer Schmiergeldabrede von vorneherein aus. Das Wirksambleiben von Teilen des Vertrages nach § 139 BGB dürfte aber auch bei Vermittlerverträgen die Ausnahme darstellen.[720] Die Wirksamkeit eines Teiles des Vertrages, der erlaubte Vermittler- oder Beratertätigkeiten erfasst, kann nur erhalten werden, wenn die Berater- oder Vermittlertätigkeit von der korrupten Handlung abgetrennt werden kann. Ist das Bestechungsgeld in einem Teil der Provision enthalten, ist dies von vornherein ausgeschlossen.[721]

Der BGH hat die Teilnichtigkeit eines Vertrages in einem Fall diskutiert, in dem Provisionsvereinbarung und der als Bestechungsgeld weiterzuleitende Teil in separaten Dokumenten vereinbart wurde und davon ausgegangen werden musste, dass der Berater auch tatsächlich Leistungen neben den Korruptionshandlungen erbracht hatte.[722] Grundsätzlich könnte der neben der Schmiergeldabrede bestehende Teil des Vertrages wirksam bleiben, wenn er von der Schmiergeldabrede unabhängig ist. Dazu muss jedoch nachgewiesen werden, dass der Vertrag auch ohne die Schmiergeldabrede geschlossen worden wäre und zwar durch die Partei, die sich auf die teilweise Wirksamkeit des Vertrages beruft.[723] Dass die Vereinbarung über die Höhe der Bestechungsgelder in einem separaten Dokument bezeichnet wurde, reicht dazu nicht aus.

---

719 MüKoBGB/*Armbrüster*, § 134 Rn. 119; Staudinger-BGB/*Seibl/Fischinger/Hengstberger*, § 134 Rn. 3.

720 *Meyer*, Korruption im Vertrag, S. 188; *Kalin*, Verhaltensnorm und Kollisionsrecht, S. 19.

721 So auch: *Kalin*, Verhaltensnorm und Kollisionsrecht, S. 19 f.

722 BGH, 06.11.1985, NJW-RR 1986, 346.

723 BGH, 06.11.1985, NJW-RR 1986, 346 (348).

### *b) Wirksamkeit des Hauptvertrages*

Anders können die Rechtsfolgen bei dem Hauptvertrag, der die Umsetzung eines Projekts betrifft, zu beurteilen sein.[724] Dieser hat nicht den Zweck, Korruption zu ermöglichen, sondern stellt vielmehr den Erfolg dar, der durch die Korruption herbeigeführt werden soll. Durch den Abschluss dieses Vertrages wird ein Ergebnis erzielt, welches nur durch korrupte Handlungen erreicht werden konnte. Um die Nichtigkeit des Vertrages nach deutschem Recht zu begründen, ist es aber notwendig, dass gerade der Erfolg des Vertrages durch die die Nichtigkeit begründenden Normen verhindert werden soll. Der zivilrechtliche Erfolg des Vertrages ist in diesem Fall dagegen keineswegs von der Rechtsordnung missbilligt. Allerdings bewirkt der Vertrag eine Wettbewerbsverzerrung, weshalb das Reichsgericht[725] und zunächst auch der BGH von einer Nichtigkeit auch des Hauptvertrages ausgegangen waren.[726] Dazu müsste der Hauptvertrag aber tatsächlich zu nachteiligen Bedingungen für den Auftragnehmer zustande gekommen sein. Ist dies nicht nachgewiesen, könne von der Nichtigkeit des Vertrages regelmäßig nicht ausgegangen werden.[727]

Bei der Beurteilung des Hauptvertrages sind zwei mögliche Nichtigkeitsgründe zu unterscheiden: der Vertrauensbruch gegenüber dem Auftraggeber und die Belastung des Vertrages mit Korruption. Die Nichtigkeit des Vertrages kann sich aus der Einflussnahme des Bestechenden und dem damit einhergehenden Vertrauensbruch ergeben.[728] Für eine Wirksamkeit des Hauptvertrages wird auch angeführt, dass die Parteien des Hauptvertrages so nicht von der Offenlegung der Schmiergeldabrede abgehalten werden.[729] Zwar dürfen rechtspolitische Erwägungen nicht außen vor bleiben. Eine volle Wirksamkeit des Vertrages anzunehmen, um die Parteien nicht anzuhalten, rechtswidrige Praktiken ihrer Unternehmen zu verheimlichen, geht aber zu weit. Das kollusive Zusammenwirken zweier Mitarbeiter zum Nachteil des Auftraggebers sowie die Ausnutzung der Vertrauensstellung zum Nachteil des Unternehmens kann die Sittenwidrigkeit des Hauptvertrages begründen. Angenommen wird dies in der deutschen Rechtsprechung und Literatur, wenn tatsächlich ein Nachteil für das

724 Staudinger-BGB/ *Seibl/Fischinger/Hengstberger*, § 134 Rn. 458 f.
725 RG, 01.06.1932, RGZ 136, 359.
726 Architekten-Urteil: BGH, 17.05.1988, WM 1988, 1380.
727 BGH, 10.01.1990, WM 1990, 516; BGH, 06.05.1999, NJW 1999, 2266.
728 *Grützner/Behr* in: Momsen/Grützner, Wirtschaftsstrafrecht, Kap. 9 Rn. 391 ff.
729 *Schlüter/Nell*, NJOZ 2008, 223 (224) = NJW 2008, 895.

Unternehmen des Bestochenen eingetreten ist.[730] Allerdings kann die Sittenwidrigkeit des Vertrages bei Zurechnung der Kenntnis des Mitarbeiters an das den Auftrag vergebende Unternehmen zu verneinen sein.[731] Handelt der Bestechende als Mitarbeiter und zum Vorteil eines Unternehmens, ist seine Kenntnis dem Unternehmen zuzurechnen.

Etwas anderes ergibt sich für den bestochenen Mitarbeiter, der zum Nachteil seines Unternehmens handelt. In der deutschen Literatur und Rechtsprechung wird davon ausgegangen, dass das kollusive Zusammenwirken der an der Schmiergeldabrede beteiligten Parteien die Zurechnung unterbricht.[732] Haben die Parteien der Schmiergeldabrede somit zum Nachteil des Auftraggebers auf das Zustandekommen eines Hauptvertrages hingewirkt, muss dieser sich die Kenntnis seines Mitarbeiters nicht zurechnen lassen. Die Frage der Zurechnung ist nicht nur relevant für die Frage der Wirksamkeit des Vertrages, sondern auch im Rahmen eventuell bestehender Schadensersatzansprüche.[733] Keine Zurechnungsprobleme ergeben sich, wenn es sich bei dem in Rede stehenden Vertrag um einen mit einer außerhalb des Unternehmens stehenden Person geschlossenen Berater- oder Vermittlervertrag handelt. Der Missbrauch der Vertrauensstellung eines Mitarbeiters kann die Nichtigkeit des Hauptvertrages begründen, führt aber nicht zwangsläufig die Nichtigkeitsfolge herbei.

Leitet man die Nichtigkeit des Vertrages aus dem Schutzzweck von Normen zur Korruptionsbekämpfung ab,[734] ist die Nichtigkeit des Vertrages unabhängig von jeglicher Kenntnis oder Zurechnung zwingende Folge. Zwar ist auch die Bekämpfung von Korruption in der Privatwirtschaft vom deutschen und französischen internationalen ordre public erfasst, dies muss aber nicht zwingend auch zur Nichtigkeit eines anschließenden Vertrages führen.[735] Da dieser

730 BGH, 04.11.1999, NJW 2000, 511 (512); BGH, 06.05.1999, NJW 1999, 2266 (2267); *Grützner/Behr* in: Momsen/Grützner, Wirtschaftsstrafrecht, Kap. 9 Rn. 391 ff.; *Rieder/Schoenemann*, NJW 2011, 1169; *Pieth* in: FS Schwenzer (2011), 1375 (1383); einzig *Schlüter/Nell*, NJOZ 2008, 223 (225 ff.) = NJW 2008, 895 sehen ein Gültigkeitsmodell vor, da durch die Nichtigkeit des Vertrages oder die Entscheidungsmacht des Geschäftsherrn kein Anreiz zur Aufdeckung von Korruption gesetzt werde.

731 *Grützner/Behr* in: Momsen/Grützner, Wirtschaftsstrafrecht, Kap. 9 Rn. 391 ff.

732 BGH, 28.01.2000, NJW 2000, 1405 (1406); OLG Hamm, 18.11.1996, NJW RR 1997, 737 (738); Grüneberg/*Ellenberger*, § 166 Rn. 6a; *Grützner/Behr* in: Momsen/Grützner, Wirtschaftsstrafrecht, Kap. 9 Rn. 397.

733 Siehe sogleich: Kap. 5 § 9 III.

734 *Kalin*, Verhaltensnorm und Kollisionsrecht, S. 42 f.

735 *Pieth* in: FS Schwenzer (2011), 1375 (1383) geht von der Nichtigkeit des Vertrages aus, sobald die Parteien des Hauptvertrages Kenntnis von der Korruption haben; für

Vertrag anders als eine Schmiergeldabrede die Korruption gerade nicht ermöglicht, ist auch nicht mit gleicher Konsequenz von der Nichtigkeit des Vertrages auszugehen. Zwar bezwecken strafrechtliche Normen zur Korruptionsbekämpfung auch die Verhinderung von Wettbewerbsverzerrungen, allerdings bezieht sich das Verbot direkt nur auf die Bestechungshandlung, sodass sich die Nichtigkeit nicht ohne weiteres aus dem gesetzlichen Verbot ergibt. Die Argumentation für die Nichtigkeit des Vermittler- oder Beratervertrages greift hier nicht. Auch kann die Nichtigkeit des Hauptvertrages nicht in allen Fällen die Parteien der Schmiergeldabrede von korrupten Handlungen abschrecken, da diese an dem Hauptvertrag nicht immer unmittelbar beteiligt sind. Die Nichtigkeit des Hauptvertrages wird daher auch aus § 138 BGB statt aus § 134 BGB hergeleitet.[736] Dennoch lässt sich die Sittenwidrigkeit des Hauptvertrages letztlich nicht ausschließlich mit der Nähe zur Korruption begründen, ohne dass weitere Umstände hinzutreten, sodass nicht von einer zwingenden Nichtigkeitsfolge für Hauptverträge ausgegangen werden kann.

Auch ohne von der Nichtigkeit des Hauptvertrags auszugehen, können zivilrechtliche Konsequenzen für den Vertrag vorgesehen werden. In vielen Fällen wird die Nichtigkeitsfolge das Ergebnis auch für den Hauptvertrag sein. Nur in Einzelfällen kann davon abgesehen werden und auch in diesen kann durch alternative Rechtsfolgen eine Sanktionierung von Korruption bewirkt werden.

### c) *Wirksamkeit von nicht im Strafrecht sanktionierten Verhaltensweisen unterfallenden Verträgen*

Sollte ein Verhalten unter den Korruptionsbegriff fallen, aber nicht vom deutschen Strafrecht erfasst sein, wird es jedoch als sittenwidrig im Sinne des § 138 BGB einzustufen zu sein. Diese Lösung war vor allem vor der Einführung der Strafbarkeit der Bestechung und Bestechlichkeit ausländischer Amtsträger für grenzüberschreitende Fälle relevant, in denen eine Anwendbarkeit des deutschen Strafrechts nicht bejaht werden konnte.[737] Auch heute sind jedoch Fälle

---

einen durch Korruption zustande gekommen Investitionsvertrag: *Raeschke-Kessler/Gottwald* in: FS Lüer (2008) 39 (47).

736 *Kalin*, Verhaltensnorm und Kollisionsrecht, S. 43 zu einem normativen, aber nicht logischen Widerspruch, den die Wirksamkeit des Hauptvertrages bewirken würde.

737 OLG Brandenburg, 30.05.2001, OLG-NL 2002, 75 geht auf die strafrechtliche Relevanz der Zuwendungen an einen Vertreter mit dem Ziel, die Vertragsverhandlungen zu beeinflussen, nicht ein, sondern stellt von vorneherein auf den Verstoß gegen die grundlegenden Regeln des geschäftlichen Anstands ab.

denkbar, in denen deutsches Vertragsrecht als neutrales Recht anwendbar ist, eine Anwendbarkeit deutschen Strafrechts auf den Sachverhalt aber nicht angenommen werden kann. Die Rechtsfolge der Nichtigkeit des Vertrages ist für diese Fälle gleichermaßen vorgesehen. Die Bekämpfung von Korruption ist als Zweck durch den Gesetzgeber anerkannt, sodass Verträge, die korrupte Verhaltensweisen ermöglichen oder fördern, auch zivilrechtlich sanktioniert sein müssen.

Bei einem Verstoß gegen deutsche Strafvorschriften ergibt sich die Nichtigkeit eines Vertrages unmittelbar aus § 134 BGB. Kommen dagegen ausländische Verbotsnormen zur Anwendung und sind im Schiedsverfahren als Eingriffsnormen anzuwenden, ist zu fragen, ob sich die Nichtigkeit des Vertrages ebenfalls aus § 134 BGB ergibt oder ob auf § 138 BGB zurückgegriffen werden muss.[738] Im Ergebnis bestehen an der Nichtigkeit des Vertrages keine Zweifel; lediglich die dogmatische Begründung unterscheidet sich, insbesondere, wenn § 134 BGB als *lex specialis* eingeordnet wird und damit einhergehend seine Anwendbarkeit für die Prüfung des § 138 BGB zunächst abgelehnt werden muss.[739] Eine Gleichstellung inländischer und ausländischer Verbotsgesetze im Rahmen der deutschen Rechtsordnung[740] wird ganz überwiegend abgelehnt.[741] Anders kann dies jedoch zu beurteilen sein, wenn das deutsche Kollisionsrecht die Anwendung ausländischer Verbotsgesetze als Eingriffsnormen anordnet.[742] Werden Verbotsgesetze als Eingriffsnormen zur Anwendung berufen, ist es nur konsequent, sie auch im Rahmen des § 134 BGB gleichwertig zu behandeln. Im Schiedsverfahren wird für die Ermittlung von relevanten Eingriffsnormen zwar nicht unmittelbar auf nationales Kollisionsrecht abgestellt, dennoch müssen zur Anwendung berufene Eingriffsnormen gleichwertig mit den Verbotsgesetzen der *lex causae* behandelt werden. Die Frage, ob ein Verstoß gegen ausländische Verbotsgesetze bei der

---

738 Im deutschen Recht insbesondere relevant für Fälle des missbräuchlichen Handels mit Einfluss, die in anderen Rechtsordnungen explizit mit Strafe bedroht werden. S.o. Kap. 1 § 1 III. 1. a).

739 Absolut h.M.: MüKoBGB/*Armbrüster*, § 138 Rn. 4; Staudinger-BGB/*Fischinger*, § 138 Rn. 17 f.; offen gelassen von: *Meyer*, Korruption im Vertrag, S. 163.

740 *Kalin*, Verhaltensnorm und Kollisionsrecht, S. 193.

741 BGH, 22.06.1972, BGHZ 59, 82 (85); Staudinger-BGB/ *Seibl/Fischinger/Hengstberger*, § 134 Rn. 458 f.; *Piehl*, Bestechungsgelder im internationalen Wirtschaftsverkehr, S. 48 ff.; *Kropholler*, IPR, S. 505; durch die Ausweitung der Strafbarkeit auf die Bestechung ausländischer Amtsträger fallen einige relevante Fälle weg.

742 Eine Berücksichtigung auch ausländischer Verbotsgesetze zulassend, wenn diese über eine Sonderanknüpfung zur Anwendung berufen sind: MüKoBGB/*Armbrüster*, § 134 Rn. 57, NK-BGB/*Looschelders*, § 134 Rn. 40; *Zimmer*, IPRax 1993, 65 (69).

Prüfung der Sittenwidrigkeit nach § 138 BGB berücksichtigt werden muss,[743] stellt sich dann nicht.

### 2. *Französisches Zivilrecht*

Die Nichtigkeit von gesetzes- oder sittenwidrigen Verträgen ergibt sich im französischen Recht aus Art. 1162 Code Civil (bis zum 01.10.2016 Art. 1133 Code Civil).[744] Im französischen Zivilrecht wird zwischen der relativen und der absoluten Nichtigkeit unterschieden. Im alten französischen Zivilrecht unterfielen Verträge, deren *cause* gegen ein Gesetz oder gegen die guten Sitten verstößt, der absoluten Nichtigkeit.[745] Eine Legaldefinition des *cause* existiert nicht. Unstreitig ist aber, dass in subjektiver Hinsicht zumindest das Motiv des Rechtsgeschäfts erfasst ist.[746] Im neuen französischen Zivilrecht ist eine Abkehr von dem Begriff des *cause* zu erkennen. Die neue Regelung enthalten jedoch weiterhin Bestandteile der alten Lehre.[747] Die absolute Nichtigkeit ist mit der Nichtexistenz gleichzusetzen. Anders als im deutschen Recht tritt die Nichtigkeitsfolge nicht *ipso iure* ein, sondern muss gerichtlich geltend gemacht werden. Durch die 30-jährige Verjährungsfrist bleibt die Möglichkeit der Geltendmachung erhalten.

#### *a) Wirksamkeit von Schmiergeldabrede und Vermittlervertrag*

In einer Entscheidung über die Anerkennung eines Schiedsspruches hat der Cour d'Appel Paris bereits im Jahr 1993 entschieden, dass Verträge, die zum Zwecke der Korruption geschlossen wurden, aufgrund von unmoralischem Verhalten und Widerrechtlichkeit der Ursache oder des Vertragsgegenstandes nichtig sind und die Parteien sich nicht auf den Vertrag berufen können.[748] Neben dem Nichtigkeitsgrund der gesetzeswidrigen Verträge ist die Nichtigkeitsfolge auch in Frankreich gleichermaßen für Verträge vorgesehen, die gegen die guten

---

743 *Meyer*, Korruption im Vertrag, S. 165 f.

744 *Knetsch* in: Die Reform des französischen Vertragsrechts, 61 (73).

745 *Rainer*, Europäisches Privatrecht – Die Rechtsvergleichung, S. 376.

746 Cour de Cassation, 06.10.1959, RD 1960, 515; *Rainer*, Europäisches Privatrecht – Die Rechtsvergleichung, S. 376.

747 *Knetsch* in: Die Reform des französischen Vertragsrechts, 61 (73).

748 Cour d'Appel Paris, 30.09.1993, Rev. Arb. 1994, 359: „annulés pour immoralité ou illicéité de la cause ou de l'objet"; da das neue französische Zivilrecht zu rechtswidrigen Verträgen in erster Linie eine Kodifizierung von Richterrecht ist, ist die Aussage auf das aktuelle Recht übertragbar: *Knetsch* in: Die Reform des französischen Vertragsrechts, 61 (81).

Sitten oder den ordre public verstoßen. Vereinzelt wird bestritten, dass es angemessen ist, der auch an der Korruption beteiligten Partei die Berufung auf Korruption zu erlauben, um der Zahlung der Vergütung zu entgehen.[749] Allerdings hat sich die Erstreckung der *nemo auditur* Regel auf die Nichtigkeitsklage nicht durchgesetzt.[750]

#### *b) Wirksamkeit des Hauptvertrages*

In der französischen Literatur wird eine pauschalere Handhabung der Beurteilung des Hauptvertrages vorgezogen als dies im deutschen Recht der Fall ist. Nur durch eine Nichtigkeit von allen in Verbindung mit Korruption stehenden Verträgen könne eine effektive Korruptionsbekämpfung erreicht werden.[751] Vereinzelt wird aber wohl die Nichtigkeit des Vertrages wegen Sittenwidrigkeit, die sich aus der Belastung des Vertrages mit Korruption ergibt, - wenn auch sehr zurückhaltend - in Frage gestellt.[752] Sollte ein solcher Fall vorliegen, ergebe sich die Nichtigkeit des Vertrages aber aus dem Vertrauensbruch gegenüber dem Auftraggeber.[753] Die Differenzierung zwischen der Nichtigkeit des Vertrages aufgrund von der Belastung mit Korruption und dem Vertrauensbruch gegenüber dem Auftraggeber ist auch im französischem Recht zu beachten. Das Beruhen des Vertrages auf Korruption wird aber wohl als ausreichend angesehen, um die Nichtigkeit des Vertrages zu begründen.

### *3. In internationalen Konventionen vorgesehene zivilrechtliche Folgen von Korruption*

Auch die Civil Law Convention on Corruption sieht in Art. 8 (2) vor, dass für Verträge, deren Zweck Korruption ist, die Nichtigkeitsfolge vorgesehen ist. Ansprüche auf Schadensersatz werden allerdings als davon losgelöst und grundsätzlich möglich angesehen.[754] Die Regelung in Art. 34 UNCAC erscheint

749 Zu moralischen Bedenken: *Chilstein*, Rev. Arb. 2009, 3 (15).

750 *Ferid/Sonnenberger*, Das Französische Zivilrecht, Bd. 1 Rn. F 922; zur Reichweite der *nemo auditur* Regel im Rahmen der Rückforderungsansprüche s.u. Kap. 4 § 7 II.

751 Zur alten Rechtslage: *Dissaux*, Commissionaire, Rn. 110: „a nullité de l'accord de pot-de-vin ne serait nullement efficace si elle ne contaminait également le contrat subséquent"; *Oppetit*, JDI 1987, 5.

752 *Heuzé*, Corruption in: Répertoire de droit international, Rn. 30 f.

753 *Heuzé*, Corruption in: Répertoire de droit international, Rn. 30 f.

754 „Jede Vertragspartei sieht in ihrem innerstaatlichen Recht vor, dass jede Partei eines Vertrags, deren Willensbildung durch eine Korruptionshandlung beeinträchtigt

zunächst weniger weitgehend.[755] Beide Regelungswerke sehen die Nichtigkeitsfolge nicht als zwingend vor. Vielmehr hängt der Eintritt der Nichtigkeitsfolge von dem Willen der Parteien ab, wobei gleichzeitig die Interessen Dritter mit einbezogen werden sollen. Es gibt auch in der Literatur Stimmen, die für die Fälle von Korruption eine flexiblere Handhabung fordern,[756] sodass nicht zwingend ein Ausschluss aller vertraglicher Ansprüche die Folge sein muss, zumindest für Fälle, in denen von vorneherein ersichtlich ist, welche Partei im Falle eines Schiedsverfahrens in Vorleistung tritt und bei Verweigerung der Gegenleistung das Schiedsverfahren einleiten wird.[757]

Internationale Konventionen zur Bekämpfung von Korruption sehen die Nichtigkeitsfolge auf zivilrechtlicher Ebene zwar als Möglichkeit vor, ordnen diese aber nicht zwingend für alle mit Korruption in Verbindung stehenden Verträge an. Der UN-Konvention gegen Korruption sowie der OECD-Convention on Combating Bribery lässt sich lediglich entnehmen, dass die Mitgliedstaaten auch zivilrechtliche Konsequenzen für Korruption vorsehen müssen.[758] Einzig das Zivilrechtsübereinkommen über Korruption des Europarates sieht in Art. 8 Abs. 1 ausdrücklich die Nichtigkeitsfolge vor, aber lediglich für Verträge oder Klauseln, die eine Korruptionsabrede enthalten. Wurde lediglich die Willensbildung durch Korruption beeinflusst, muss die Möglichkeit für die betroffene

---

worden ist, bei Gericht die Unwirksamkeit des Vertrags geltend machen kann; Schadensersatzansprüche bleiben davon unberührt."

755 „With due regard to the rights of third parties acquired in good faith, each State Party shall take measures, in accordance with the fundamental principles of its domestic law, to address consequences of corruption. In this context, States Parties may consider corruption a relevant factor in legal proceedings to annul or rescind a contract, withdraw a concession or other similar instrument or take any other remedial action."; *Meyer*, Korruption im Vertrag, S. 193 f.

756 Für das deutsche materielle Zivilrecht: MüKoBGB/*Schwab*, § 817 Rn. 72; *Meyer*, Korruption im Vertrag, S. 67.

757 Ausgehend von einem Fall der Investitionsschiedsgerichtsbarkeit: *Elgueta,* The Legal Consequences of Corruption in International Arbitration: Towards a More Flexible Approach?, Kluwer Arbitration Blog, abrufbar unter: http://kluwerarbitrationblog.com/2016/01/20/the-legal-consequences-of-corruption-in-international-arbitration-towards-a-more-flexible-approach/ (zuletzt abgerufen am: 05.10.2022).

758 Art. 34 UNCAC: "States Parties may consider corruption a relevant factor in legal proceedings to annul or rescind a contract, withdraw a concession or other similar instrument or take any other remedial action"; Art. 3 Abs. 4 OECD Convention on Combating Bribery; *Raeschke-Kessler/Gottwald* in: FS Lüer (2008) 39 (47).

Partei bestehen, die Nichtigkeit des zustande gekommenen Vertrages gerichtlich geltend zu machen.

### 4. *Schiedsgerichtliche Praxis*

Die Schiedsgerichte stellen vielfach nicht darauf ab, dass Korruption in dem Staat verboten ist, in dem die korrupten Handlungen vorgenommen wurden, sondern darauf, dass das anwendbare Recht keine Verträge mit dem Gegenstand der Korruption erlaube.

In dem Fall ICC Schiedsspruch Nr. 13384 mit Sitz in Frankreich und Anwendbarkeit französischen materiellen Rechts hatte ein europäisches Unternehmen einen Beratervertrag mit einem im nahen Osten ansässigen Unternehmen geschlossen zur Rückforderung von Geldbeträgen, die im Rahmen eines Bauvorhabens anfielen.[759] Das europäische Unternehmen berief sich im Schiedsverfahren auf die Nichtigkeit des Vertrages, da dieser unter anderem zur Bestechung von Amtsträgern geschlossen worden sei. Das Schiedsgericht stellt in seiner Entscheidung fest, dass kein Zweifel an der Nichtigkeit des Vertrages bestehe, sollte die Korruption bewiesen werden können.[760] Auch andere Schiedsgerichte haben die Nichtigkeit eines solchen Vertrages nicht in Frage gestellt.[761] Tatsächlich würde eine Entscheidung, durch welche einem mit Korruption belasteten Vertrag Wirksamkeit verschafft wird, das Risiko anhaften, für nicht vollstreckbar erklärt zu werden.[762]

Die Schiedsgerichte wenden neben den Vorschriften des nationalen Rechts oftmals auch den transnationalen ordre public an, um die Nichtigkeit des Vertrages zu begründen. Für die hier untersuchten Fälle, in denen die Wirksamkeit des zum Zweck der Korruption geschlossenen Vertrages in Rede steht, bestehen keine Unterschiede zwischen den (allgemein gehaltenen) Vorgaben internationaler Konventionen und Regelungen der nationalen Rechtsordnungen. Zu dem nach nationalen Vorschriften nicht unproblematisch als nichtig einzuordnenden Verträgen ist auch dem transnationalen ordre public nichts zu entnehmen.[763]

---

759 ICC Schiedsspruch Nr. 13384, ICC Bulletin (Supplement) 24 (2013), 62.

760 ICC Schiedsspruch Nr. 13384, ICC Bulletin (Supplement) 24 (2013), 62.

761 ICC Schiedsspruch Nr. 6286, YbCA 1999, 141; ICC Schiedsspruch Nr. 6497, YbCA 1999, 71; ICC Schiedsspruch Nr. 8891, JDI 2000, 1076.

762 *Balthasar* in: Balthasar, International Commercial Arbitration, § 10 Rn. 69.

763 S.o. Kap. 1 § 2 II. 3.

### *5. Zwischenergebnis*

Sowohl das deutsche als auch das französische Zivilrecht ordnen die Nichtigkeitsfolge für Verträge an, deren Zweck Korruption ist. Während im deutschen Recht im Einzelfall aber die Wirksamkeit des Hauptvertrages denkbar ist, ist nach französischem Recht auch dieser nichtig.

## II. Bereicherungsrechtliche Rückabwicklung

Nichtige Verträge werden grundsätzlich rückabgewickelt. Allerdings ist die Rückabwicklung bei beidseitigen Verstößen gegen Strafvorschriften in der Regel ausgeschlossen, *nemo auditur propriam turpitudinem allegans*.[764] Bei einem beidseitigen Verstoß gegen Korruptionsvorschriften sollen keinerlei sich aus dem Vertrag möglicherweise ergebenden Ansprüche mit Mitteln des Rechtsstaates durchgesetzt werden können. Dies gilt für Vermittler- und Beraterverträge zur Ermöglichung öffentlicher Korruption sowie für Schmiergeldabreden in der Privatwirtschaft. Der Sinn und Zweck dieser Vorschriften soll auch nicht durch bereicherungs- und deliktsrechtliche Ansprüche umgangen werden, was sich insbesondere aus § 817 S. 2 BGB ergibt.[765] Auch in einem Großteil anderer Rechtsordnungen[766] ist dieser Grundsatz allgemein anerkannt und wird ebenso von den Schiedsgerichten angewandt.[767] Die Reichweite dieses Grundsatzes sowie seine Anwendbarkeit auf Korruptionsfälle wird unterschiedlich beurteilt.

### *1. Deutsches Bereicherungsrecht*

Im deutschen Recht ist der Ausschluss der Rückabwicklung ausdrücklich in § 817 S. 2 BGB geregelt. Rechtspolitische Erwägungen haben in einer Vielzahl von Fällen zu einer Nichtanwendung des § 817 S. 2 BGB geführt. In welchen Fällen eine Nichtanwendung gerechtfertigt ist oder eine konsequente Anwendung des § 817 S. 2 BGB gefordert werden sollte, ist im deutschen Zivilrecht noch

---

764 Von *Raeschke-Kessler/Gottwald* in: FS Lüer (2008) 39 (54) als transnationaler Rechtsgrundsatz bezeichnet.

765 MüKoBGB/*Schwab*, § 817 Rn. 72.

766 Für Frankreich: *Sonnenberger/Dammann*, Französisches Handels- und Wirtschaftrecht, Kap. IX Rn. 92; *Jacquet/Delebeque/Corneloup*, Droit du commerce international, Rn. 1177; Syrien: OLG Hamburg, 12.03.1998, BeckRS 1998, 6211 Rn. 90; Schweiz: Schweizer Bundesgericht, Beschl. v. 23.09.2014, SchiedsVZ 2015, 101 (102).

767 ICC Schiedsspruch Nr. 16090 (2016), ICC Dispute Res. Bull. 2016 No. 1, 147; ICC Schiedsspruch Nr. 6497, YbCA 1999, 71.

immer umstritten und richtet sich nicht zuletzt danach, welchen Normzweck man § 817 S. 2 BGB zuschreibt. Neben der Straffunktion und der in der *nemo auditur* Regel ausgedrückten Rechtsschutzverweigerung wird mittlerweile vor allem auch auf eine generalpräventive Wirkung abgestellt.[768]

In der deutschen Literatur wird der § 817 S. 2 BGB vielfach kritisiert und als gesetzgeberisch verfehlt bezeichnet.[769] Von einer Anwendung der Kondiktionssperre soll abgesehen werden, wenn dies dem Schutzzweck der Norm, gegen die verstoßen wurde, widerspricht oder durch die Anwendung ein Anreiz für gesetzeswidriges Verhalten gesetzt würde.[770] Allerdings wird in der aktuellen Rechtsprechung zur Sanktionierung des Abschlusses rechtswidriger Verträge aus generalpräventiven Gesichtspunkten eine konsequente Anwendung des § 817 S. 2 BGB gefordert.[771] Der Gedanke, dass die vorleistende Partei zu schützen sei, könne im Falle rechtswidriger Verträge gerade keine Rolle spielen.[772] Wer einen Vertrag schließt, welcher der Rechtsordnung zuwiderläuft, soll mit der Konsequenz, auf den Kosten sitzen zu bleiben, rechnen müssen. Neben dem ursprünglichen Gesetzeszweck stellt der BGH in seiner neueren Rechtsprechung somit zudem auf einen generalpräventiven Gedanken ab. Davon, dass die generalpräventive Wirkung ein maßgebliches Kriterium ist, wird nach der neuen Rechtsprechung ausgegangen.[773] Ob der generalpräventive Zweck ausschließliches

768 *Medicus/Petersen*, Bürgerliches Recht, Rn. 697; MüKoBGB/*Schwab*, § 817 Rn. 10; zum ursprünglich maßgeblichen Strafcharakter von § 817 S. 2 BGB: BGH, NJW 1963, 950 (951); *Damman* in: Johnston/Zimmermann, Unjustified Erichment, 315 f. sieht die *nemo auditur* Regel als Grundlage des englischen Rechts, der in § 817 S. 2 BGB geregelte Ausschluss der Bereicherungsansprüche fußt seiner Auffassung nach auf dem lateinischen Grundsatz *in pari turpitudine melior est causa possidentis*. Der Ausschluss eines Rückforderungsanspruches bei beidseitig sittenwidrigem Verhalten muss jedoch als Ausprägung der *nemo auditur* Regel verstanden werden: *Lutkis*, österr. AnwBl 2015, 144 (150).

769 Ausf. zur Kritik an § 817 S. 2 BGB: Staudinger-BGB/*Lorenz*, § 817 Rn. 4 mwN; *Meyer*, Korruption im Vertrag, S. 175.

770 Siehe zur Rückabwicklung von durch Schenkkreise erwirtschafteten Gewinnen: BGH, 10.11.2005, NJW 2006, 45 (46); BeckOK-BGB/*Wendehorst*, § 817 Rn. 24.

771 Aktuelle Entscheidungen zu Schwarzarbeiterfällen: BGH, 10.04.2014, BGHZ 201, 1 = NJW 2014, 1805; BGH, 11.06.2015, BGHZ 206, 69 = NJW 2015, 2406.

772 BGH, 10.04.2014, BGHZ 201, 1 = NJW 2014, 1805 f.

773 BGH, 10.04.2014, BGHZ 201, 1 = NJW 2014, 1805 f.; BGH, 11.06.2015, BGHZ 206, 69 = NJW 2015, 2406.

Kriterium sein soll oder lediglich ergänzend heranzuziehen ist, ist in der Literatur nicht abschließend geklärt.[774]

### 2. *Französisches Bereicherungsrecht*

Die Rückabwicklung nichtiger Verträge richtet sich im französischen Recht nach Art. 1302 Code Civil. Angelehnt an die römische Rechtstradition war im französischen Zivilrecht nur die *condictio indebiti* kodifiziert. Umfassende geschriebene Regelungen zur bereicherungsrechtlichen Rückabwicklung wie im deutschen Recht existieren nicht. Die fragmentarischen Regelungen wurden durch Richterrecht ergänzt.[775]

Im französischen Zivilrecht ist auch die *nemo auditur propriam turpitudinem allegans*-Regel nicht ausdrücklich kodifiziert. Sie wird aber von Rechtsprechung[776] und Literatur[777] seit langem anerkannt und wie geschriebenes Recht behandelt. Problematisch ist ebenso wie im deutschen Recht, mit welcher Konsequenz von einem Ausschluss der Rückabwicklung ausgegangen werden muss. Abgestellt wird in der französischen Rechtsprechung und Literatur darauf, ob es sich um einen beidseitigen Rechtsverstoß handelt, welchen Zweck die Verbotsnorm verfolgt und welche Schwere dem Verstoß zukommt.[778] Darüber hinaus ist eine einheitliche Rechtsprechung bisher nicht zu erkennen.[779] Auch in der französischen Literatur wird auf die sich ungerecht erscheinenden Ergebnisse verwiesen, wenn eine Partei auf ihren Kosten sitzen bleibt. Die generalpräventive Wirkung der Kondiktionssperre wird jedoch auch in der französischen Literatur als ausreichende Rechtfertigung angesehen.[780]

---

774 BeckOK-BGB/*Wendehorst*, § 817 Rn. 24; MüKoBGB/*Schwab*, § 817 Rn. 10; siehe zu Korruptionsfällen unten: Kap. 4 § 7 II. 3.

775 *Schlechtriem*, Restitution und Bereicherungsausgleich in Europa, Bd. I, Rn. 480 f.

776 Cour de cassation, 22.11.2017 – n° 16-18.738 (Dalloz); Cour de cassation, 08.06.1994 – n° 92-10.086 (Dalloz); Cour d'Appel Paris, 30.09.1993, Rev. Arb. 1994, 359.

777 *Schlechtriem*, Restitution und Bereicherungsausgleich in Europa, Bd. 1, Rn. 236; *Ferid/Sonnenberger*, Das Französische Zivilrecht, Bd. 1 Rn. F.

778 *Ferid/Sonnenberger*, Das Französische Zivilrecht, Bd. 1 Rn. F; *Schlechtriem*, Restitution und Bereicherungsausgleich in Europa, Bd. I, Rn. 477; zur Wahrung des Verbotszwecks: Cour d'Appel Paris, 12.11.1959, Gaz. Pal. 1960, 1 (114).

779 Cour de cassation, 22.11.2017 – n° 16-18.738 (Dalloz); Cour de cassation, 08.06.1994 – n° 92-10.086 (Dalloz); Cour d'Appel Paris, 30.09.1993, Rev. Arb. 1994, 359; *Seybold*, Die ungerechtfertigte Bereicherung auf internationaler Ebene, S. 89 f.

780 *Court de Fontmichel*, l'arbitre, le juge et les pratiques illicites du commerce international, Rn. 926.

Bei einem beidseitigen Verstoß gegen Korruptionsvorschriften ist von der Anwendbarkeit der *nemo auditur*-Regel auszugehen, unabhängig davon, ob man sie zur Abschreckung konsequent anwenden will oder eine flexible Anwendung orientiert am Zweck der Verbotsnorm fordert.[781] Eine Anwendung der *nemo auditur*-Regel, um zu vermeiden, dass eine Partei trotz ihres eigenen rechtswidrigen oder sittenwidrigen Verhaltens Rückforderungsansprüche geltend machen kann, ist somit auch bei Anwendung französischen Zivilrechts zu erwarten, zumal auch in der französischen Rechtsprechung mittlerweile auf generalpräventive Gesichtspunkte abgestellt wird.[782] Trotz der fehlenden Kodifizierung und der nicht einheitlichen Rechtsprechung, in denen eine Anwendung französischen Rechts die Zubilligung von Bereicherungsansprüchen ermöglicht, ist eine Annäherung der deutschen und französischen Praxis bei der Anwendung der Kondiktionssperre zu verzeichnen, die auf die Anerkennung der Generalprävention als Zweck der Kondiktionssperre zurückzuführen ist.

Ein einseitiger Verstoß gegen Korruptionsvorschriften zieht grundsätzlich keinen Ausschluss der Rückabwicklung für die Partei nach sich, die von der Korruption keine Kenntnis hatte.

### 3. *Anwendung der Kondiktionssperre in Korruptionsfällen*

Die Nichtanwendung der Kondiktionssperre für Fälle, in denen durch diese eine rechtswidrige Situation aufrechterhalten bleiben würde, wird vereinzelt auch in der deutschen Literatur auf Korruptionsfälle übertragen.[783] Die Argumentation, dass die in Vorleistung tretende Partei benachteiligt wird, kann hier ebenfalls bemüht werden. Es ist für die Parteien aber nicht von vorneherein ersichtlich, welche Partei letztlich benachteiligt wird, sodass der Anwendung der Kondiktionssperre eine generalpräventive Wirkung zukommt.[784] Darüber hinaus kann

781 In der Westman-Entscheidung ausdrücklich auch bei der Unwirksamkeit des Vertrages aufgrund von Korruption angewandt: Cour d'Appel Paris, 30.09.1993, Rev. Arb. 1994, 359; *Schlechtriem*, Restitution und Bereicherungsausgleich, Bd. I, Rn. 236; *Court de Fontmichel*, l'arbitre, le juge et les pratiques illicites du commerce international, Rn. 923 f.

782 *Schlechtriem*, Restitution und Bereicherungsausgleich in Europa, Bd. I, Rn. 481; *Court de Fontmichel*, l'arbitre, le juge et les pratiques illicites du commerce international, Rn. 923 f.

783 *Meyer*, Korruption im Vertrag, S. 176 f.

784 Anders in der Investitionsschiedsgerichtsbarkeit: *Elgueta*, The Legal Consequences of Corruption in International Arbitration: Towards a More Flexible Approach?, Kluwer Arbitration Blog, abrufbar unter: http://kluwerarbitrationblog.com/2016/01/20/

eine Nichtanwendung des § 817 S. 2 BGB zwar nach allgemeiner Meinung keinen ordre public-Verstoß rechtfertigen,[785] führt die Nichtanwendung des § 817 S. 2 BGB indessen zu einer Ermöglichung von Korruption, kann dies im Einzelfall anders zu beurteilen sein. Es entspricht auch dem überindividuellen Schutzzweck der Korruptionsvorschriften,[786] jegliche Rückforderungsansprüche auszuschließen.

Darüber hinaus wird angeführt, dass ein Ausschluss der Rückabwicklung für Verträge des internationalen Handels in Korruptionsfällen unangemessen sei. Dies wurde auch in der deutschen Rechtsprechung früher vertreten,[787] entspricht aber nicht mehr dem aktuellen Verständnis der Sanktionierung des Abschlusses rechtswidriger Verträge sowie den Bestrebungen der effektiven Korruptionsbekämpfung. Begründet wurde diese Auffassung damit, dass man bei grenzüberschreitenden Auftragsbeschaffungen nicht ohne eine Beteiligung an Korruption bestehen könne und die Korruption daher bei der Beurteilung solcher Fälle außer acht gelassen werden müsse.[788] Dem ist nicht zuzustimmen; auch grenzüberschreitende Korruption ist nicht billigenswert und zur Bekämpfung der Üblichkeit von Korruption auch im Ausland ist eine konsequente Sanktionierung auf zivilrechtlicher Ebene vonnöten. Wirtschaftliche Erwägungen können nicht zu einer Akzeptanz korrupter Praktiken führen.

Zu berücksichtigen ist dagegen der Einwand, dass durch den Ausschluss der Rückabwicklung sowohl nach deutschem als aus nach französischem Bereicherungsrecht der rechtswidrige Zustand aufrechterhalten bleibt.[789] So können gezahlte Bestechungsgelder durch die fehlende Rückabwicklung beim Hoheitsträger verbleiben oder der Vermittler behält Mittel, die zum Zwecke der Korruption gedacht waren.[790] Daher wird eine Entscheidung anhand der Umstände des

---

the-legal-consequences-of-corruption-in-international-arbitration-towards-a-more-flexible-approach/ (zuletzt abgerufen am: 05.10.2022).

785 BGH, 17.01.1966, NJW 1966, 730 zur Zubilligung eines Bereicherungsanspruchs nach französischem Recht; BeckOK-BGB/*Spickhoff*, EGBGB Art. 38 Rn. 21 erkennt Ausnahmen an.

786 Zum Schutzzweck strafrechtlicher Normen zur Korruptionsbekämpfung: s.o. Kap. 1 § 1 III. 1.

787 BGH, 27.03.1968, NJW 1968, 1572 (1574); RG, 18.06.1936, JW 1936, 2532.

788 *Sedemund*, DB 2003, 2423 (2427), der für die Anwendbarkeit des § 817 S.2 BGB eine Differenzierung zwischen inländischen und ausländischen Sachverhalten vorsieht; Staudinger-BGB/*Lorenz*, § 817 Rn. 20: man könne im internationalen Handel nicht mit „moralischem Rigorismus“ bestehen.

789 *Sayed*, Corruption in international Trade and Commercial Arbitration, S. 367 f.

790 *Sayed*, Corruption in international Trade and Commercial Arbitration, S. 368.

Einzelfalles gefordert, um eine Abschöpfung der Bestechungsgelder zu gewährleisten.[791] Allerdings kommt auch diese Ansicht zu dem Ergebnis, dass sich die Besserstellung einer Partei im Ergebnis nicht umgehen lässt.[792] Zieht man den Zweck der Vorschriften zur Bekämpfung von Korruption heran, könnte darauf abgestellt werden, dass zum Zwecke der Korruption vorgenommene Zahlungen abgeschöpft werden müssen. Der zahlenden Partei einen Rückforderungsanspruch zuzugestehen, führt aber lediglich dazu, dass bewusst rechtswidrig handelnde Parteien abgesichert sind. Es entspricht durchaus dem Zweck von Vorschriften zur Korruptionsbekämpfung, die Parteien, ohne jeglichen Rechtsschutz zurückzulassen.

Auch von Schiedsgerichten wurde die Problematik, dass der Gewinn aus dem zu Korruptionszwecken geschlossenen Vertrag bei einer Partei verbleibt, als „zumindest unbefriedigend“[793] bezeichnet. Die Mehrheit der Schiedsgerichte wendet den Ausschluss der Rückforderungsansprüche in Korruptionsfällen dagegen an, ohne Zweifel an der Angemessenheit des Ergebnisses zu äußern.[794] Eine Abschöpfung der Korruptionszahlungen an den Staat, die in staatlichen Verfahren zu einer Auflösung der Problematik führen könnte, kommt für Schiedsgerichte nicht in Betracht, sodass der Umstand, dass die aufgrund des Vertrages verschobenen Vermögenswerte bei einer der beiden Parteien verbleiben, nicht umgangen werden kann. Für aufgrund von Korruption nichtige Verträge sollten bereicherungsrechtliche Rückforderungsansprüche ausgeschlossen sein. Werden Rückforderungsansprüche von vorneherein ausgeschlossen, gehen beide Parteien das Risiko ein, auf ihren Kosten sitzen zu bleiben, sodass zumindest eine generalpräventive Wirkung erzielt wird.

## III. Flexiblere Rechtsfolgen

Zu untersuchen ist, in welchen Fällen die Nichtigkeit des Vertrages tatsächlich die einzige in Betracht kommende Konsequenz sein kann. Die verschiedenen Konstellationen, in denen Korruption in Schiedsverfahren auftritt,[795] müssen an

---

791 *Sayed*, Corruption in international Trade and Commercial Arbitration, S. 368.

792 Von *Sayed* wird die Aufrechterhaltung des rechtswidrigen Zustandes als aufzulösendes „paradox“ bezeichnet: *Sayed*, Corruption in international Trade and Commercial Arbitration, S. 368.

793 „une conséquence pour le moins déplaisante”: ICC Schiedsspruch Nr. 8891, Journal du Droit international 2000, 1076 (1083).

794 ICC Schiedsspruch Nr. 5943, Journal du Droit international 1996, 1014; Hilmarton v. OTV, YbCA 1996, 524 (529).

795 Siehe oben Kap. 1 § 2 I.

dieser Stelle getrennt behandelt werden. Durch die Annahme flexibler Rechtsfolgen kann sichergestellt werden, dass Korruption auf zivilrechtlicher Ebene nicht ohne Konsequenzen bleibt, es bleibt aber für eine den Umständen des Einzelfalles entsprechende Lösung Raum.[796] Außerdem ist zu unterscheiden, ob beide Parteien bewusst gegen Korruptionsvorschriften verstoßen haben oder ob lediglich eine Partei den Vertrag mit dem Ziel abschloss, Korruption zu ermöglichen.[797] Ob dies tatsächlich zu unterschiedlichen Ergebnissen führt, ist zu untersuchen.

### *1. Schmiergeldabrede und Vermittlervertrag*

Vereinzelt wird eine flexiblere Handhabung der Rechtsfolgen in Korruptionsfällen gefordert.[798] Durch die Nichtigkeit des Vertrages und dem Ausschluss der Rückforderung ergibt sich typischerweise ein Risiko für die vorleistende Partei. Der Beklagte des Schiedsverfahrens kann sich auf die Nichtigkeit des Vertrages im Schiedsverfahren stützen. In der Handelsschiedsgerichtsbarkeit ist in der Regel jedoch nicht von vorneherein absehbar, wer letztlich Beklagter des Verfahrens sein wird.[799] Zudem zeigt das ICC Schiedsverfahren Nr. 11307, dass auch der zunächst Beklagte, der sich auf die Nichtigkeit des Verfahrens aufgrund von Korruption beruft, in folgenden Verfahren als Kläger selbst dem Risiko der Vorleistung ohne Kompensation ausgesetzt sein kann.[800] *Elgueta* bezieht sich bei seiner Forderung nach mehr Flexibilität daher zurecht lediglich auf Investitionsschiedsverfahren.[801] Ob sein Ansatz in diesen vertretbar ist, ist hier nicht weiter zu untersuchen.

---

796 *Raeschke-Kessler/Gottwald* in: FS Lüer (2008) 39 (49) zur Vertragsanpassung von Investitionsverträgen.

797 *Pieth*, in: FS Schwenzer (2011), 1375 (1383 f.).

798 *Elgueta*, The Legal Consequences of Corruption in International Arbitration: Towards a More Flexible Approach?, Kluwer Arbitration Blog, abrufbar unter: http://kluwerarbitrationblog.com/2016/01/20/the-legal-consequences-of-corruption-in-international-arbitration-towards-a-more-flexible-approach/ (zuletzt abgerufen am: 05.10.2022).

799 Anders in Investititionsschiedsgerichtsbarkeit, in der typischerweise der beteiligte Staat Vorteile aus dem Nachweis von Korruption ziehen kann: *Elgueta*, The Legal Consequences of Corruption in International Arbitration: Towards a More Flexible Approach?, Kluwer Arbitration Blog, abrufbar unter: http://kluwerarbitrationblog.com/2016/01/20/the-legal-consequences-of-corruption-in-international-arbitration-towards-a-more-flexible-approach/ (zuletzt abgerufen am: 05.10.2022).

800 ICC Schiedsverfahren Nr. 11307, YbCA 2008, 24 zur Sachverhaltsdarstellung s.o. Kap. 1 § 2 I. 2.

801 *Elgueta*, The Legal Consequences of Corruption in International Arbitration: Towards a More Flexible Approach?, Kluwer Arbitration Blog, abrufbar unter: http://kluwerarbi

Das Absehen von der Nichtigkeitsfolge, indem der nicht an der Korruption beteiligten Partei die Entscheidung über die Wirksamkeit zugebilligt wird, ist für einen Korruption bezweckenden Vertrag nicht zulässig.[802] Dies würde zu dem Ergebnis führen, dass ein Korruption ermöglichender Vertrag bestehen bleiben könnte. Korruption soll aber unabhängig von einzelnen Parteiinteressen verhindert werden schon aus rein öffentlichem Interesse, sodass die Wirksamkeit eines Vertrages zur Ermöglichung von Korruption nicht von dem Willen einer Partei abhängen kann. In der Praxis beruft sich diese Partei in der Regel auf die Unwirksamkeit des Vertrages aufgrund von Korruption. Die praktische Bedeutung einer solchen Lösung dürfte damit wohl gering sein. Eine Entscheidung, die einen Korruption ermöglichenden Vertrag aufrechterhält, wäre auch nicht mit dem deutschen und französischen ordre public vereinbar.

### *2. Hauptvertrag*

Wie bereits festgestellt sind bei einem Hauptvertrag, der durch Korruption zustande gekommen ist, flexiblere Rechtsfolgen denkbar, auch wenn in einer Vielzahl der Fälle auch von der Nichtigkeit dieses Vertrages auszugehen ist. Zu untersuchen ist, inwieweit die Wirksamkeit des Vertrages gewährleistet werden darf.

#### *a) Kündigung*

Die Kündigung eines Dauervertrages kommt bei Korruption einer Partei in Betracht. Der Vertrag ist damit zunächst als zumindest schwebend unwirksam anzusehen. Insbesondere für einen Hauptvertrag, der durch eine Schmiergeldabrede zustande gekommen ist, ist diese Lösung vorgesehen.[803] Auch in diesem Fall ist dem Auftraggeber die Entscheidung über die Wirksamkeit des Vertrages aber nur zuzugestehen, wenn die andere Partei von der Korruption Kenntnis hatte. An dieser Stelle spielen insbesondere Zurechnungsgedanken eine Rolle. Ob die Kenntnis des Mitarbeiters, der eine Schmiergeldabrede vereinbart, dem Unternehmen zuzurechnen ist, wird unterschiedlich beurteilt.[804] Die Möglichkeit der Kündigung durch den Auftraggeber ist in der Vergabe- und Vertragsordnung

---

trationblog.com/2016/01/20/the-legal-consequences-of-corruption-in-international-arbitration-towards-a-more-flexible-approach/ (zuletzt abgerufen am: 05.10.2022).

802 Zur in nahezu allen Rechtsordnungen anerkannten Regel, dass rechtwidrige Verträge nichtig sind: *Rainer*, Europäisches Privatrecht – Die Rechtsvergleichung, S. 458.

803 *Hauschka/Moosmayer/Lösler*, Corporate Compliance, Rn. 162 f.

804 Siehe oben Kap. 4 § 7 I.

für Bauleistungen ausdrücklich vorgesehen – unabhängig davon, ob durch die Korruption ein für ihn nachteiliger Vertrag zustande gekommen ist.[805] So ist der Auftraggeber in der komfortablen Situation, die für ihn vorteilhafteste Lösung zu wählen. Auch für Verträge außerhalb der Anwendbarkeit der Vergabe- und Vertragsordnung stellt die Vornahme von Korruption wohl einen wichtigen Grund dar, der die Beendigung eines Dauerschuldverhältnisses rechtfertigt.

Die Kündigungsmöglichkeit für einen Hauptvertrag, der durch Korruption zustande gekommen ist, verstößt nicht gegen den ordre public und führt den notwendigen Sanktionierungseffekt für die an Korruption beteiligte Partei herbei.

### *b) Genehmigungsmodell*

Der BGH sieht in Fällen, in denen der Hauptvertrag aufgrund der Nachteiligkeit für den Auftraggeber nichtig ist, die Möglichkeit der Genehmigung durch den Geschädigten vor.[806] Dieser kann, entsprechend der Kündigungsmöglichkeit, die für ihn wirtschaftlich sinnvollste Möglichkeit wählen. Damit soll verhindert werden, dass ihm im Falle von Korruption aufgrund der Nichtigkeit des Vertrages lediglich ein Bereicherungsanspruch zusteht.[807] Gegen die Möglichkeit der Genehmigung kann der Zweck des § 138 BGB angeführt werden, sittenwidrigen Verträgen eben keine Rechtswirksamkeit zukommen zu lassen und diese nicht zur Disposition einer einzelnen Partei zu stellen.[808] Dies entspricht auch dem Zweck der Gesetze zur Bekämpfung von Korruption, die den Schutz des Wettbewerbs bezwecken, welcher effektiv nur durch die Nichtigkeit des Hauptvertrages gefördert werden könnte. Andererseits kann eine unbedingte Nichtigkeit auch bewirken, dass der Auftraggeber durch die Ahndung der Korruption seines Mitarbeiters eigene wirtschaftliche Einbußen in Kauf nehmen müsste. Auch so käme es zu einem rechtspolitisch unangebrachten Ergebnis.

### *c) Teilnichtigkeit und Vertragsanpassung*

Der durch Korruption zustande gekommene Hauptvertrag kann in Einzelfällen rechtswirksam sein, kann aber durch Korruption zu einem höheren Preis zustande gekommen sein. Denkbar wäre, die Preisabrede des Vertrages als

---

805 § 8 Abs. 4 VOB/B.

806 Auch genannt im obiter dictum des Architekten-Urteils: BGH, 06.05.1999, NJW 1999, 2266.

807 *Schlüter/Nell*, NJOZ 2008, 223 (224) = NJW 2008, 895.

808 *Schlüter/Nell*, NJOZ 2008, 223 (225) = NJW 2008, 895.

nichtig anzusehen, nicht aber den übrigen Teil des Vertrages. Die Preisabrede kann somit an eine angemessene Höhe angepasst und eine Wettbewerbsverzerrung verhindert werden. Auch wird dem durch Korruption geschädigten Unternehmen so kein zu großer Einfluss zugebilligt, seine wirtschaftlichen Interessen durchzusetzen. Denkbar ist in diesen Fällen auch eine Vertragsanpassung.[809] Während Kündigung und Genehmigungsmodell für Fälle eines einseitigen Verstoßes gegen Korruptionsvorschriften herangezogen werden, ist eine Vertragsanpassung auch bei einem beidseitigen Verstoß in Betracht zu ziehen. Das rechtswidrige Verhalten der Parteien bleibt nicht ohne Konsequenzen, es besteht aber die Möglichkeit, die Verursachungsbeiträge der Parteien zu berücksichtigen.[810]

Allerdings wird in der Regel davon ausgegangen, dass ein Vertrag, der durch kollusives Zusammenwirken zweier Mitarbeiter zum Nachteil eines Auftraggebers zustande gekommen ist, nichtig ist.[811] Ist der Vertrag zwar durch Korruption zustande gekommen, das Zustandekommen des Vertrages wurde von dem Auftragnehmer aber durch die Korruption lediglich abgesichert, wäre der Vertrag auch ohne die rechtswidrige Handlung unter den gegebenen Bedingungen abgeschlossen worden, sodass kein Raum für eine Teilnichtigkeit oder Vertragsanpassung besteht. Teilnichtigkeit und Vertragsanpassung können damit nur in Ausnahmefällen relevant werden, bieten dann aber die Möglichkeit, die Wirksamkeit des Vertrages trotz zivilrechtlicher Konsequenzen so weit es geht zu erhalten.

## IV. Schadensersatzansprüche

Ansprüche auf Schadensersatz kommen in Fällen beidseitiger Verstöße gegen Korruptionsvorschriften nicht in Betracht. Anders ist dies, wenn nur einer Partei die Beteiligung und Kenntnis von korrupten Handlungen nachgewiesen werden kann.

---

809 Von *Raeschke-Kessler/Gottwald* in: FS Lüer (2008), 39 (49 f.) für den Investitionsvertrag entwickelt, aber auch auf damit in Verbindung stehende Verträge anwendbar; von *Betz*, Proving Bribery, Fraud and Money Laundering in International Arbitration, S. 301 bereits bei einem bloßen Korruptionsverdacht zugelassen.

810 *Raeschke-Kessler/Gottwald* in: FS Lüer (2008), 39 (49, 55).

811 S.o. Kap. 4 § 7 I. 5.

### 1. *Schadensersatz aus Vertragsverletzung*

In dem praktisch ebenfalls relevanten Fall, in dem der Vermittler oder Berater allerdings ohne das Wissen des Vertragspartners die Vergütung des Vertrages zur Bestechung von Amtsträgern nutzt, können dem Vertragspartner Schadensersatzansprüche aus Vertragsverletzung zustehen.[812] In der Praxis werden in Berater- oder Vermittlerverträgen regelmäßig Klauseln aufgenommen, in denen die Parteien vereinbaren, keine korrupten Praktiken zu nutzen. In Anbracht der Üblichkeit von Korruption in manchen Gebieten und Geschäftszweigen kann dieses Vorgehen als „scheinheilig"[813] angesehen werden, muss als Absicherungsmöglichkeit aber wohl als zulässig und verbindlich akzeptiert werden. Die Aufnahme einer solchen Klausel in einen Vertrag muss als Ausfluss der Parteiautonomie zugelassen werden. Zudem verbieten die meisten Rechtsordnungen nicht den Abschluss eines Vermittler- oder Beratervertrages als solches und müssen damit auch die Absicherung der Partei, die nicht selbst in dem betreffenden Gebiet und Geschäftskreisen tätig wird, möglich machen.[814] Wurde der Vertrag mit der Bedingung geschlossen, dass keine Korruption vorgenommen werden darf, ist die Bestechung durch den Berater oder Vermittler als Vertragsverletzung anzusehen. Fraglich ist, welcher Schaden der anderen Partei ersetzt werden muss.

Auch zwischen Unternehmen eines Vertrages, der durch Korruption zustande gekommen ist, kommen Schadenersatzansprüche in Betracht. Zunächst handelt es sich bei dem Abschluss einer Schmiergeldabrede mit einem Mitarbeiter des Unternehmens um eine sittenwidrige Schädigung. Darüber hinaus handelt es sich bei strafrechtlichen Vorschriften zur Korruption in der Privatwirtschaft um Schutzgesetze, deren Verletzung einen Schadensersatzanspruch begründen.

Anders als bei der Einschaltung eines unabhängigen Beraters oder Vermittlers sind in Fällen einer Schmiergeldabrede eines Mitarbeiters Zurechnungsaspekte zu beachten. Wird dem Unternehmen die Kenntnis des Mitarbeiters des Auftragnehmers über die Schmiergeldabrede über § 166 BGB analog zugerechnet, kann dies einen Anspruch auf Schadensersatz des Auftragsgebers gegen den Auftragnehmer begründen. Von einer Zurechnung der Kenntnis des Mitarbeiters des Auftragnehmers ist grundsätzlich auszugehen. Der Schadensersatzanspruch des Auftraggebers gegen den Auftragnehmer kann jedoch abzulehnen

---

812 Stein/Jonas-ZPO/*Schlosser*, § 1051 Rn. 20.

813 Stein/Jonas-ZPO/*Schlosser*, § 1051 Rn. 20.

814 Zu billigenswerten Motiven zum Abschluss eines Berater- oder Vermittlervertrages: *Meyer*, Korruption im Vertrag, S. 185.

sein, wenn auch die Kenntnis des Mitarbeiters des Auftraggebers zuzurechnen ist.[815] Bei einem kollusiven Zusammenwirken der Parteien der Schmiergeldabrede zum Nachteil des Auftraggebers wird die Zurechnung des Mitarbeiters des Auftragsgebers an diesen allerdings als durchbrochen angesehen.[816] Der Mitarbeiter handelt nicht mehr für seinen Arbeitgeber, sondern ausschließlich im Eigeninteresse und zum Nachteil des Auftraggebers. Der bestechende Mitarbeiter handelt dagegen zum Vorteil des eigenen Unternehmens, sodass eine Unterbrechung der Zurechnung hier nicht in Frage kommt.

### 2. *Schadensersatzanspruch aus* culpa in contrahendo

Auch vorvertragliche Pflichtverletzungen können einen Schadensersatzanspruch in Korruptionsfällen begründen. Nicht nur nationale Rechtsordnungen sehen in §§ 241 Abs. 2, 311 Abs. 2, 280 Abs. 1, 3 BGB, Art. 1112 Code Civil Schadensersatzansprüchen aus *culpa in contrahendo* vor,[817] auch in den UNIDROIT Principles[818] ist geregelt, dass die Partei, die sich bei Vertragsschluss über die Nichtigkeit bewusst ist, der anderen Partei zur Zahlung von Schadensersatz verpflichtet ist. Darüber hinaus stellt auch die unzulässige Einflussnahme auf das Zustandekommen des Vertrages eine vorvertragliche Pflichtverletzung dar.

Insbesondere in Fällen von Korruption in der Privatwirtschaft steht dem Unternehmen des Bestochenen ein Schadensersatzanspruch aus *culpa in contrahendo* zu.[819] Dem Unternehmen des Bestechenden wird die Kenntnis des Mitarbeiters über die Gesetzeswidrigkeit des Vertrages zugerechnet.[820]

### 3. *Ermittlung des zu ersetzenden Schadens*

Fraglich bleibt, welcher Schaden der Partei zu ersetzen ist. Aufgrund der Schwierigkeiten im Rahmen des Schadensnachweises werden Klauseln, welche Korruption verbieten,[821] oftmals mit einer Vereinbarung über die Höhe des zu

---

815 Unabhängig von einem eingetretenen Schaden hat der bestochene Mitarbeiter dem Auftraggeber die erhaltenen Vorteile herauszugeben. Im deutschen Recht nach §§ 667, 681, 687 Abs. 2 BGB: *Straube/Rasche*, Arbeitsrechtliche Korruptionsbekämpfung, Rn. 380.

816 *Grützner/Behr* in: Momsen/Grützner, Wirtschaftsstrafrecht, Kap. 9 Rn. 420, 402 f.

817 Zur Unklarheit der Folgen eines Verstoßes gegen die neue Regelung des französischen Zivilrechts: *Fages* in: Die Reform des französichen Vertragsrechts, 28 f.

818 Art. 3 UNIDROIT Principles 2016.

819 *Hauschka/Moosmayer/Lösler*, Corporate Compliance, Rn. 167.

820 *Grützner/Behr* in: Momsen/Grützner, Wirtschaftsstrafrecht, Kap. 9 Rn. 418 ff.

821 S.o. Kap. 4 § 7 IV. 3.

zahlenden Schadensersatzes verbunden,[822] sodass neben den Schwierigkeiten beim Nachweis von Korruption nicht auch im Rahmen der Schadensberechnung Probleme entstehen. Bei einer Verletzung vorvertraglicher Pflichten wird das negative Interesse ersetzt.

Geltend gemacht wird in der Regel Schadensersatz statt der ganzen Leistung, der im deutschen Recht in §§ 280 Abs. 1, 3, 281 Abs. 3 BGB vorgesehen ist. Es wird also die Zahlung des gesamten gezahlten Betrages als Schadensersatz verlangt. Der Anspruch aus vorvertraglicher Verletzung einer Informationspflicht ist auf das negative Interesse gerichtet.[823] Aus der deliktischen Haftung kann sich ein Anspruch auf Schadensersatz ergeben in Höhe des Anteils, der zur Korruption genutzt wurde, also die Differenz zwischen vereinbarter Vergütung und dem Preis, der bei einem ordnungsgemäßen Verfahren zustande gekommen wäre.[824] So kann die notwendige Abschöpfung der Bestechungsgelder gewährleistet werden. Das Zusprechen des großen Schadensersatzes hätte eine effektivere Abschreckung zur Folge, die allein aber keine Erhöhung des Schadens rechtfertigen kann.

Ist der Vertrag nichtig und wird er rückabgewickelt, kommen als Schaden lediglich die möglicherweise entstandenen Mehrkosten in Betracht. Zu ersetzen ist dem Auftraggeber der tatsächlich eingetretene Schaden. Auch an diesem Punkt können sich Beweisschwierigkeiten ergeben. Typischerweise wurden vom Auftraggeber tatsächlich Leistungen erbracht. Welche Ersparnis sich für den Auftraggeber bei einer von Korruption unbeeinflussten Auftragsvergabe ergeben hätte, kann schwierig zu beurteilen sein.

Letztlich ist im Rahmen der Schadensberechnung gegebenenfalls ein Mitverschulden anzusetzen, § 254 BGB.[825] An dieser Stelle ist insbesondere auf das Fehlen von Compliance Systemen abzustellen. Unternehmen sind angehalten, eine Organisation zu schaffen, die Korruption vorbeugt. Tun sie dies nicht, ist ihr Anspruch auf Schadensersatz aufgrund von Korruption, an der ein Mitarbeiter mitgewirkt hat, zu kürzen.

---

822 *Hauschka/Moosmayer/Lösler*, Corporate Compliance, Rn. 160: 3 % des Auftragswertes als pauschalisierter Schadensersatz, wenn kein höherer Schaden nachgewiesen werden kann, wird als zulässig angesehen.

823 *Fages* in: Die Reform des französischen Vertragsrechts, 29.

824 *Hauschka/Moosmayer/Lösler*, Corporate Compliance Rn. 166.

825 Eine ausdrückliche Regelung existiert im französischen Code Civil nicht.

### 4. *Schiedsgerichtliche Praxis*

In der Entscheidung ICC Schiedsspruch Nr. 11307 verlangte der Kläger Schadensersatz von einem Geschäftsherrn aufgrund von diesem vorgenommener Korruption.[826] Der Geschäftsherr hatte sich in einem vorigen Verfahren gegen einen Vermittler auf die Unwirksamkeit des Vermittlervertrages aufgrund von Korruption berufen, bestritt selbige aber in diesem Verfahren. Das Schiedsgericht ging dennoch von dem Vorliegen von Korruption aus, lehnte eine volle Rückerstattung unter Anwendung südafrikanischen Rechts aber ab und sprach dem Unternehmen lediglich die Differenz zwischen Wert der Gegenleistung und Kommission zu.[827] Auf eine mögliche Zurechnung der Kenntnis des bestochenen Mitarbeiters ging das Schiedsgericht nicht ein; es wurde lediglich untersucht, ob der Bestochene auf Anweisung und damit mit Kenntnis eines Organs des Unternehmens handelte.[828] Das Schiedsgericht kam zu dem Ergebnis, dass das Auftrag gebende Unternehmen zwar haftbar für die Handlungen seines Mitarbeiters war, von einer Kenntnis könne aber nicht ausgegangen werden. Das Schiedsgericht sah eine Rückerstattung des gesamten gezahlten Betrages aufgrund der von dem anderen Unternehmen erbrachten Wartungsarbeiten als nicht sachgemäß an.

Im Anerkennungsverfahren in England wurde die Entscheidung zurückverwiesen, da einer Partei das rechtliche Gehör versagt worden sei. Darüber hinaus äußerte das staatliche Gericht zu Recht Zweifel an der Angemessenheit von Ersatzansprüchen für eine an Korruption beteiligte Partei. Zunächst ist festzuhalten, dass das Schiedsgericht nicht über die Wirksamkeit der Schmiergeldabrede, sondern über die Folgen aus dem daraus zustande gekommenen Hauptvertrag entschied, sodass ein Zubilligen eines Ersatzanspruches wohl nach den Regelungen einer Vielzahl von Rechtsordnungen zulässig ist. Das Schiedsgericht war mit der Zubilligung eines Gewinnanteils aber sehr großzügig und ließ lediglich die Rückforderung der tatsächlich zur Korruption genutzten Beträge zu, anstatt im Rahmen eines Wertersatzanspruches nur das Einbehalten der eigenen Auslagen zu gestatten.[829]

---

826 ICC Schiedsverfahren Nr. 11307, YbCA 2008, 24 zur Sachverhaltsdarstellung s.o. Kap. 1 § 2 I. 2.

827 ICC Schiedsspruch Nr. 11307, YbCA 2008, 24 (45 f.).

828 ICC Schiedsspruch Nr. 11307, YbCA 2008, 24 (43).

829 *Meyer*, Korruption im Vertrag, S. 231 f. hält einen auf die eigenen Auslagen beschränkten Ausgleichsanspruch für angemessen.

## V. Fazit

Der pauschalen Aussage, dass mit Korruption belastete Verträge nichtig sind, ist für Verträge, deren Hauptzweck die Ermöglichung von Korruption ist, für die nach deutschem und französischem Zivilrecht zu beurteilenden Verträge zuzustimmen. Insbesondere, wenn beide Parteien an der Korruption beteiligt sind, gebietet die notwendige zivilrechtliche Sanktionierung, jegliche Ansprüche der Parteien gegeneinander auszuschließen. Entscheidungen, welche die Wirksamkeit eines auf Korruption gerichteten Vertrages erhalten, werden regelmäßig nicht anerkennungsfähig oder vollstreckbar sein.

Eine andere Folge kann sich nur für den durch die Korruption begründeten Hauptvertrag ergeben. Während für die Schmiergeldabrede in nahezu allen Rechtsordnungen von der Nichtigkeit des Vertrages auszugehen ist, können sich für den Hauptvertrag je nach anzuwendendem Recht abweichende Rechtsfolgen ergeben. Nach deutschem Recht können in Einzelfällen flexiblere Rechtsfolgen zugelassen werden, im französischen Recht wird die Nichtigkeitsfolge überwiegend als zwingend angesehen.

Für die Ansprüche im Rahmen der Rückabwicklung der Verträge muss die Kenntnis der beteiligten Parteien einbezogen werden. Auch eine konsequente Anwendung der *nemo auditur*-Regel ist geboten, um sicherzustellen, dass Schmiergeldzahlungen nicht zurückverlangt werden können und mit den Mitteln des Rechtsstaates keine Ansprüche durchgesetzt werden, die durch Korruption begründet wurden. Ist ein Unternehmen selbst nicht an der Vornahme korrupter Handlungen beteiligt, steht ihm ein Anspruch auf Rückerstattung der auf den Vertrag gemachten Zahlungen zu. Auch Schadensersatzansprüche sind nicht ausgeschlossen, soweit sie nicht die *nemo auditur*-Regel umgehen.

# § 8 Transparenz in der Handelsschiedsgerichtsbarkeit

Vertraulichkeit und Nichtöffentlichkeit sind ausschlaggebende Argumente für die Wahl eines Schiedsverfahrens gegenüber einem staatlichen Gerichtsverfahren.[830] Schiedsverfahren finden unter Ausschluss der Öffentlichkeit statt und in der Regel sind sowohl die Parteien des Verfahrens als auch das Schiedsgericht zu Stillschweigen über das Verfahren verpflichtet. Wie weitgehend Vertraulichkeit und Nichtöffentlichkeit zu gewährleisten sind, ist in den Randbereichen

830 *Sawang*, Geheimhaltung und rechtliches Gehör im Schiedsverfahren nach deutschem Recht, S. 244.

allerdings ungeklärt.[831] Es ist daher zunächst zu untersuchen inwieweit die Transparenz von Schiedsverfahren derzeit gewährleistet wird und gewährleistet werden muss (I.), um im Anschluss zu untersuchen, ob im Rahmen von Korruptionsfällen dem öffentlichen Interesse gesondert Rechnung getragen werden muss (II.). Abschließend wird geklärt, inwieweit eine Einschränkung der Vertraulichkeit durch ein mögliches Melderechte oder eine Informationspflicht für das Schiedsgericht an staatliche Stellen erfolgen sollte (III.).

## I. Vertraulichkeit und Nichtöffentlichkeit im Schiedsverfahren

Zunächst ist zwischen den Begriffen Vertraulichkeit und Nichtöffentlichkeit zu differenzieren. Vertraulichkeit bezeichnet die Pflicht für am Schiedsverfahren beteiligte Personen keine Informationen nach außen dringen zu lassen. Bei der Nichtöffentlichkeit – einem Bestandteil der Vertraulichkeit – geht es um den Ausschluss der Öffentlichkeit und Dritter, nicht unmittelbar Beteiligter, von Informationen über das Schiedsverfahren.

### *1.* Status quo *der Vertraulichkeit und Nichtöffentlichkeit in Schiedsverfahren*

Die Anhörungen in Schiedsverfahren erfolgen vertraulich und die Entscheidungen sind der Öffentlichkeit sowie Dritten am Verfahren nicht unmittelbar Beteiligten grundsätzlich nicht zugänglich.[832] Derzeit soll die Transparenz in Schiedsverfahren insbesondere durch die Veröffentlichung einzelner Entscheidungen oder in Form anonymisierter Statistiken von Schiedsinstitutionen gewährleistet werden.[833] Abhängig ist eine solche jedoch immer von der Zustimmung der Parteien.[834] Eine umfassende Veröffentlichung ist ohne die Zustimmung der Parteien nur durch die Veröffentlichung von Entscheidungen staatlicher Gerichte im Anerkennungs- oder Vollstreckungsverfahren möglich.[835]

---

831 *Sawang*, Geheimhaltung und rechtliches Gehör im Schiedsverfahren nach deutschem Recht, S. 245 ff.

832 Zu den Unklarheiten darüber, wer an Anhörungen in Schiedsverfahren teilnehmen darf: *Haas/Kahlert* in: Böckstiegel/Nacimiento/Kroll, Arbitration in Germany, 965.

833 In der DIS SchO ausdrücklich vorgesehen in Art. 44 Abs. 3.

834 Für die Veröffentlichung von Statistiken in anonymisierter Form sieht § 44 Abs. 3 DIS-SchO eine Ausnahme von der Erforderlichkeit der Vertraulichkeit vor.

835 Anders in der Investitionsschiedsgerichtsbarkeit beispielsweise im Fall Vattenfall, ICSID Schiedsspruch Nr. ARB/12/12.

### a) *Verfassungsrechtliche Gewährleistung der Vertraulichkeit*

Dass Unternehmen ein berechtigtes Interesse an Geheimhaltung haben, kann nicht in Abrede gestellt werden. Ebenso wenig wie die Tatsache, dass das Schiedsverfahren im deutschen und französischen Zivilprozessrecht die geeignete Streitbeilegungsmethode ist, um diesem Interesse Rechnung zu tragen. Dennoch darf das private Interesse der Parteien nicht von vorneherein jegliche Diskussion über mehr Öffentlichkeit bei Verfahren von öffentlichem Interesse ausschließen.

In der Literatur ist man sich uneins, ob und wenn ja, wie eine größere Transparenz erzielt werden kann. Während einige Autoren eine umfassende Veröffentlichung unabhängig vom Parteiwillen anstreben,[836] warnen andere davor, dass das Streben nach mehr Transparenz, Schiedsverfahren unattraktiv mache und den verfassungsrechtlichen Anspruch der Parteien auf ein autonom gestaltetes Verfahren untergrabe.[837] Gewährleistet werden muss in jedem Fall die Vertraulichkeit hinsichtlich der Geschäftsgeheimnisse der Parteien, welche schon durch die Berufsfreiheit geschützt werden.[838] An der Vertraulichkeit der Verfahren besteht in Handelsschiedsverfahren ein berechtigtes Interesse. Unmittelbar daraus ergibt sich aber kein Anspruch auf eine Vertraulichkeit des gesamten Verfahrens.

### b) *Vorschriften nationaler Rechtsordnungen und Regelungen institutioneller Schiedsverfahren*

Nationale Rechtsordnungen enthalten nur vereinzelt Vorschriften über die Vertraulichkeit.[839] Im deutschen Recht wurde von einer Normierung gänzlich abgesehen. Im französischen Schiedsverfahrensrecht wurde die Verpflichtung zur Vertraulichkeit nur für interne Schiedsverfahren geregelt, Art. 1464 Abs. 4 CPC. Die Beschränkung auf interne Schiedsverfahren soll Raum für mehr Transparenz bei Beteiligung eines Staates am Schiedsverfahren lassen. In der französischen Literatur wird daher vereinzelt davon ausgegangen, dass Verfahren grundsätzlich vertraulich stattfinden, in Ausnahmefällen aber davon abgesehen werden kann.[840] Es ist davon auszugehen, dass die Vertraulichkeitspflicht

---

836 *Eslami*, Nichtöffentlichkeit im Schiedsverfahren, S. 329 ff.

837 *Risse*, SchiedsVZ 2014, 265.

838 BVerfG, 14.03.2006, NVwZ 2006, 1041 ff.; *Sawang*, Geheimhaltung und rechtliches Gehör im Schiedsverfahren nach deutschem Recht, S. 19; *Wolff*, NVwZ 2012, 205 f.

839 Aufzählung bei: *Kahlert*, Vertraulichkeit im Schiedsverfahren, S. 240 Fn. 1311-1316.

840 *Balthasar/Ziadé* in: Balthasar, International Commercial Arbitration, § 9 Rn. 61; anders: *Kahlert*, Vertraulichkeit im Schiedsverfahren, S. 241 f.

in nationalen Schiedsverfahren nicht auch für internationale Schiedsverfahren gelten soll.[841] Den Parteien internationaler Schiedsverfahren steht es jedenfalls frei, in der Schiedsvereinbarung eine Vereinbarung zur Vertraulichkeit aufzunehmen, wovon regelmäßig Gebrauch gemacht wird.

In Schiedsordnungen sind Vorschriften zu Geheimhaltung und Vertraulichkeit vorgesehen.[842] In institutionellen Schiedsverfahren wird dem Schiedsgericht aufgegeben die Vertraulichkeit des Verfahrens zu gewährleisten. Für die Veröffentlichung von Statistiken in anonymisierter Form und allgemeine Informationen sieht Art. 44 Abs. 3 DIS-SchO eine Ausnahme von der Erforderlichkeit der Vertraulichkeit vor. Die ICC Schiedsordnung regelt ebenfalls die Pflicht des Schiedsgerichts, die notwendigen Maßnahmen zur Gewährleistung der Vertraulichkeit zu ergreifen, Art. 22 Abs. 3 ICC-SchO und schließt in Art. 6 der Satzung des Internationalen Schiedsgerichtshofs außerdem alle Personen in die Vertraulichkeitspflicht ein, die am Schiedsverfahren beteiligt sind. Auch in den IBA Rules zur Durchführung des Beweisverfahrens wird die Vertraulichkeit des Verfahrens geregelt. Sichergestellt wird die Gewährung von Geschäftsgeheimnissen insbesondere dadurch, dass die Parteien die Vorlage von Beweismitteln bei der Beeinträchtigung von Geschäftsgeheimnissen gem. Art. 9 Abs. 2 IBA Rules verweigern dürfen.[843] Im Ergebnis sehen die IBA Rules eine Interessenabwägung über die Vertraulichkeit der Dokumente vor, die aber die widerstreitenden Interessen der am Verfahren beteiligten Parteien betrifft und keine Einbeziehung öffentlicher Interessen vorsieht.

### *c) Kritik an der derzeitigen Praxis der Schiedsgerichte*

In den letzten Jahren sind die Rufe nach mehr Transparenz und Öffentlichkeit im Schiedsverfahren lauter geworden. Im Rahmen der politischen Diskussion über Investitionsschutzabkommen hat sich die Diskussion zugespitzt und die Schiedsgerichtsbarkeit wurde pauschal als „Schattenjustiz" diffamiert.[844] Unter

---

841 *Born*, International Commercial Arbitration, § 20.03; *Kahlert*, Vertraulichkeit im Schiedsverfahren, S. 241 f., der in Frankreich eine Entwicklung dahingehend erkennt, dass eine implizite Vertraulichkeitspflicht nicht mehr anerkannt wird. Dass die Neuregelung der Vertraulichkeit tatsächlich die Vertraulichkeitspflicht in internationalen Schiedsverfahren einschränken sollte, ist allerdings zweifelhaft.

842 Art. 44 DIS-Schiedsordnung; Art. 22 ICC-Schiedsordnung sieht eine Vertraulichkeitspflicht für die Parteien nur bei entsprechender Vereinbarung vor.

843 *Leisinger*, Vertraulichkeit in internationalen Schiedsverfahren, S. 228.

844 *Pinzler/Uchatius/Kohlenberg*: „Schattenjustiz – Im Namen des Geldes": Die Zeit (27. Februar 2014); *Henrich*, „Schattenjusitz im Nobelhotel": WirtschaftsWoche vom 29.04.2013, S. 46.

den Begriff der Transparenz wird dabei zum einen der Zugang der Öffentlichkeit als auch der von dritten Beteiligten zu Informationen über das Schiedsverfahren verstanden.[845]

### *aa) Bedürfnis nach mehr Öffentlichkeit*

Entwickelt wurde die Einschränkung der Nichtöffentlichkeit vor allem in der Investitionsschiedsgerichtsbarkeit, in der die derzeitige Praxis vereinzelt sogar weiter geht als die Öffentlichkeit in staatlichen Verfahren.[846] Letztlich wurde aber auch in der Handelsschiedsgerichtsbarkeit das Verhandeln von Streitigkeiten von öffentlichem Interesse „hinter verschlossener Tür" beklagt.[847] Die extensive Annahme der Schiedsfähigkeit in US amerikanischen Verfahren hat in Ausnahmefällen bereits die Lockerung der Vertraulichkeit bewirkt.[848] Zu berücksichtigen ist aber auch, dass die Öffentlichkeit in staatlichen Verfahren in den USA sehr viel weitgehender gewährleistet wird als im deutschen Recht. § 169 GVG gewährleistet lediglich die Öffentlichkeit der mündlichen Verhandlung sowie die Veröffentlichung der Entscheidung.[849] Die großen nationalen Unterschiede in der Gewährleistung des Öffentlichkeitsgrundsatzes für staatliche Verfahren können bei der Diskussion über mehr Transparenz in Schiedsverfahren nicht unberücksichtigt bleiben.

Dass private Parteien das Recht haben, ihre Streitigkeiten vertraulich, von einem privaten Schiedsgericht beilegen zu lassen, darf selbstverständlich nicht vernachlässigt werden. Auch darf mehr Transparenz in Schiedsverfahren nicht als Selbstzweck angesehen werden und zu einer Politisierung von Verfahren führen. Für die praktische Umsetzung dürfen auch gegebenenfalls anfallende, zusätzliche Kosten für die Parteien nicht unberücksichtigt bleiben. Gleichzeitig wird mit Verweis auf das Recht auf den Schutz von Unternehmensinteressen und dem fehlenden Bedürfnis von öffentlichen Zivilverfahren – auch im Rahmen der staatlichen Gerichtsbarkeit – angeführt, dass für Entscheidungen über

845 *Malintoppi/Limbasan*, BCDR International Arbitration Review 2015, 31 (33).

846 Entwickelt anhand von Fällen mit erheblichen betroffenen öffentlichen Interessen; für den Fall Vattenfall, ICSID Schiedsspruch Nr. ARB/12/12: *Buntenbroich/Kaul*, SchiedsVZ 2014, 1; *Elsing/Gräfin Grote*, RIW 2018, 321 (330).

847 *Eslami*, Nichtöffentlichkeit im Schiedsverfahren, S. 79 ff. leitet eine Einschränkung der Vertraulichkeit aus der Eigenschaft der Schiedsgerichte als „tribunals" her; *Haller*, IWRZ 2017, 243; *Tung/Lin*, Austrian Arb. Yearbook 2018, 77 (81).

848 *Elsing/Gräfin Grote*, RIW 2018, 321 (333).

849 *Risse/Oehm*, ZVglRWiss 2015, 407 (411); eine Fernsehübertragung von Gerichtverhandlungen ist in Deutschland ausgeschlossen.

zivilrechtliche Ansprüche nur ein geringes Bedürfnis für mehr Öffentlichkeit bestehe.[850] Den Parteien steht es offen, eine Streitigkeit nicht von Gerichten entscheiden zu lassen, warum also sollten sie im Falle der Streitbeilegung gezwungen werden, diese öffentlich auszutragen? Dagegen ist jedoch anzuführen, dass die Öffentlichkeit von Gerichtsverfahren - auch zivilrechtlichen - wesentlicher Bestandteil eines Rechtsstaates ist. Sobald die Parteien staatlichen Rechtsschutz in Anspruch nehmen, besteht ein berechtigtes Interesse an einem öffentlichen Verfahren. Schiedsgerichten wird vermehrt mittlerweile auch eine öffentliche Funktion zugeschrieben.[851] Durch die Anerkennung der Entscheidungen von Schiedsgerichten durch staatliche Gerichte und ihre Vollstreckbarerklärung, kommt ihnen auch eine öffentliche Wirkung zu. In gewissen Geschäftsbereichen wurde die staatliche Gerichtsbarkeit fast ausschließlich durch Schiedsverfahren ersetzt, sodass vor allem die fehlende Rechtsfortbildung als Argument für ein Bedürfnis nach Öffentlichkeit angeführt wird.

### *bb) Anforderungen an die Gewährleistung von mehr Öffentlichkeit*

Durch die Herleitung der Öffentlichkeit von Verfahren aus dem Demokratieprinzip und der weiten Ausbreitung der Handelsschiedsgerichtsbarkeit, ist fraglich, ob es in Zukunft bei der absoluten Vertraulichkeit von Schiedsverfahren bleiben können wird. Zunächst stellt sich die Frage, ob eine Einschränkung der Vertraulichkeit von Schiedsverfahren, so ein Teil der Literatur, nur bei einer gesetzlich vorgesehenen Ausnahme möglich ist.[852] Dies ergebe sich aus dem Gesetzesvorbehalt der Art. 12 Abs. 1, 14 Abs. 1 GG, welche die Geheimhaltungspflicht in Schiedsverfahren gewährleisten. Auch nach dieser Ansicht kann die Vertraulichkeit aber durch überwiegende Interessen Dritter eingeschränkt werden, insoweit die Einschränkung für den Schutz der Interessen Dritter relevant ist.

Fraglich ist, ob eine größere Öffentlichkeit in Schiedsverfahren an eine Zustimmung der Parteien gebunden sein sollte.[853] Dafür spricht offensichtlich, dass so kein Konflikt mit dem Recht der Parteien auf ein vertrauliches, privates Verfahren entstünde. Werden private Streitigkeiten vor dem Schiedsgericht entschieden, sollten die Parteien grundsätzlich die Möglichkeit haben, ihr Geheimhaltungsinteresse durchzusetzen. Das Bedürfnis nach mehr Öffentlichkeit von

850 *Sawang*, Geheimhaltung und rechtliches Gehör im Schiedsverfahren nach deutschem Recht, S. 244; *Elsing/Gräfin Grote*, RIW 2018, 321 (333).

851 *Khvalei*, Special Supplement 2013: Tackling Corruption in Arbitration, 15.

852 So *Holder*, Vertraulichkeit im Schiedsverfahren nach deutschem Recht, S. 149.

853 *Tung/Lin*, Austrian Arb. Yearbook 2018, 77 (94).

Schiedsverfahren lediglich dem Sensationsbedürfnis der Presse zuzuschreiben,[854] greift aber wohl zu kurz. Gerichtsverfahren sind eben keine bloßen „Dienstleistungen"[855] und ihre Öffentlichkeit ist Bestandteil des Demokratieprinzips. Vor dem Hintergrund, dass gerade solche Sachverhalte in Zusammenhang mit korrupten Handlungen, eine größere Öffentlichkeit notwendig machen,[856] ist die Effektivität eines solchen Vorgehens zweifelhaft. Möglicherweise ist es aber ausreichend, die Transparenz auf der Ebene der Informationspflicht von Schiedsgerichten an staatliche Gerichte zu berücksichtigen.

## 2. *Öffentlichkeit in Korruptionsfällen*

Es gibt eine Vielzahl von Gründen, die für mehr Öffentlichkeit von Schiedsverfahren sprechen, insbesondere die Rechtsfortbildung und Rechtssicherheit sowie die Förderung einer sachlichen und rechtlich zutreffenden Entscheidung.[857] In Korruptionsfällen wird besonders der Grund der Kontrolle von rechtswidrigem/unlauterem Verhalten der beteiligten Parteien relevant. Korruptionssachverhalte in Investitionsschiedsverfahren sind durch die unmittelbare Beteiligung eines Staates offensichtlich von öffentlichem Interesse, nicht zuletzt aufgrund der Auswirkungen des Verfahrens auf Steuergelder. Im Rahmen der politisch geprägten Diskussion über TTIP und CETA und vorrangig anhand der Investitionsschiedsgerichtsbarkeit wurden auch Eingrenzungsmöglichkeiten der absoluten Nichtöffentlichkeit von Schiedsverfahren entwickelt.[858] Die grundlegenden Unterschiede von Investitions- und Handelsschiedsgerichtsbarkeit muss bei einer Übertragung der Diskussion berücksichtigt werden. Auch ist zu beachten, dass Investitionsschiedsverfahren in vielen Fällen bereits transparenter ablaufen als Handelsschiedsverfahren.[859]

---

854 *Risse*, SchiedsVZ 2014, 265.

855 *Risse*, SchiedsVZ 2014, 265.

856 *Tung/Lin*, Austrian Arb. Yearbook 2018, 77 (94); *Ziadé* in: Addressing Issues of Corruption in Commercial and Investment Arbitration, 114 (129).

857 Ausf. zu den möglichen zu berücksichtigenden öffentlichen Interessen an einem Schiedsverfahren: *Kahlert*, Vertraulichkeit in Schiedsverfahren, S. 69.

858 Mittlerweile so weitgehend, dass eine vollständige Öffentlichkeit aller Investitionsschiedsverfahren verlangt wird: *Malintoppi/Limbasan*, BCDR International Arbitration Review 2015, 31 (57).

859 Beispielsweise durch die Anwendung der UNCITRAL Arbitration Rules, die speziell für Investitionsschiedsverfahren entworfen wurden; auch zu beobachten in dem Fall Vattenfall.

Die Übertragbarkeit dieser Eingrenzungen auf die Handelsschiedsgerichtsbarkeit wird teilweise rigoros abgelehnt.[860] Wie die dargestellten Fälle zeigen, kann aber auch in der Handelsschiedsgerichtsbarkeit das öffentliche Interesse berührt sein; insbesondere bei Verträgen betreffend den Ausbau der Infrastruktur eines Staates oder die Lieferung von Energie und der damit einhergehenden Bestechung von Amtsträgern. Der gleiche Informationsbedarf wie in Fällen, in denen eine Partei des Schiedsverfahrens ein Staat ist, ist aber dennoch – alleine durch die Finanzierung des Verfahrens durch die Parteien ohne den Verbrauch von Steuergeldern – nicht gegeben. Zu beachten ist auch, dass die Beziehung zwischen Berater und Amtsträger nicht direkt Gegenstand des Schiedsverfahrens ist. Dennoch kann durch das Schiedsverfahren Korruption aufgedeckt werden, von welcher durch ein nichtöffentliches Verfahren keine Informationen nach außen gelangen.

In Fällen privater Korruption im Rahmen der Auftragsvergabe durch Unternehmen besteht regelmäßig kein öffentliches Interesse in besonderem Maße. Allerdings kann sich auch bei Wettbewerbsverzerrungen durch Korruption ein Interesse der Öffentlichkeit und vor allem eines der potenziellen Mitbewerber ergeben. Inwieweit dem nachzugehen ist, ist jedoch fraglich. Dass Dritte keine Informationen über den Gegenstand von Schiedsverfahren aufgrund eines eigenen wirtschaftlichen Interesses erhalten, ist durchaus zulässig. Die Parteien stimmen einer Veröffentlichung der Einzelheiten des Verfahrens in Korruptionsfällen regelmäßig nicht zu. Die Nichtöffentlichkeit von Schiedsverfahren ist in nicht wenigen Fällen ein Grund für die Wahl des Schiedsverfahrens gegenüber einem staatlichen Verfahren.

Trotz der guten Gründe ein nichtöffentliches Verfahren zuzulassen, lässt sich nicht leugnen, dass der Öffentlichkeit durch die derzeitige Praxis die Kontrolle über nur im Schiedsverfahren aufgedeckte Missstände entzogen wird. Auch sind Ausnahmen der Nichtöffentlichkeit des Schiedsverfahrens längst anerkannt. Teilweise werden diese ausdrücklich geregelt, wodurch andere Ausnahmen darüber hinaus aber nicht ausgeschlossenen werden. Der Information der Öffentlichkeit würde durch eine Veröffentlichung der Entscheidung, in Ausnahmefällen gegebenenfalls sogar in anonymisierter Form,[861] wohl genüge getan werden. Für eine öffentliche Durchführung von Anhörungen besteht keine Notwendigkeit, schon gar nicht für eine Veröffentlichung von Schriftsätzen, die schon in staatlichen Verfahren nicht vorgesehen ist.[862] Im Ergebnis muss das Interesse der

---

860 *Elsing/Gräfin Grote*, RIW 2018, 321 (331 ff.); *Risse*, SchiedsVZ 2014, 265.

861 *Kahlert*, Vertraulichkeit in Schiedsverfahren, S. 74.

862 *Risse/Oehm*, ZVglRWiss 2015, 407.

Öffentlichkeit gegen das Geheimhaltungsinteresse der Parteien abgewogen werden, wobei dem Interesse an der Geheimhaltung illegalen Verhaltens geringes Gewicht zukommt. In Schiedsverfahren unter der Beteiligung eines staatlichen Unternehmens wurde bereits eine Beweislastumkehr dahingehend angenommen, dass ein öffentliches Interesse bestehe und die Geheimhaltungsinteressen der Parteien überwiege.[863] Soweit wird man in Schiedsverfahren mit privater Beteiligung nicht gehen können.

### *3. Zwischenergebnis*

Schiedsverfahren, an denen Verbraucher beteiligt sind, sowie Investitionsschiedsverfahren, haben gemeinsam, dass ihnen das bestehende öffentliche Interesse an einem transparenten Verfahren offensichtlich (entweder aufgrund der Beteiligung eines Staates oder aufgrund der Schutzwürdigkeit einer Partei) immanent ist. Davon kann bei Handelsschiedsverfahren zwischen zwei Unternehmen nicht die Rede sein. Daraus ergibt sich die Problematik, allgemeingültige Regeln zur Gewährleistung transparenterer Verfahren aufzustellen. Die Praxis der weitgehenden Transparenz in Investitionsschiedsverfahren auf Handelsschiedsverfahren zu übertragen, ist offensichtlich nicht sachgerecht. Dennoch sollte in Korruptionsfällen, das öffentliche Interesse an der Aufklärung berücksichtigt werden. Durch Veröffentlichungen von Entscheidungen und Akten eine einzelfallunabhängige Lösung zu finden, erscheint nicht realistisch. Die Rufe nach mehr Transparenz in Schiedsverfahren von vorneherein abzulehnen, wird dauerhaft jedoch auch keine Lösung sein. Zunächst wird die Gewährleistung von Öffentlichkeit wohl beschränkt sein auf Fälle, in denen staatliche Strafverfolgungsorgane eingeschaltet werden oder die Verfahren durch Aufhebungs- oder Vollstreckbarerklärungsverfahren an die Öffentlichkeit gelangen. So bleibt die Trennung zwischen öffentlichen Gerichtsverfahren und nichtöffentlichen Schiedsverfahren grundsätzlich bestehen. Darüber hinaus bietet es sich aber durchaus an, eine Abwägung des öffentlichen Interesses mit dem Interesse der Parteien an Vertraulichkeit vorzunehmen.

---

863 Esso vs. Plowman, Arb. Int. 1995, 235; *Leisinger*, Vertraulichkeit in internationalen Schiedsverfahren, S. 203 ff.; *Holder*, Vertraulichkeit im Schiedsverfahren nach deutschem Recht, S. 149.

## II. Offenbarungspflicht der Schiedsgerichte an staatliche Stellen

Eine Möglichkeit zum Tätigkeitwerden staatlicher Stellen würde bei einer Informationspflicht der Schiedsgerichte an die Strafverfolgungsbehörden entstehen. Ob eine solche Pflicht oder ein Melderecht besteht und falls ja, wann, wurde bisher nur in Ansätzen untersucht. Die Beurteilung hängt maßgeblich von der Rolle ab, die man dem Schiedsgericht zuschreibt.[864]

Zunächst ist zu untersuchen, ob sich eine Pflicht zur Meldung von Korruption an staatliche Stellen begründen lässt (1.) oder lediglich ein Recht dazu besteht (2.). Fraglich ist auch, ob eine Lockerung der Geheimhaltungspflichten nur angenommen werden soll, wenn das Schiedsgericht die Korruptionsvorwürfe als erwiesen ansieht oder ob es ausreicht, dass das Schiedsgericht, korruptes Verhalten der Parteien für möglich oder wahrscheinlich hält, der tatsächliche Beweis aber nicht geführt werden konnte (3.).

### *1. Herleitung einer Meldepflicht korrupten Verhaltens an staatliche Stellen*

In Schiedsverfahrensrechten ist eine Pflicht der Schiedsgerichte, strafbares Verhalten der Parteien zu melden, nur in Ausnahmefällen vorgesehen,[865] die meisten Schiedsverfahrensrechte normieren eine solche Verpflichtung nicht. Zu fragen ist daher, ob sich die Verpflichtung zur Meldung strafbaren Verhaltens für Schiedsrichter anderweitig begründen lässt.

#### *a) Anwendung gesetzlicher Meldepflichten auf Schiedsrichter*

Wie bereits festgestellt, sind Schiedsgerichte keine unmittelbaren staatlichen Funktionsträger. Dennoch wird vereinzelt eine, zumindest analoge, Anwendung von Normen, die eine Informationspflicht staatlicher Richter an Strafverfolgungsbehörden begründen, auf Schiedsrichter diskutiert.[866] Auch die Anwendbarkeit von gesetzlichen Informationspflichten für spezielle Bereiche,

---

864 *Goldenbaum*, McGill Journal of Disp. Res. Vol. 2, 2015-2016, 82.

865 Die Schiedsrechte in Israel und Singapur sehen eine Pflicht der Schiedsgerichte die Staatsanwaltschaft über verdächtiges Verhalten der Parteien zu informieren, vor. *Hwang/Lim*, Corruption in Arbitration – Law and Reality, S. 48 f. ausführlich zur Rechtslage in Singapur.

866 *Schlabrendorff* in: FS Schlosser (2005), 181 (858); *Court de Fontmichel*, L'arbitre, le juge et les pratiques illicites du commerce international, préf. H. Gaudemet-Tallon, S. 351 ff.

insbesondere die Geldwäsche, auf Schiedsrichter ist an dieser Stelle zu berücksichtigen. Gesetzlich normierte Meldepflichten für Schiedsrichter, welche die Vertraulichkeitspflicht durchbrechen bestehen an Wertpapieraufsichtsbehörden, an die EU-Kommission für Fälle des Kartellrechts und im Bereich der Geldwäsche.[867] Einzig Meldepflichten aufgrund von Geldwäsche können auch in Korruptionsfällen relevant werden.

Die Notwendigkeit der Offenlegung von Korruption wird sowohl in der OECD-Convention on Combating Bribery als auch in der UN-Konvention zur Bekämpfung von Korruption formuliert. Beide Übereinkommen sehen vor, dass in nationalen Rechtsordnungen Mechanismen zur Offenlegung implementiert sind, konkrete Vorgaben, für wen Meldepflichten und unter welchen Voraussetzungen bestehen sollen, sind aber nicht enthalten. Eine Pflicht für Schiedsrichter, Korruption zu melden, kann aus völkerrechtlichen Übereinkommen nicht abgeleitet werden.[868] Die Notwendigkeit, die Offenlegung von Korruption zu fördern wurde aber offenbar auch bei der Verfassung der Regelungswerke erkannt.

### *aa) Deutschland*

Für Richter sind Informationspflichten an Strafverfolgungsbehörden in § 183 GVG normiert, der nur in der Sitzung begangene Straftaten erfasst und für die hier untersuchten Korruptionssachverhalte damit nicht relevant ist. Eine Meldepflicht für außerhalb der Sitzung begangene Straftaten ist für Richter nicht normiert. Darüber hinaus entscheiden die Richter nach ihrem Ermessen über die Mitteilung strafrechtlich relevanten Verhaltens an die Strafverfolgungsbehörden, eine allgemeine Meldepflicht kann § 183 GVG schon für staatliche Richter nicht begründen.[869] Für Schiedsrichter wird eine solche erst recht nicht hergeleitet werden können. Einzig die unterschiedlichen Ausgangssituationen der Öffentlichkeit und fehlenden Vertraulichkeitspflichten in staatlichen Zivilverfahren, die eine Information der Strafverfolgungsbehörden auch ohne das Tätigwerden der Richter ermöglichen, während im Schiedsverfahren strafrechtlich relevantes Verhalten vollkommen geheim gehalten werden kann, könnte für eine Ungleichbehandlung sprechen. Dieser Umstand rechtfertigt ohne gesetzliche Grundlage aber nicht die Schiedsgerichte in die Pflicht zu nehmen.

---

867 *Kahlert*, Vertraulichkeit im Schiedsverfahren, S. 308 ff.; Meldepflichten an Gesellschafter werden in der Regel nur für die Parteien relevant.

868 *Nasarre*, TDM 3 (2013), 29.

869 MükoZPO/*Zimmermann*, GVG § 183 Rn. 1; *Nierwetberg*, NJW 1996, 432.

Besondere Gesetze bestehen für Meldepflichten bezüglich der Kenntnis von Geldwäsche nach der Umsetzung der zweiten Geldwäscherichtlinie. Die deutschen Vorschriften des Geldwäschegesetzes finden nach allgemeiner Meinung keine Anwendung auf Schiedsgerichte.[870] Zwar gehören Schiedsrichter nicht selten Berufsgruppen an, für die im Geldwäschegesetz eine Meldepflicht vorgesehen ist, dies führt jedoch nicht unmittelbar dazu, dass Schiedsrichter sich auch an diese halten müssen. Die Meldepflicht für Anwälte in § 11 GwG ist auf Kenntnisse im Rahmen von rechtsberatenden Tätigkeiten zugeschnitten, sodass Schiedsrichter nach dem Telos der Norm nicht erfasst werden sollen.[871]

#### *bb) Frankreich*

In der französischen Literatur wird angedacht, eine Meldepflicht aus Art. 40 Code Procedure Pénal herzuleiten.[872] Anders als im deutschen Recht statuiert das französische Recht eine allgemeine Meldepflicht für staatliche Richter an Strafverfolgungsbehörden.

Der Begriff „autorité constituée" schließe außerdem nicht aus, dass auch Schiedsrichter erfasst werden. Dass der Gesetzgeber die Norm nicht für diese geschaffen habe, widerspreche einer extensiven Auslegung des Begriffes nicht.[873] Dagegen ist einzuwenden, dass die Übertragung einer Norm, die vom Gesetzgeber für unabhängige Verwaltungsbehörden geschaffen wurde, auf Schiedsrichter im Wege einer Wortlautauslegung nicht mehr vom Regelungszweck der Norm erfasst wird. Eine direkte Anwendung der Norm auf Schiedsrichter scheidet mithin aus.

Die Anwendbarkeit von Art. 40 Code Procedure Pénal auf Schiedsrichter könnte sich nur im Wege einer Analogie ergeben. Die Zulässigkeit einer Analogie ergibt sich nach einer in der Literatur vertretenen Ansicht aus der prozessualen

---

870 Anwälte sind nach § 2 Verpflichtete des GeldwäscheG. Die Schiedsrichtertätigkeit ist aber keine rechtsberatende Tätigkeit.

871 *Schlabrendorff* in: FS Schlosser (2005), 181 (858) auch die aus einer Anwendung des GwG folgende Ungleichbehandlung von Schiedsrichtern je nach ihrer beruflichen Tätigkeit spricht gegen eine Anwendung.

872 *Court de Fontmichel*, L'arbitre, le juge et les pratiques illicites du commerce international, préf. H. Gaudemet-Tallon, S. 351, 353 der als Ausgangspunkt zugrunde legt, dass Schiedsrichter nicht in einer grundlegend anderen Position sind als staatliche Richer, insbesondere bei der Konfrontation mit strafrechtlich relevantem Verhalten; *Chilstein*, Rev. Arb. 2009, 3 (29).

873 *Court de Fontmichel*, L'arbitre, le juge et les pratiques illicites du commerce international, préf. H. Gaudemet-Tallon, S. 352.

Natur der Norm, sodass kein Analogieverbot wie im materiellen Strafrecht bestehe.[874] Da Schiedsrichter dem staatlichen Richter entsprechende Befugnisse haben und ihre Position der des staatlichen Richters angepasst werde, müssten auch die gleichen Pflichten vom Schiedsrichter verlangt werden.[875] Art. 40 Code Procedure Pénal wurde zweifelsohne nicht für die Anwendung auf Schiedsrichter geschaffen, sondern statuiert eine allgemeine Meldepflicht für staatliche Funktionsträger.[876] Trotz der extensiven Annahme der Schiedsfähigkeit und der damit einhergehenden Befugnisse fehlt es für die Annahme einer Analogie wohl an der vergleichbaren Interessenlage. Von einer analogen Anwendung der Norm auf Schiedsrichter ist somit abzusehen.

Auch in der französischen Literatur wird angenommen, dass die im Geldwäschegesetz normierten Informationspflichten für Angehörige bestimmter Berufe nicht für Schiedsrichter gelten.[877] Zwar sind Schiedsrichter in der Regel Angehörige eines im Geldwäschegesetz genannten Berufes, die Pflicht zur Information an staatliche Stellen besteht jedoch nur für im Rahmen dieses Berufes erlangte Erkenntnisse, sodass die Schiedsrichtertätigkeit ausgenommen ist.[878]

### *b) Strafbarkeitsrisiko für Schiedsgerichte*

Eine Meldepflicht kann jedoch durch das Strafbarkeitsrisiko der Schiedsrichter bestehen. Führt das Untätigbleiben der Schiedsrichter zu einer Beihilfe- oder Begünstigungshandlung, können diese dem Strafbarkeitsrisiko durch die Meldung an staatliche Stellen entgehen. Unter anderem dieses Strafbarkeitsrisiko kann Anlass sein, sollte sich ein Korruptionsverdacht schon vor Beginn des Schiedsverfahrens aufdrängen, die Beteiligung als Schiedsrichter an einem solchen Verfahren abzulehnen. Darüber hinaus ist in § 138 StGB die Nichtanzeige geplanter Straftaten unter Strafe gestellt. Korruptionsdelikte sind dort allerdings nicht erfasst, sondern lediglich Geldwäschedelikte, die nur im Einzelfall mit Korruptionsdelikten zusammenfallen. Darüber hinaus muss die Ausführung oder der Erfolg noch abwendbar sein. Auch das wird bei im Schiedsverfahren aufgedeckten Korruptionssachverhalten nicht der Fall sein. Das Strafbarkeitsrisiko für

---

874 *Court de Fontmichel*, L'arbitre, le juge et les pratiques illicites du commerce international, préf. H. Gaudemet-Tallon, S. 351.

875 *Court de Fontmichel*, L'arbitre, le juge et les pratiques illicites du commerce international, préf. H. Gaudemet-Tallon, S. 351.

876 *Chilstein*, Rev. Arb. 2009, 3 (30).

877 *Chilstein*, Rev. Arb. 2009, 3 (30 f.).

878 *Chilstein*, Rev. Arb. 2009, 3 (30 f.).

Schiedsrichter kann lediglich ein Recht begründen, diesem durch die Mitteilung an staatliche Stellen zu entgehen.[879]

Art. 434-1 Code Pénal sieht eine allgemeine Meldepflicht für jedermann an Strafverfolgungsorgane vor, diese ist aber auf Verbrechen beschränkt. Korruptionsdelikte fallen somit nur darunter soweit Täter ein Amtsträger ist. Korruption von Privatpersonen wird mit unter 10 Jahren Gefängnisstrafe bedroht und ist somit nicht von der Meldepflicht umfasst. Art. 434-1 Code Pénal ist unproblematisch auch auf Schiedsrichter anwendbar. Allerdings werden nur Handlungen unter Strafe gestellt, soweit die Auswirkungen eines Verbrechens abgeschwächt werden können oder absehbar ist, dass weitere Straftaten begangen werden.[880] Liegen die Voraussetzungen jedoch vor, kann aus Art. 434-1 Code Pénal ein Recht zur Meldung der Straftat an staatliche Stellen hergeleitet werde, sieht man Schiedsrichter nicht als von einer Schweigepflicht erfasste Personen an. Wendet man Art. 40 Code Procedure Pénal auf Schiedsrichter an,[881] scheidet eine Verschwiegenheitspflicht aufgrund der gesetzlichen Verpflichtung zur Offenlegung von vorneherein aus, Art. 226-13 Code Pénal. Auch von den Vertretern der Ansicht, dass Schiedsrichter einer Schweigepflicht unterliegen wird darauf hingewiesen, dass sich eine gesetzliche Grundlage für eine Verschwiegenheitspflicht nicht findet.[882] Die Verpflichtung der Schiedsrichter zur Vertraulichkeit lässt sich aus vertraglicher Vereinbarung begründen.

### *c) Funktion des Schiedsgerichts*

Als Instrument der Streitbeilegung, welches sich allein aus dem Parteiwillen legitimiert, wird der Schiedsrichter nicht in einer staatlichen Funktion tätig, die ihn zu einer Sicherstellung der strafrechtlichen Verfolgung verpflichtet. Zutreffend ist auch, dass die Verpflichtung, Eingriffsnormen und den ordre public zu berücksichtigen, eine Sanktionierung von Korruption auf zivilrechtlicher Ebene zwar notwendig macht, eine Pflicht zur Information staatlicher Strafverfolgungsbehörden zur Sicherstellung auch der strafrechtlichen Verfolgung aber nicht begründen kann.[883] Trotzdem wird aus der Gleichwertigkeit des durch das

---

879 Dazu, ob ein solches besteht sogleich: Kap. 4 § 8 II. 3.

880 “d’un crime dont il est encore possible de prévenir ou de limiter les effets, ou dont les auteurs sont susceptibles de commettre de nouveaux crimes”

881 *Court de Fontmichel*, L’arbitre, le juge et les pratiques illicites du commerce international, préf. H. Gaudemet-Tallon, S. 351.

882 *Chilstein*, Rev. Arb. 2009, 3 (33).

883 *Kreindler*, Strafrechtrelevante und andere anstößige Verträge als Gegenstand von Schiedsverfahren, S. 97.

Schiedsgericht gewährleisteten Rechtsschutzes eine Meldepflicht für Schiedsrichter hergeleitet.[884] Die Aufgabe des traditionellen Verständnisses eines Schiedsrichters als von den Parteien berufene Privatperson ist zu begrüßen, da sie den Befugnissen des Schiedsgerichts und ihrer Funktion zur Gewährleistung eines gleichwertigen Rechtsschutzes nicht mehr gerecht wird. Dies bringt sie jedoch nicht in die Rolle eines Amtsträgers oder eines staatlichen Richters. Die fehlende Einbettung in das staatliche Rechtsschutzsystem zeichnet das Schiedsgericht gerade aus. Verpflichtet man Schiedsrichter nicht als staatliche Funktionsträger lässt sich eine Meldepflicht für sie nur noch aus dem transnationalen ordre public herleiten. Schiedsrichter als Wächter über die Einhaltung des transnationalen ordre public aufzuschwingen,[885] und damit eine analoge Anwendung der Vorschriften für staatliche Richter zu begründen geht aber an ihrer Funktion vorbei.

Das Schiedsverfahren soll einen dem staatlichen Verfahren gleichwertigen Rechtsschutz bieten, eine Offenbarungspflicht für Schiedsrichter lässt sich aus den Normen für staatliche Richter aber nicht begründen. Auch der Schiedsrichtervertrag regelt das Rechtsverhältnis des Schiedsrichters zu den Parteien, nicht aber seine Funktion in der Strafverfolgung. Schiedsgerichte und Schiedsinstitutionen sind verpflichtet bei gerichtlichen Anordnungen oder gesetzlich angeordneten Meldepflichten, Informationen über das Schiedsverfahren preiszugeben. Dies entspricht auch der Praxis. Aufgrund der Häufigkeit, mit der Schiedsrichter mit Korruption in Berührung kommen, wäre es für eine umfassende Sanktionierung von Korruption (auch durch strafrechtliche Verfolgung) sowie die Möglichkeit, die Abschöpfung von Bestechungsgeldern zu bewirken, wünschenswert, wenn Schiedsrichter im Falle festgestellter Korruption, Strafverfolgungsbehörden informieren. Eine Pflicht, aktiv zu werden, kann aber, so lange eine entsprechende gesetzliche Grundlage fehlt, nicht angenommen werden.

### 2. *Recht der Schiedsrichter, Korruption an staatliche Stellen zu melden*

Schiedsrichter können, insbesondere aufgrund des eigenen Strafbarkeitsrisikos, ein Interesse daran haben, Korruption an staatliche Stellen zu melden. Dazu, ob

884 *Betz*, Proving Bribery, Fraud and Money Laundering in International Arbitration, S. 286 vor dem Hintergund, dass Schiedsrichter von dem schweizerischen Strafrecht wie funktionale Beamte behandelt werden; *Nasarre*, TDM 3 (2013), 29.

885 *Nasarre*, TDM 3 (2013), 29, die Schiedsrichter als Wächter über den transnationalen ordre public (*guardian of transnational public policy*) bezeichnet.

ein solches Recht besteht, wird bisher weitgehend geschwiegen.[886] Anerkannt ist, dass für Schiedsrichter auch zum Schutz eigener Interessen Ausnahmen von der Vertraulichkeitspflicht bestehen.[887] So dürfen Schiedsrichter, in gegen sie gerichteten Verfahren, vertrauliche Informationen preisgeben, um sich selbst zu schützen.[888]

Aufgrund der Kollision mit der Vertraulichkeitspflicht als grundlegende Pflicht aus dem Schiedsrichtervertrag, wird dies vereinzelt abgelehnt.[889] Zu berücksichtigen ist daher das Haftungsrisiko des Schiedsrichters bei einem Verstoß gegen die Vertraulichkeitspflicht. Verstößt ein Schiedsrichter gegen die vereinbarte Vertraulichkeitspflicht, kann er zur Zahlung von Schadensersatz wegen Vertragsverletzung verpflichtet sein.[890] Die einzige Möglichkeit für die Schiedsrichter, der aufgezeigten Pflichtenkollision zu entgehen, wäre dann ihre Tätigkeit nieder zu legen.[891] Aufgrund dieser Möglichkeit besteht nach teilweise vertretener Ansicht auch keine unzumutbare Situation für die Schiedsrichter. Die Niederlegung des Schiedsrichteramtes sollte aber immer *ultima ratio* sein und ist als Widerspruch zur Durchführung eines effektiven Verfahrens ebenso nicht mit der Hauptpflicht der Schiedsrichter aus dem Schiedsrichtervertrag zu vereinbaren. Darüber hinaus wird allgemein davon ausgegangen, dass Schiedsrichter über mit Korruption belastete Verträge entscheiden können,[892] dies könnten sie nicht, wenn eine Verwicklung in Korruptionssachverhalte eine Niederlegung des Schiedsrichteramtes bewirken würde. Der Situation der Schiedsrichter muss allerdings Rechnung getragen werden. Zumindest in den Fällen, in denen andernfalls ein Strafbarkeitsrisiko für Schiedsrichter besteht, sollte ein Recht

---

886 *Rieder/Schoenemann*, NJW 2011, 1169 (1174); *Spehl*, SchiedsVZ 2007, 322 (323).

887 *Kahlert*, Vertraulichkeit im Schiedsverfahren, S. 217 (für die Durchsetzung von Schadensersatzansprüchen und die Verteidigung gegen solche); *Leisinger*, Vertraulichkeit in internationalen Schiedsverfahren, S. 90.

888 *Leisinger*, Vertraulichkeit in internationalen Schiedsverfahren, S. 90.

889 *Rieder/Schoenemann*, NJW 2011, 1169 (1174); *Kahlert*, Vertraulichkeit in Schiedsverfahren, S. 194 in Fn. 1046.

890 *Kahlert*, Vertraulichkeit im Schiedsverfahren, S. 374 ff.; praktisch ist die Haftung von Schiedsrichtern wegen eines Verstoßes gegen die Vertraulichkeitspflicht nicht relevant, insbesondere auch aufgrund von Schwierigkeiten des Schadensnachweises: *Lachmann*, Handbuch der Schiedsgerichtsbarkeit Rn. 143; *Leisinger*, Vertraulichkeit in internationalen Schiedsverfahren, S. 91 mit Verweis auf das einzige bisher nach deutschem Recht dazu ergangene Urteil: OLG Hamburg, KTS 1961, 174 ff.

891 *Rieder/Schoenemann*, NJW 2011, 1169 (1174); *Kahlert*, Vertraulichkeit in Schiedsverfahren, S. 194 in Fn. 1046.

892 S.o. Kap. 2 § 3 III. und § 4 III.

für Schiedsrichter bestehen, die Strafverfolgungsbehörden zu informieren. So kann ein effektives Verfahren gewährleistet werden, ohne den Schiedsrichter in die Gefahr strafbaren Verhaltens zu bringen. Eine (analoge) Anwendung von Normen, die Offenbarungsrechte und -pflichten für staatliche Richter festlegen, auf Schiedsrichter bietet sich nicht an, es sollte aber nicht außer Acht gelassen werden, dass zumindest ein Recht für staatliche Richter, strafbares Verhalten zu melden, normiert ist. Da – anders als in staatlichen Verfahren – aus Schiedsverfahren grundsätzlich keine Informationen an die Öffentlichkeit und staatliche Stellen gelangen, bietet es sich an, Schiedsrichtern zumindest dieses Melderecht zuzugestehen. Dass das Melderecht nicht leichtfertig ausgeübt werden darf, da es das Risiko einer Aufhebung oder Versagung der Vollstreckbarerklärung des Schiedsspruches aufgrund von Parteilichkeit nach sich ziehen könnte, ist bei der Frage der Anforderungen an ein solches zu berücksichtigen.

Da vom Schiedsgericht selbst eine abschließende Prüfung seiner Strafbarkeit nicht verlangt werden kann, sollte ein allgemeines Recht für Schiedsrichter nach ihrem Ermessen, Korruption an Strafverfolgungsbehörden zu melden, anerkannt werden. Damit kollidiert auch nicht die Pflicht des Schiedsrichters zur Vertraulichkeit. Schiedsrichter haben in diesen Fällen ein berechtigtes Interesse an einer Einschränkung der Vertraulichkeit und wie bereits festgestellt, besteht bei Fällen von öffentlichem Interesse ein nur beschränktes Bedürfnis an einem vertraulichen Verfahren. Darüber hinaus kann eine Stärkung des Vertrauens in Schiedsgerichte bewirkt werden.

Ein solches Recht für Schiedsrichter ergibt sich bisher aber weder aus der deutschen noch aus der französischen Rechtsordnung. Ein Ausschluss der Haftung könnte sich aus der Unzumutbarkeit für den Schiedsrichter bei einem bestehenden Strafbarkeitsrisiko ergeben. Darüber hinaus könnte aufgrund der verfassungsrechtlichen Gewährleistung der Vertraulichkeit eine gesetzliche Grundlage erforderlich sein, um diese einzuschränken.[893]

### 3. *Voraussetzungen eines Melderechts*

Geht man davon aus, dass ein Recht für Schiedsrichter, Korruption an staatliche Stellen zu melden grundsätzlich besteht, stellt sich die Frage, welche Anforderungen an das Vorliegen einer solchen zu stellen sind.

---

893 *Risse/Oehm*, ZVglRWiss 2015, 407 (409).

### a) *Zuständige Stelle*

Bei einer Meldepflicht stellt sich die Frage, an welche Strafverfolgungsbehörde der Schiedsrichter sich wenden muss. In Betracht kommt die Behörde des Sitzstaates oder die Behörde des Staates, der für die Strafverfolgung zuständig ist. Ist eine Meldepflicht gesetzlich vorgesehen, besteht diese an die Behörde des Sitzstaates. Ist dieser aber für die Strafverfolgung nicht zuständig, läuft die Meldepflicht ins Leere.[894] Erkennt man den Schiedsrichtern lediglich das Recht zu, die Strafverfolgungsbehörden zu informieren, besteht die Problematik nicht in gleichem Maße, da eine Information der falschen Stelle keine unmittelbaren Folgen für die Schiedsrichter nach sich ziehen würde. Dennoch stellt sich die Frage, die Strafverfolgungsbehörden welchen Staates bestenfalls informiert werden sollten. Wie bereits festgestellt, könnte sich bei der Information der Behörden des Sitzstaates ein Zuständigkeitsproblem ergeben. Durch die Ausweitung der Bekämpfung von Korruption auf internationaler Ebene dürfte dies bei Fällen öffentlicher Korruption aber nur in Ausnahmefällen eine Rolle spielen. Durch die Umsetzung der OECD-Konvention wurde eine Strafbarkeit auch für die Bestechung ausländischer Amtsträger bewirkt. Ein anderes Bild ergibt sich für die Korruption in der Privatwirtschaft. Eine Prüfung der internationalen Zuständigkeit für die Strafverfolgung kann sich aber als problematisch erweisen, sodass aus Praktibilitätsgesichtspunkten eine Information der Behörden des Sitzstaates als naheliegend und angemessen angesehen werden muss.

### b) *Nachweis von Korruption im Rahmen des Schiedsverfahrens*

Konnte der Beweis der Korruption geführt werden, ist eine Information staatlicher Stellen zumindest zu empfehlen. Das Schiedsgericht geht in einem solchen Fall auch kein Risiko ein, dass im Rahmen eines Aufhebungs- oder Vollstreckbarerklärungsverfahrens, die Parteilichkeit des Schiedsgerichts aufgeworfen wird.[895] Wurde die Korruption im Schiedsverfahren bewiesen und die Schiedsrichter setzen sich durch die Geheimhaltung der Gefahr der Strafverfolgung aus, ist es ihnen nicht zumutbar, der Vertraulichkeitspflicht nachzukommen.

---

894 S.o. Kap. 4 § 8 II 1.

895 *Schima/Sesser*, SchiedsVZ 2016, 61 (71).

### *c) Verdachtsmomente des Schiedsgerichts*

Schwieriger zu beantworten ist die Frage, ob sich, entsprechend der Verdachtskündigung von Dauerschuldverhältnissen, bereits durch bloße Verdachtsmomente ein Recht des Schiedsgerichts zur Meldung an staatliche Stellen ergeben kann.[896]

Eine leichtfertige Information der Strafverfolgungsbehörden, kann durch eine Verletzung der Vertraulichkeitspflicht für Schiedsrichter Haftungsfolgen nach sich ziehen. Dies könnte soweit führen, dass das Schiedsgericht das Verfahren bis zum Abschluss von Ermittlungen der Strafverfolgungsbehörden oder Verfahren vor staatlichen Gerichten aussetzt. Ob dies mit der Verpflichtung, ein effektives Verfahren zu führen vereinbar ist, ist fraglich. Legt man die Verdachtskündigung von Dauerschuldverhältnisses auch für die Kündigung des Schiedsrichtervertrages zugrunde,[897] ist es konsequent eine Information staatlicher Stellen auch bei einem hinreichenden Verdacht zuzulassen, sodass Schiedsrichter bei einem bloß hinreichenden Korruptionsverdacht nicht lediglich die Möglichkeit haben, den Schiedsrichtervertrag zu kündigen, um der Situation zu entgehen. Geht das Schiedsgericht von einem hinreichenden Verdacht für das Vorliegen von Korruption aus, ist das Einhalten der Vertraulichkeitspflicht unzumutbar. Darüber hinaus gelingt dem Schiedsgericht in einer Vielzahl von Fällen der Nachweis von Korruption trotz eines begründeten Verdachts nicht. Die besseren Gründe sprechen daher dafür, dass Recht des Schiedsgerichts, Korruption an staatliche Stellen zu melden, auch in Fällen zuzulassen, in denen das Schiedsgericht, die Korruption selbst nicht als bewiesen ansieht.

## *4. Fazit*

Dass Unsicherheit über die Offenbarungsrechte und -pflichten an staatliche Stellen bei Konfrontation mit Korruptionsfällen herrscht, ist in Anbetracht der unklaren Rechtslage verständlich. Im deutschen Recht sind Offenbarungspflichten schon für staatliche Richter nur sehr restriktiv vorgesehen. Eine allgemeine Pflicht zur Mitteilung von in Schiedsverfahren bekannt gewordenen Straftaten kann somit nicht hergeleitet werden. Im Ergebnis kann eine allgemeine Meldepflicht auch nach der französischen Rechtslage nicht begründet werden, auch wenn die Meldepflichten staatlicher Richter extensiver ausgestaltet sind als im

896 *Rieder/Schoenemann*, NJW 2011, 1169 (1171).
897 *Rieder/Schoenemann*, NJW 2011, 1169 (1174).

deutschen Recht, ist eine analoge Anwendung dieser auch auf Schiedsrichter abzulehnen.

Ein Recht des Schiedsrichters nach seinem Ermessen, Straftaten bei Bekanntwerden im Schiedsverfahren an staatliche Stellen zu melden, sollte aber anerkannt werden. Um die Vertraulichkeit des Schiedsverfahrens nicht zu weit einzuschränken, sollte ein Melderecht aber auf Fälle beschränkt bleiben, in denen das Schiedsgericht die Korruption als erwiesen ansieht oder ein hinreichender Verdacht besteht. So setzen die Schiedsrichter sich auch keinem Haftungsrisiko aufgrund eines Verstoßes gegen Vertraulichkeitsregelungen aus.

# Kapitel 5: Eingriffsmöglichkeiten staatlicher Gerichte

Abschließend ist zu untersuchen, inwieweit staatliche Gerichte im Verfahren über die Aufhebung, Anerkennung oder Vollstreckbarerklärung die Entscheidung des Schiedsgerichts über das Vorliegen von Korruption überprüfen (§ 9).

## § 9 Prüfungsumfang staatlicher Gerichte in Aufhebungs- und Vollstreckbarerklärungsverfahren hinsichtlich eines ordre public-Verstoßes

Um die Durchsetzung der Korruptionsbekämpfung zu gewährleisten, müssen schließlich Überprüfungsmöglichkeiten durch die staatlichen Gerichte bestehen. Im Aufhebungs- und Vollstreckbarerklärungsverfahren spielen die Auswirkungen der Korruption im Schiedsverfahren eine große Rolle. An dieser Stelle ist zum einen zu ermitteln, inwieweit die staatlichen Gerichte an die Feststellungen des Schiedsgerichts gebunden sind und ob sich insoweit hinsichtlich der Verfahren, bei denen Korruption festgestellt oder behauptet wird, Besonderheiten ergeben. Außerdem ist zu prüfen, unter welchen Voraussetzungen beziehungsweise nach welchen Kriterien ein Schiedsspruch aufgrund von Korruption aufgehoben werden kann.

Der Prüfungsmaßstab der staatlichen Gerichte muss grundsätzlich eine Balance zwischen dem Verbot der révision au fond und der Gewährung rechtlichen Gehörs und den geschützten öffentlichen Interessen darstellen. Zu unterscheiden ist zwischen der Überprüfung des Schiedsspruches in tatsächlicher und in rechtlicher Hinsicht.

### I. Aufhebung oder Vollstreckbarerklärung eines Schiedsspruches aufgrund von Korruption

Die Voraussetzungen für die Aufhebung und Versagung der Vollstreckbarerklärung eines Schiedsspruches wurden, soweit sie für das Vorgehen des Schiedsgerichts relevant sind, bereits dargestellt. Im Folgenden soll die Praxis der staatlichen Gerichte im Aufhebungs- und Vollstreckbarerklärungsverfahren dargestellt und untersucht werden.

### *1. Aufhebungs- und Vollstreckbarerklärungsverfahren in Deutschland*

Ein inländischer Schiedsspruch kann auf Antrag bei einem deutschen Gericht nach § 1059 Abs. 2 Nr. 2 b) ZPO aufgehoben oder ihm kann die Vollstreckbarerklärung nach § 1060 Abs. 2, 1059 Abs. 2 Nr. 2 b) ZPO versagt werden. Das Gericht kann einen Schiedsspruch lediglich aufheben, nicht aber selbst entscheiden oder dem Schiedsgericht Sachanweisungen erteilen.[898] Auf Antrag kann das staatliche Gericht die Sache gemäß § 1059 Abs. 4 ZPO neben der Aufhebung an das Schiedsgericht zurückverweisen. § 1061 ZPO verweist für die Anerkennung und Vollstreckbarerklärung ausländischer Schiedssprüche auf das UNÜ. Den bisherigen Vertragsstaatenvorbehalt hat Deutschland zurückgenommen. Somit kann jeder im Ausland ergangene Schiedsspruch in Deutschland nach dem UNÜ anerkannt werden.[899]

Die Voraussetzungen zur Versagung der Anerkennung oder Vollstreckbarerklärung decken sich im deutschen Schiedsrecht mit denen des UNÜ. Auch die Unterschiede in der Bestimmung des maßgeblichen ordre publics (intern oder international) wirken sich in Korruptionsfällen praktisch nicht aus.[900] Das deutsche Schiedsverfahrensrecht sieht in § 1061 Abs. 3 ZPO vor, dass die deutsche Vollstreckbarerklärung eines ausländischen Schiedsspruches, der im Ausland aufgehoben wurde, auf Antrag ebenfalls aufgehoben werden kann.

### *2. Aufhebungs- und Vollstreckbarerklärungsverfahren in Frankreich*

Die Aufhebung eines internen Schiedsspruches ist im französischen Schiedsverfahrensrecht in Art. 1491, 1492 CPC, die Vollstreckbarerklärung in Art. 1487, 1488, CPC geregelt.[901]

Die Anerkennung und Vollstreckung internationaler und ausländischer Schiedssprüche richtet sich nach Art. 1514, 1520 CPC. Die Definition des internationalen Schiedsverfahrens ist dabei sehr weit. Erfasst werden alle Schiedsverfahren die einen Zusammenhang mit internationalem Wirtschaftsrecht aufweisen, Art. 1504 CPC. Ausländische oder internationale Schiedssprüche sollen anerkannt und vollstreckt werden, wenn ihre Existenz bewiesen werden kann und sie nicht gegen den internationalen ordre public verstoßen. Die französische Praxis ist bekannt für die großzügige Anerkennung und Vollstreckbarerklärung

898 *Nagel/Gottwald* in: Nagel/Gottwald, Internationales Zivilprozessrecht, § 18 Rn. 182.
899 *Nagel/Gottwald* in: Nagel/Gottwald, Internationales Zivilprozessrecht, § 18 Rn. 183.
900 S.o. Kap. 1 § 2 II 1. a).
901 S.o. Kap. 1 § 2 II. 2.

von ausländischen und internationalen Schiedssprüchen.[902] Dies zeigt sich auch in der Besonderheit des französischen Schiedsverfahrensrechts, die Vollstreckbarerklärung von Schiedssprüchen, denen in einem anderen Staat die Anerkennung versagt wurde, uneingeschränkt zuzulassen.[903]

Die Gründe, die Anerkennung eines in Frankreich erlassenen Schiedsspruches zu versagen, sind abschließend geregelt. Dass eine darüberhinausgehende Überprüfung nicht stattfindet, ist Ausprägung des Verbots der révision au fond. Auch Frankreich hat das UNÜ für internationale Schiedsverfahren ratifiziert, verweist aber nicht auf dessen Regelungen. Die Vorgaben des UNÜ werden als Mindeststandard für die Anerkennung und Vollstreckung ausländischer Schiedssprüche verstanden. Die großzügigeren Regelungen des französischen Rechts stehen damit im Wege der Meistbegünstigungslösung im Einklang.

### 3. *Gründe der Aufhebung oder Versagung der Vollstreckbarerklärung aufgrund von Korruption*

Denkbare Gründe für die Aufhebung oder Versagung der Vollstreckbarerklärung eines Schiedsspruches aufgrund von Korruption, sind auf den ersten Blick die fehlende objektive Schiedsfähigkeit und die ordre public-Widrigkeit.

Dass die Überprüfung eines Schiedsspruches zur Sanktionierung und Bekämpfung von Korruption anhand des internen und internationalen materiellen ordre public sowohl in Frankreich als auch in Deutschland zu erfolgen hat, wurde bereits dargestellt.[904]

Neben der Geltendmachung eines Verstoßes gegen den materiellen ordre public, wird jedoch regelmäßig auch der verfahrensrechtliche ordre public im Aufhebungs- und Vollstreckbarerklärungsverfahren gerügt. Über die Gewährung rechtlichen Gehörs wird geprüft, ob das Schiedsgericht den Sachvortrag der Parteien berücksichtigt hat. Das Schiedsgericht muss dazu nicht zu dem gesamten Vorbringen der Parteien Stellung nehmen. Der Entscheidung des Schiedsgerichts muss aber zu entnehmen sein, dass der Sachvortrag der Parteien zur Kenntnis genommen wurde.[905] Die Rüge der Versagung rechtlichen Gehörs führt oftmals zu einer Überprüfung des Beweisverfahrens des Schiedsgerichts,[906]

---

902 *Penda Matipe/Councillor Olokotor* in: Rethinking the Role of African National Courts in Arbitration, 108.

903 Hilmarton v. OTV, YbCA 1996, 524 (529).

904 S.o. Kap. 1 § 2 II. 1. und 2.

905 OLG Hamburg, 13.07.2016, RdTW 2017, 176.

906 S.o. Kap. 3 § 5 III.

sodass auch die Tatsachenfeststellungen überprüft werden. Die sogleich aufgeworfene Frage, welcher Prüfungsmaßstab bei der Kontrolle des materiellen ordre public zugrunde gelegt werden sollte, stellt sich in diesen Fällen nicht.

## II. Das Verbot der révision au fond im Rahmen der ordre public-Kontrolle

Das Schiedsgericht ist keine bloße Vorinstanz, sondern trifft grundsätzlich eine abschließende Entscheidung. Eine Inhaltskontrolle von Schiedssprüchen findet nicht statt. Ausgangspunkt der Kontrolle ist das Ergebnis des Schiedsverfahrens, allein dieses wird auf eine mögliche ordre public-Widrigkeit überprüft. Der Grundsatz des Verbotes der révision au fond ist im internationalen Schiedsverfahrensrecht anerkannt. Im Rahmen der ordre public-Kontrolle stößt die konsequente Anwendung des Verbots der révision au fond aber an ihre Grenzen. Inwieweit eine vollumfängliche Überprüfung von Schiedssprüchen zur Gewährleistung einer wirksamen ordre public-Kontrolle vorzunehmen ist, besteht nicht nur zwischen den staatlichen Gerichten unterschiedlicher Länder, sondern häufig auch innerhalb einer Rechtsordnung Uneinigkeit.

Es wird vielfach zwischen drei Ansätzen zur Bestimmung des Prüfungsmaßstabes unterschieden; einem minimalen, einem maximalen und einem kontextbezogenen Maßstab.[907] Der minimale Prüfungsmaßstab wird von den staatlichen Gerichten in der Schweiz angewandt und verbietet jegliche Überprüfung der von dem Schiedsgericht festgestellten Tatsachen.[908] Der insbesondere von englischen Gerichten praktizierte kontextbezogene Ansatz erlaubt das Wiederaufrollen der festgestellten Tatsachen nur nach einer Prüfung der Bedeutung und Wahrscheinlichkeit des gerügten ordre public-Verstoßes, um einen Kompromiss zwischen wirksamer Überprüfung im Hinblick auf strafbares Verhalten und abschließender Entscheidung des Schiedsgerichts zu schaffen.[909] Der französische Ansatz führt dagegen zu einem maximalen Prüfungsumfang, da

907 *Sayed*, Corruption in International and Commercial Arbitration, S. 412; *Poudret/Besson*, Comparative Law of International Arbitration, Rn. 938.

908 Tracomin SA v. Sudan Oil Seeds Ltd., Tribunal fédéral, 21.08.1990, ASA Bulletin 1991, 30 (33) „[…] reicht selbst eine offensichtlich falsche Tatsachenfeststellung oder Rechtsanwendung für sich allein nicht aus, um einen Beschwerdegrund nach Art. 190 Abs. 2 IPRG zu setzen"; Tribunal fédéral, 19.02.1990, ASA Bulletin 1990, 171.

909 *Sayed*, Corruption in International and Commercial Arbitration, S. 412; *Poudret/Besson*, Comparative Law of International Arbitration, Rn. 938.

sowohl rechtliche als auch tatsächliche Feststellungen des Schiedsgerichts einer Kontrolle zugänglich seien.[910]

## III. Prüfungsumfang staatlicher Gerichte in Deutschland

Die deutsche Rechtsprechung hat sich mit dem Prüfungsumfang in Korruptionsfällen bisher nur in (wenigen) Verfahren über die Vollstreckbarerklärung von Schiedssprüchen befasst.[911] Diese Entscheidungen beziehen sich ausschließlich auf die Überprüfung ausländischer oder internationaler Schiedssprüche anhand des internationalen ordre public im Anerkennungs- und Vollstreckbarerklärungsverfahren.

In der deutschen Rechtsprechung und Literatur ist umstritten, inwieweit ein Prüfungsumfang für staatliche Gerichte hinsichtlich der Tatsachenfeststellungen des Schiedsgerichts besteht.[912] Im Rahmen der ordre public-Kontrolle wird in der Rechtsprechung teilweise eine Ausnahme der révision au fond angenommen.[913] Die Gewährleistung der fundamentalen Rechtsgrundsätze kann hinter dem Verbot der révision au fond nicht zurückstehen. Einheitlich wird die Ausnahme des Verbots der révision au fond jedoch nicht abgelehnt. Teilweise wird eine strikte Anwendung des Verbots der révision au fond auch bei der Prüfung von ordre public-Verstößen gefordert[914] oder eine vollumfängliche Überprüfung nur bei der Prüfung des verfahrensrechtlichen ordre public angenommen.[915]

### *1. Überprüfung in rechtlicher Hinsicht*

Das Schiedsgericht überprüft lediglich das Ergebnis des Schiedsspruches auf einen ordre public-Verstoß hin.[916] Wird ein ordre public-Verstoß gerügt, darf das Schiedsgericht die rechtlichen Erwägungen des Schiedsgerichts vollumfänglich überprüfen einschließlich der Anwendung des Rechts auf die festgestellten

910 S.u. zur zwischenzeitlichen Abkehr vom maximalen Prüfungsumfang Kap. 5 § 9 IV.

911 BGH, 28.09.2006, BeckRS 2006, 12070; OLG Hamm, 27.09.2005, SchiedsVZ 2006, 107 (109 f.); OLG Hamburg, 12.03.1998, BeckRS 1998, 06211.

912 Stein/Jonas-ZPO/*Schlosser*, § 1059 Rn. 1; *Mavrantonakis*, Das Verbot der révision au fond, S. 66 ff.

913 OLG Köln, 04.08.2017, NJOZ 2018, 949 (955).

914 *Lionnet/Lionnet*, Handbuch der internationalen und nationalen Schiedsgerichtsbarkeit, S. 413.

915 HK-ZPO/*Saenger*, § 1059 Rn. 31.

916 *Nagel/Gottwald* in: Nagel/Gottwald, Internationales Zivilprozessrecht, § 18 Rn. 218.

Tatsachen.[917] Die Prüfung ist jedoch auf offensichtliche Rechtsanwendungsfehler beschränkt,[918] wodurch weniger gravierende Fehler von der Kontrolle ausgenommen werden sollen.

### *2. Überprüfung in tatsächlicher Hinsicht*

Ob die vom Schiedsgericht zugrunde gelegten Tatsachen überprüft werden, ist umstritten. Der BGH berücksichtigt im Rahmen des Verfahrens über die Vollstreckbarerklärung eines Schiedsspruches bei einem denkbaren ordre public-Verstoß auch neue Tatsachen.[919] Die Zugrundelegung des vom Schiedsgericht festgestellten Sachverhalts gilt demnach nicht absolut.

Dagegen wird eingewandt, dass eine Überprüfung der Tatsachenfeststellungen nicht angebracht sei. Das Schiedsgericht müsse den von dem Schiedsgericht ermittelten Sachverhalt zumindest bezüglich der Prüfung eines Verstoßes gegen den materiellen ordre public zugrunde legen. Nur über den Einwand der Missachtung rechtlichen Gehörs, könnten die Feststellungen des Schiedsgerichts auf Tatsachenebene angegriffen werden.[920]

Auch hinsichtlich von Verstößen gegen das Kartellrecht, wurde von deutschen Gerichten eine umfassende Überprüfung vorgenommen. Hier sind aber die europarechtlichen Anforderungen zu berücksichtigen. Der EuGH hat seine Mitgliedstaaten ausdrücklich zu einer effektiven Überprüfung von Schiedssprüchen hinsichtlich von Kartellverstößen verpflichtet.[921]

### *3. OLG Hamburg, 12.03.1998*

Das OLG Hamburg hatte 1998 über die Vollstreckbarerklärung eines in der Schweiz ergangenen Schiedsspruchs unter Geltung der ICC Schiedsordnung zu entscheiden.[922] Die Beklagte plante die Errichtung einer Baumwollspinnfabrik in Syrien und schloss im Rahmen dessen einen Berater- oder

917 BGH, 12.05.1958, NJW 1958, 1538; OLG Frankfurt a.M., 17.05.2005, SchiedsVZ 2005, 311.

918 *Nagel/Gottwald* in: Nagel/Gottwald, Internationales Zivilprozessrecht, § 18 Rn. 219, 221.

919 *Mavrantonakis*, Das Verbot der révision au fond, S. 66 ff.; zur Überprüfung einer US-amerikanischen staatlichen Entscheidung: BGH, 29.04.1999, BGHZ 141, 286; *Geimer* in: Geimer, Internationales Zivilprozessrecht, Rn. 2989, 3879.

920 OLG Köln, 23.04.2004, SchiedsVZ 2005, 163 (165).

921 EuGH, 01.06.1999, Slg. 1999 I, 3055.

922 OLG Hamburg, 12.03.1998, BeckRS 1998, 06211.

Vermittlervertrag – eine genaue Einordnung der Vertragsart wurde nicht vorgenommen – mit dem Kläger. Dem Kläger sollte eine Provision von 4 % des gesamten Auftragswertes als Vergütung gezahlt werden. Die Beklagte kündigte den Vertrag mit der Begründung, dass dieser nach syrischem Recht widerrechtlich sei und der Kläger außerdem die geschuldeten Tätigkeiten nicht vorgenommen habe. Darauf berief sich die Partei auch im Vollstreckbarerklärungsverfahren. Der Kläger habe nicht die geschuldeten Tätigkeiten vorgenommen, sondern lediglich syrische Amtsträger bestochen, der Vertrag sei daher sittenwidrig.[923] Die staatlichen Gerichte überprüften in erster Linie, wie das Beweisverfahren bezüglich des Nachweises der Korruption abgelaufen war. Die Frage, inwieweit das Verbot der révision au fond beachtet werden müsse, lies das Gericht offen. Eine Entscheidung darüber sei nicht nötig, da der Entscheidung des Schiedsgerichts im Ergebnis zugestimmt werde.[924]

### 4. *Bewertung*

Die Partei hatte die Nichtigkeit des Vertrages aufgrund von Korruption bereits im Schiedsverfahren geltend gemacht und brachte im Vollstreckungsverfahren keine neuen Tatsachen vor, sondern hielt die Beweisführung des Schiedsgerichts für unzureichend. Durch die Beschränkung der ordre public-Kontrolle auf Verstöße gegen fundamentale Rechtsprinzipien besteht für eine solche Differenzierung jedoch auch kein Anlass. Die Kontrolle von Schiedssprüchen unterliegt grundsätzlich dem Verbot der révision au fond. Zumindest die Hürde der ordre public-Kontrolle muss aber auch bei einer restriktiven Kontrolle des Schiedsspruches überwunden werden. Durch eine gezielte Überprüfung des Beweisverfahrens, können nicht berücksichtigte Umstände aufgegriffen werden, sollte es denn welche geben. Auf die in der deutschen Rechtsprechung nicht einheitlich beantworteten Frage, ob auch bei Geltendmachung eines Verstoßes gegen den materiellen ordre public eine vollumfängliche Prüfung erforderlich ist, oder nur bei Verstößen gegen den verfahrensrechtlichen ordre public, geht die Entscheidung nicht ein. Eine gesonderte Behandlung von Fällen, in denen ein ordre public-Verstoß wegen Korruption (oder strafrechtlich relevantem Verhalten) gerügt wird, kennt die deutsche Rechtsprechung nicht. Es wird vielmehr auf die in der Rechtsprechung entwickelten Grundsätze zurückgegriffen.

---

923 OLG Hamburg, 12.03.1998, BeckRS 1998, 06211.
924 OLG Hamm, 27.09.2005, SchiedsVZ 2006, 107 (110).

Wie bereits festgestellt, ist diese jedoch hinsichtlich des Prüfungsumfangs bei der Beurteilung von ordre public-Verstößen nicht einheitlich. Die Praxis des BGH, bei ordre public-Verstößen auch die Berücksichtigung neuer Tatsachen zuzulassen, trägt der Bedeutung von ordre public-Verstößen Rechnung. Eine Differenzierung nach der Bedeutung und Wahrscheinlichkeit der in Rede stehenden ordre public-Verstößen, wie dies von den englischen Gerichten praktiziert wird,[925] kennt die deutsche Praxis nicht. Die deutsche Praxis lässt sich nicht eindeutig in die dargestellten Lösungsansätze einordnen. Einerseits wird die Berücksichtigung von neuen Tatsachen durch die staatlichen Gerichte entsprechend dem maximalen Prüfungsmaßstab zugelassen, andererseits versucht sich auch die deutsche Rechtsprechung an einer Eingrenzung der Überprüfung von Schiedssprüchen.[926]

Eine Prüfung des verfahrensrechtlichen ordre public kann nur durch eine Überprüfung der Beweiswürdigung oder nicht berücksichtigter Beweismittel erfolgen. Eine wirksame Überprüfung sollte allerdings auch bei Verstößen gegen den materiellen ordre public gewährleistet werden. Es besteht insbesondere kein Grund Kartellrechtsverstöße einer umfassenden Überprüfung zuzuführen und bei der Überprüfung aufgrund von Korruption Einschränkungen zu machen.

## IV. Prüfungsumfang staatlicher Gerichte in Frankreich

In Frankreich hat sich eine umfassendere Rechtsprechung zu dieser Thematik herausgebildet. Diese bezieht sich ausschließlich auf die Überprüfung ausländischer oder internationaler Schiedssprüche im Rahmen eines Anerkennungs- oder Vollstreckbarerklärungsverfahrens.

Die Einordnung der Praxis der französischen Gerichte reicht von einem maximalen[927] bis zu einem minimalen Prüfungsumfang[928], wobei zwischen der

---

925 *Sayed*, Corruption in international and Commercial Arbitration, S. 412 spricht von einem "contextual approach"; *Poudret/Besson*, Comparative Law of International Arbitration, Rn. 938.

926 *Poudret/Besson*, Comparative Law of International Arbitration, Rn. 938 sieht eine Ähnlichkeit zur Rechtsprechung der schweizerischen Gerichte und vernachlässigt damit die Praxis des BGH, neue Tatsachen im Anerkennungsverfahren zuzulassen.

927 *Maximal approach*: *Sayed*, Corruption in international Trade and Commercial Arbitration, S. 410.

928 *Minimalist approach*: *Peterson*, The French Law Standard of Review for Conformity of Awards with International Public Policy where Corruption is Alleged: Is the Requirement of a "Flagrant" Breach Now Gone?, Kluwer Arbitration Blog, 10.12.2014, abrufbar unter: http://kluwerarbitrationblog.com/2014/12/10/the-french-law-standard-of-review-for-conformity-of-awards-with-international-public-policy-where-cor

Überprüfung in tatsächlicher und rechtlicher Hinsicht und der Beschränkung auf bestimmte ordre public-Verstöße differenziert werden muss.

### 1. *Entwicklung der französischen Rechtsprechung*

Ursprünglich wurde von der Cour de Cassation festgelegt, dass eine révision au fond im Anerkennungs- und Vollstreckungsverfahren nicht stattfinden soll.[929] Dennoch wurde in der französischen Rechtsprechung eine umfassende Überprüfung von Schiedssprüchen hinsichtlich eines ordre public-Verstoßes vorgenommen. Der Schiedsspruch wurde sowohl in rechtlicher als auch in tatsächlicher Hinsicht überprüft.[930] Dieses Vorgehen war nach Ansicht der Cour d'Appel Paris auch und gerade bei der Überprüfung von Schiedssprüchen, die über die Wirksamkeit eines mit Korruption belasteten Vertrages entscheiden, geboten, um die Einhaltung fundamentaler Prinzipien der französischen Rechtsordnung aufrechtzuerhalten.[931]

In der Thales Entscheidung entschied die Cour d'Appel Paris schließlich bei der Versagung der Anerkennung und Vollstreckbarerklärung des Schiedsspruches, die ordre public-Widrigkeit aufgrund eines Verstoßes gegen das Kartellrecht auf einen klaren, wirksamen und konkreten (*flagrant, effectif et concrèt*) Verstoß zu beschränken.[932] Die Offensichtlichkeit des Verstoßes fehle, da ein möglicher Verstoß gegen kartellrechtliche Vorschriften im Schiedsverfahren nicht angesprochen wurde.[933] Dieser Prüfungsmaßstab wurde anschließend auch in Korruptionsfällen angewandt, sowohl von der Cour d'Appel Paris[934] als

---

ruption-is-alleged-is-the-requirement-of-a-flagrant-breach-now-gone/ (zuletzt abgerufen am: 05.10.2022).

929 S. Nachweise bei: *Sayed*, Corruption in International Trade and Commercial Arbitration, S. 405; *Mavrantonakis*, Das Verbot der révision au fond, S. 230 ff.

930 Entwickelt in: Cour de Cassation, 06.01.1987, *SPP c/ République Arabe d'Egypte*, Rev. Arb. 1987, 469; weiterhin angewandt in: Cour de Cassation, 06.10.2010; *„maximal approach"*: *Sayed*, Corruption in international and Commercial Arbitration, S. 410; *Poudret/Besson*, Comparative Law of Innternational Arbitration, Rn. 938.

931 Cour d'Appel Paris, 30.09.1993, Rev. Arb. 1994, 359 m. Anm. *Bureau*, 366.

932 Cour d'Appel Paris, SA Thales Air Defence v. GIE Euromissile and SA EADS France 18.11.2004, J.D.I. 2005, 357.

933 Cour d'Appel Paris, SA Thales Air Defence v. GIE Euromissile and SA EADS France 18.11.2004, J.D.I. 2005, 357.

934 M. Schneider Schaltgerätebau und Elektroinstallation v. la société CPL Industries Limited, Cour d'Appel Paris, 10.09.2009.

auch von dem Cour de Cassation.[935] Die Cour de Cassation ging jedoch auch ausdrücklich darauf ein, dass der Schiedsspruch sowohl in rechtlicher als auch in tatsächlicher Hinsicht von staatlichen Gerichten überprüft werde.[936]

### 2. *Rechtsprechungsänderung durch die Cour d'Appel im Fall Gulf Leaders gegen CFF*

Eine erneute Änderung der Rechtsprechung brachte die Entscheidung Gulf Leaders gegen CFF. Gulf Leaders und CFF hatten einen Darlehensvertrag zur Teilfinanzierung eines Krankenhauses in Saudi-Arabien geschlossen, der CFF zur Zahlung des Darlehens in drei Raten verpflichtete.[937] Nach der Zahlung zweier Raten stellte CFF die Zahlung ein und verlangt die Rückzahlung der bereits gezahlten Beträge. Gulf Leaders berief sich auf die Nichtigkeit des Vertrages, um der Rückzahlung zu entgehen.[938] Der Darlehensvertrag sei das Ergebnis von Korruption. CFF habe einer panamaischen Gesellschaft zur Bestechung des CEO von Gulf Leaders eine Kommission in Höhe von 4,5 Mio. Euro gezahlt. CFF habe sich die Kommission zahlen lassen und Gulf Leaders so dazu gebracht Korruption zu finanzieren.[939] Das Schiedsgericht mit Sitz in Frankreich verurteilte Gulf Leaders unter Anwendung französischen Rechts zur Rückzahlung der bereits gezahlten Raten in Höhe von 110 Mio. USD. Den Antrag auf Nichtigerklärung des Vertrages lehnte das Schiedsgericht als unbegründet ab.

---

935 M. Schneider Schaltgerätebau und Elektroinstallation v. la société CPL Industries Limited, Cour de Cassation, 12.02.2014: „le controle se limite au caratère flagrant, effectif et concret de la violation alléguée".

936 M. Schneider Schaltgerätebau und Elektroinstallation v. la société CPL Industries Limited, Cour de Cassation, 12.02.2014: "sur l'appréciation de la licéité d'un contrat en présence d'allégations de faits de corruption, en recherchant tous les éléments de droit ou de fait permettant d'apprécier effectivement et concrètement la licéité du contrat en cause."

937 Cour d´Appel de Paris, Gulf Leaders v. CFF v. 4.3.2014, Rev. Arb 2014, 955 ff.; Cour d´Appel de Paris Man Diesel v. Al Maimana v. 4.11.2014, Rev. Arb. 2015, 559; *Peterson,* The French Law Standard of Review for Conformity of Awards with International Public Policy where Corruption is Alleged: Is the Requirement of a "Flagrant" Breach Now Gone?, Kluwer Arbitration Blog, 10.12.2014, abrufbar unter: http://kluwerarbitrationblog.com/2014/12/10/the-french-law-standard-of-review-for-conformity-of-awards-with-international-public-policy-where-corruption-is-alleged-is-the-requirement-of-a-flagrant-breach-now-gone/ (zuletzt abgerufen am: 05.10.2022).

938 Cour d´Appel de Paris, Gulf Leaders v. CFF v. 4.3.2014, Rev. Arb 2014, 955 ff.

939 Cour d´Appel Paris, Gulf Leaders v. CFF, 04.03.2014, Rev. Arb 2014, 955 ff.

Gulf Leaders verlangte zunächst vor der Cour d'Appel Paris die Aufhebung des Schiedsspruches nach Art. 1520 CPC mit der Begründung, dass das Schiedsgericht das Vorliegen von Korruption nicht hinreichend untersucht habe. Die Entscheidung ermögliche Korruption und verstoße damit gegen den französischen ordre public gem. Art. 1520 Abs. 5 CPC. CFF machte geltend, die von Gulf Leaders begehrte Überprüfung des Schiedsspruches stelle eine révision au fond dar und sei deshalb nicht zulässig. Die Cour d'Appel lehnte die Aufhebung des Schiedsspruches ab. Das Gericht untersuchte aber dennoch die Rolle des panamaischen Unternehmens als Vermittler und ging darauf ein, dass dieses tatsächlich an Vertragsverhandlungen teilgenommen hatte und von CFF als Experte für Geschäfte im Nahen Osten engagiert wurde. Die Cour d'Appel ging bei der Prüfung der ordre public-Widrigkeit auf das Erfordernis der Offensichtlichkeit eines Verstoßes nicht mehr ein.

Auch in zwei darauffolgenden Entscheidungen wandte die Cour d'Appel einen maximalen Prüfungsmaßstab an.[940] In beiden Entscheidungen wurde die ordre public-Widrigkeit des Schiedsspruches aufgrund von Korruption geprüft. Zumindest in Korruptionsfällen ist somit wohl von einer Rechtsprechungsänderung auszugehen und nicht von einem bloßen Absehen des Erfordernisses der Offensichtlichkeit im Einzelfall.

### 3. *Entscheidung der Cour de Cassation*

Gulf Leaders griff die Entscheidung anschließend vor der Cour de Cassation an, der die Aufhebung des Schiedsspruches ebenfalls ablehnte.[941] Auch die Cour de Cassation ging auf das Erfordernis der Offensichtlichkeit nicht ausdrücklich ein. Problematisch ist jedoch, dass Gulf Leaders die Entscheidung angriff und dementsprechend den umfassenden Prüfungsumfang des Gerichts (der ihr zugutekam) nicht rügte. Eine ausdrückliche Aussage wurde von der Cour de Cassation daher nicht getroffen und trotz der Möglichkeit, sich zumindest auf Anhaltspunkte zu stützen, steht eine abschließende Entscheidung über den Prüfungsmaßstab in der französischen Rechtsprechung aus.

940 Cour d'Appel Paris, SAS Man Diesel & Turbo France v. Société Al Maimana General Trading Company Ltd, 04.11.2014, Rev. Arb. 2014, 543; Cour d'Appel Paris, La République du Congo v. SA Commissions Import-Export, 04.11.2014, Rev. Arb. 2014, 1030.

941 Cour de Cassation, 24.06.2015, Arret n° 728 F-D, pourvoi n° X 14-18.706 abrufbar unter: https://www.legifrance.gouv.fr/affichJuriJudi.do?idTexte=JURITEXT000030791623 (zuletzt aufgerufen am: 12.07.2020).

### 4. *Kritik in der Literatur*

Die widersprüchlichen Entscheidungen der französischen Gerichte sorgten für Aufruhr, nicht nur in der französischen Literatur. Die Übertragung des eingeschränkten Prüfungsmaßstabes auch auf Korruptionsfälle wurde kritisiert, da sie keine wirksame Überprüfung ordre public-widrigen Verhaltens mehr zuließe.[942] Vielfach wurde aus den internationalen Bestrebungen zur Korruptionsbekämpfung, teilweise unter Rückgriff auf den transnationalen ordre public, hergeleitet, dass staatliche Gerichte in Korruptionsfällen zur vollen Überprüfung des Schiedsspruches berechtigt sein müssten.[943]

Unklarheiten bestanden vor allem hinsichtlich der Frage, ob das Erfordernis der Offensichtlichkeit (*flagrant*) tatsächlich aufgegeben wurde oder ob lediglich in dieser Entscheidung aufgrund der Besonderheiten des Falles nicht darauf eingegangen wurde.[944] Durch der Gulf Leaders Entscheidung nachfolgende Entscheidungen wird zumindest für ordre public-Kontrollen aufgrund von Verstößen gegen das Strafrecht zu Recht angenommen, dass eine Offensichtlichkeit nicht mehr vonnöten ist. Dafür spricht auch, dass die Cour d'Appel noch immer das Erfordernis eines wirksamen und konkreten Verstoßes nennt.[945] Zuletzt hat die Cour d'Appel Paris im Januar 2018 eine umfangreiche ordre public-Kontrolle in einem Betrugsfall durchgeführt.[946] Geht man davon aus, dass das Erfordernis der Offensichtlichkeit für Korruptionsfälle aufgegeben wurde, stellt sich die Frage, ob dies auf andere Fälle im Anerkennungs- und Vollstreckbarerklärungsverfahren zu übertragen ist. Für eine Differenzierung innerhalb von Entscheidungen die einen ordre public-Verstoß aufgrund von strafrechtlich relevantem Verhalten betreffen, besteht kein Anlass. Auch bei der Überprüfung eines Kartellrechtsverstoßes bleibt fraglich, woraus sich eine andere Behandlung rechtfertigen sollte. Dennoch werden die Entscheidungen aufgrund ihrer begrenzten Anzahl noch nicht als endgültige Rechtsprechungswende hinsichtlich des Überprüfungsmaßstabes im Anerkennungs- und Vollstreckbarerklärungsverfahren anerkannt.[947]

---

942 *Delanoy*, Anm. zu Cour de Cassation, 24.06.2015, Rev Arb. 2016, 221 (223); *ders.*, Rev. Arb. 2007, 177: "Le contrôle de l'ordre public au fond par le juge de l'annulation: trois constats, trois propositions".

943 *Lalive*, Rev. Arb. 1986, 323.

944 *Delanoy*, Anm. zu Cour de Cassation, 24.06.2015, Rev Arb. 2016, 221 (223).

945 *MK Group v. SARL Onix et autre*, Cour d'Appel, 18.01.2018, Rev. Arb. 2018, 295: „*manière manifeste, effective et concrète l'ordre public international*".

946 *MK Group v. SARL Onix et autre*, Cour d'Appel, 18.01.2018, Rev. Arb. 2018, 295.

947 *Audit*, RD 2018, 1635.

Die neue Rechtsprechung wird in der französischen Literatur begrüßt,[948] da sie tatsächlich zu einer Kontrolle von Schiedssprüchen führt, was bei ordre public-widrigem Verhalten durchaus gewährleistet sein müsse. Bereits zur alten Rechtsprechung wurde die umfassende Überprüfung als Ausgleich zur großzügigen Annahme der Schiedsfähigkeit als notwendig erachtet.[949] Die Rückkehr zur umfassenderen Überprüfung von Schiedssprüchen beruhe auch auf der Pflicht zur Umsetzung völkerrechtlicher Konventionen.[950] Die Cour d'Appel würde das Verbot der révision au fond noch immer beachten, es sei jedoch darauf beschränkt, die Kontrolle des Schiedsspruches auf die in Art. 1514, 1520 CPC genannten Aufhebungsgründe zu beschränken. Eine Ausnahme des Verbots der révision au fond wird nicht angenommen.

### 5. *Bedeutung der Entscheidung für die Rechtsprechung im Anerkennungs- und Vollstreckungsverfahren*

Die Entscheidung der Cour d'Appel Paris trägt der Notwendigkeit Rechnung, in Korruptionsfällen eine wirksame Überprüfung der schiedsgerichtlichen Entscheidung zu gewährleisten und ist diesbezüglich begrüßenswert. Die Verpflichtung der Staaten auch in internationalen Konventionen zur effektiven Bekämpfung von Korruption spricht dafür, die Kontrolle nicht auf Fälle zu beschränken, in denen der ordre public-Verstoß – also die Förderung von Korruption – offensichtlich zu Tage tritt.

Es sind in der Entscheidung zudem keine Anhaltspunkte ersichtlich, weshalb die Beschränkung auf offensichtliche ordre public-Verstöße nur in diesem Fall geboten sein sollte. Zumindest für die Überprüfung eines Schiedsspruches hinsichtlich eines ordre public-Verstoßes wird man von dem Erfordernis der Offensichtlichkeit Abstand nehmen können. Woraus sich bei Fällen, in denen eine Überprüfung der Entscheidung des Schiedsgerichts anhand des ordre publics vorgenommen wird Raum für Differenzierung geben soll, ist nicht ersichtlich, insbesondere bei einer restriktiven Auslegung des ordre public, beschränkt auf Grundrechte und fundamentale Prinzipien des Wirtschaftsrechts. Fraglich ist, ob damit ein Kompromiss zwischen dem minimalen und maximalen Prüfungsumfang gefunden werden

---

948 *Audit*, RD 2018, 1635.

949 *Sayed*, Corruption in International Trade and Commercial Arbitration, S. 406; *Fouchard/Gaillard/Goldman* in: Gaillard/Savage, On International Commercial Arbitration, Rn. 1605.

950 *Audit*, RD 2018, 1635.

soll,[951] oder, ob in den Entscheidungen eine Rückkehr zum maximalen Prüfungsumfang gesehen werden muss.[952] Eine Rückkehr zur Überprüfung von Schiedssprüchen in vollem Umfang könnte einen Verstoß gegen die révision au fond begründen und einen Widerspruch zur französischen Tradition der großzügigen Anerkennung und Vollstreckung von ausländischen und internationalen Schiedssprüchen darstellen. Andererseits ist bei der ordre public-Kontrolle zu berücksichtigen, dass diese – zumindest bei der Überprüfung internationaler oder ausländischer Schiedssprüche – die Souveränität des Staates und die fundamentalen Prinzipien der Rechtsordnung sichern. Die Cour d'Appel hat Entscheidungen, die einen maximalen Prüfungsumfang anwandten, wörtlich zitiert, gleichzeitig aber die Beachtung des Verbots der révision au fond betont.[953] Ein Kompromiss mag zwar wünschenswert erscheinen, eine Überprüfung des Schiedsspruches hinsichtlich seiner rechtlichen und tatsächlichen Feststellungen lässt dafür jedoch keinen Raum.

## V. Fazit

Abschließend lässt sich feststellen, dass die Rechtsprechung der Cour d'Appel mittlerweile sowohl die Relevanz der geltend gemachten Aufhebungs- oder Vollstreckungsversagungsgrund berücksichtigt als auch eine Überprüfbarkeit des Schiedsspruches in vollem Umfang zu vermeiden versucht. Die inkohärente Rechtsprechung hat allerdings zu einigen Unsicherheiten geführt. Eine Klarstellung durch die Cour de Cassation bleibt abzuwarten. Die deutsche Rechtsprechung versucht sich ebenfalls an der Findung eines Gleichgewichts zwischen einer Akzeptanz der endgültigen Entscheidung von Schiedssprüchen und der effektiven staatlichen Kontrolle. Hinsichtlich von ordre public-Verstößen wird jedoch eine vollumfängliche Überprüfung vorgezogen. Einschränkungen wurden in der deutschen Rechtsprechung bisher nur vereinzelt vorgenommen hinsichtlich der Überprüfung der Tatsachenfeststellungen des Gerichts. Den Entscheidungen der französischen und deutschen Gerichte ist eine grundlegend unterschiedliche Herangehensweise bei der Überprüfung von internationalen und ausländischen Schiedssprüchen zu entnehmen.

Abschließend lässt sich festhalten, dass sich das Vorgehen der staatlichen Gerichte in Deutschland und Frankreich durch die Aufgabe der Einschränkungen im Rahmen der ordre public-Kontrolle zumindest in Korruptionsfällen wieder annähert

---

951 So wohl: *Penda Matipe/Councillor Olokotor* in: Rethinking the Role of African National Courts in Arbitration, 113.

952 *Audit*, RD 2018, 1635.

953 *Audit*, RD 2018, 1635.

und sich anhand von Korruptionsfällen die Notwendigkeit einer wirksamen Überprüfung gezeigt hat, die in Zukunft auch auf andere Fälle von großem öffentlichen Interesse zu übertragen sein könnte.

# Schlussbetrachtung

Im Folgenden sollen die gefundenen Ergebnisse zusammengefasst werden. Ziel der Bearbeitung war es, die Behandlung von Korruptionsfällen durch Schiedsgerichte darzustellen und davon ausgehend zu untersuchen, wie Schiedsgerichte an einer effektiven Korruptionsbekämpfung mitwirken können. Davon ausgehend wurde auch die Überprüfung der schiedsgerichtlichen Entscheidung durch staatliche Gerichte untersucht und hierbei insbesondere der Prüfungsumfang staatlicher Gerichte in Deutschland und Frankreich gegenübergestellt.

Die Untersuchung hat gezeigt, dass Korruption in Schiedsverfahren ein praktisch relevantes Thema bleibt. Einige Probleme, insbesondere auf der Ebene der Zuständigkeit des Schiedsgerichts, sind weitgehend geklärt. Darüber hinaus bestehen aber noch in viele Einzelfragen unterschiedlicher Stadien des Schiedsverfahrens Unklarheiten.

## I. Ordre public Relevanz von Korruption

In Korruptionsfällen begründet ein Schiedsspruch, der korruptes Verhalten unberücksichtigt lässt und Korruption fördert, einen Verstoß gegen den materiellen internen und internationalen ordre public in Deutschland und Frankreich.[954] Die ordre Relevanz von Korruption ist auch bereits vom Schiedsgericht bei der Durchführung des Verfahrens zu beachten. Auch die Bekämpfung privater Korruption ist vom ordre public in Deutschland und Frankreich erfasst, nicht dagegen das generelle Verbot Berater- oder Vermittlerverträge abzuschließen. Auch die Erstattung von Bestechungsgeldern begründet an sich noch keinen ordre public-Verstoß.[955]

## II. Zuständigkeit des Schiedsgerichts ist nur in Ausnahmefällen problematisch

Die Entwicklung, Korruptionsfälle im Schiedsverfahren nicht mehr auf der Ebene der Zuständigkeit des Schiedsgerichts zu problematisieren, ist grundsätzlich zu begrüßen.

---

954 S. zu den Unterschieden der Bestimmung des ordre public in Deutschland und Frankreich Kap. 1 § 2 II. 1 a) und b) (Deutschland) und 2. a) und b) (Frankreich).

955 S.o.: Kap. 1 § 2 II. 2. b).

Dennoch zeigt auch die Untersuchung aktueller Entscheidungen, dass Zuständigkeitsprobleme zu diskutieren sein können. Nutzen die Parteien das Schiedsverfahren, um Korruption zu ermöglichen, sollte das Schiedsgericht seine Zuständigkeit ablehnen. Darüber hinaus ist über die Anwendung des Trennungsgrundsatzes von einer Zuständigkeit des Schiedsgerichts auszugehen.[956]

An der objektiven Schiedsfähigkeit von Streitigkeiten über strafrechtlich relevantes Verhalten bestehen keine Zweifel mehr. Die Entscheidung über Ausgleichsansprüche aufgrund von Korruption, kann von Schiedsgerichten getroffen werden.[957]

## III. Beweisführung in Korruptionsfällen

Im Rahmen der Beweisführung bestehen auf unterschiedlichen Ebenen Unklarheiten hinsichtlich der Behandlung von Korruption. Untersucht wurde insbesondere, inwieweit das Schiedsgericht selbst aktiv werden muss bei der Ermittlung von Korruption, ob das Zeugnisverweigerungsrecht im Schiedsverfahren eine Rolle spielt und welche Beweismittel heranzuziehen sind.

### *1. Aktive Aufklärung von Korruptionssachverhalten durch das Schiedsgericht notwendig*

Um der Bedeutung der Korruptionsbekämpfung gerecht zu werden, bietet sich eine aktive Förderung der Sachverhaltsaufklärung durch das Schiedsgericht an. Indizien die auf das Vorliegen von Korruption hindeuten unter Berufung auf einen strengen Beibringungsgrundsatz im Schiedsverfahren zu übergehen, beinhaltet zum einen das Risiko eine nicht vollstreckbare Entscheidung zu erlassen, zum anderen kann nur so eine sachgerechte Entscheidung getroffen werden.[958] Sind die Parteien sich einig, eine gegebenenfalls vorliegende Korruption außer Betracht zu lassen, kann die Untersuchung des Schiedsgerichts einen Verstoß gegen *ne ultra petita* begründen.[959] Sieht das Schiedsgericht sich nicht in der Lage die Korruption zu untersuchen, ohne einen Verstoß gegen *ne ultra petita* zu begehen, muss es sich selbst für unzuständig erklären.

956 S.o.: Kap. 2 § 3 II.

957 S.o.: Kap. 2 § 4 II.

958 S. zur Geltung des beschränkten Untersuchungsgrundsatzes im Schiedsverfahren oben: Kap. 3 § 5 III. 2. a)

959 S.o.: Kap. 3 § 5 II. 1. b) bb).

### 2. *Zeugnisverweigerungsrecht im Schiedsverfahren*

Das Schiedsgericht kann keine Zwangsmaßnahmen oder Sanktionen gegenüber Zeugen erlassen. Den Zeugen steht es grundsätzlich frei, nicht vor dem Schiedsgericht zu erscheinen oder nicht auszusagen. Einem Zeugnisverweigerungsrecht kommt im Schiedsverfahren daher nur eine untergeordnete Rolle zu. Dennoch sollte bei der grundsätzlichen Bereitschaft eines Zeugen bei der Beweisführung mitzuwirken, das Zeugnisverweigerungsrecht anerkannt werden.[960]

### 3. *Beweisführung durch Umkehr der Beweisführungslast und* adverse inferences

Die Probleme bei der Beweisführung in Korruptionsfällen kommen im Schiedsverfahren durch die fehlenden Zwangsmittel besonders zum tragen. Ein erhöhtes Beweismaß führt praktisch zu einem Ausschluss der Beweisbarkeit.[961] Durch das in Betracht ziehen einer Umkehr der Beweisführungslast oder von *adverse inferences* kann die Beweisführung erleichtert werden, da beide Parteien in die Beweisführung eingebunden und zum Vorbringen von Beweisen angehalten werden können. Einem Verstoß gegen die Fairness des Verfahrens kann durch eine frühzeitige Klärung der Anwendung von Beweiserleichterungen des Schiedsgerichts mit den Parteien begegnet werden.[962]

### 4. *Red Flag Listen als Hilfsmittel bei Führung eines Indizienbeweises*

Korruption kann oftmals lediglich durch Indizien bewiesen werden. Als Hilfsmittel können hier red flag Listen genutzt werden. Welche Bedeutung den einzelnen Faktoren zukommt, lässt sich nur im Einzelfall beantworten, gegebenenfalls unter Hinzuziehung eines Sachverständigen.[963] Trotz der Kritik an ihrer Brauchbarkeit, ist davon auszugehen, dass eine Anwendung der red flag Listen die einheitliche Praxis im Umgang mit Korruptionsfällen fördern kann.

---

960 S.o.: Kap. 3 § 5 V. 1. c).

961 S.o.: Kap. 3 § 5 IV. 2. a) aa).

962 S. zur Zulässigkeit von Beweiserleichterungen im Schiedsverfahren: Kap. 3 § 5 IV. 2. b) bb).

963 S.o.: Kap. 3 § 5 V. 5.

## IV. Anzuwendendes Recht

Strafrechtliche Erwägungen sind dem Schiedsverfahrensrecht grundsätzlich fremd. Das sich daraus ergebende Spannungsverhältnis ist bei der Bestimmung des anzuwendenden Rechts aufzulösen.

### *1. Anzuwendendes Strafrecht*

Die Rechtswahl der Parteien schließt grundsätzlich auch das anzuwendende Strafrecht ein. Haben die Parteien nur das anzuwendende Vertragsrecht bestimmt, entscheidet das Schiedsgericht nach seinem Ermessen über das anwendbare Strafrecht. In Betracht kommt das Strafrecht des Staates, in dem die strafbare Handlung begangen wurde, das Recht des Sitzstaates oder das Recht des Staates, dessen Nationalität die Vertragsparteien haben.

### *2. Berücksichtigung von Vorschriften zur Korruptionsbekämpfung aufgrund ihrer ordre public-Relevanz oder als zwingend anzuwendende Eingriffsnormen*

Normen zur Korruptionsbekämpfung sind zwingende Normen, die den Wettbewerb sowie die staatliche Funktionsfähigkeit gewährleisten sollen.[964] Als solche sind sie vom Schiedsgericht, schon aufgrund der Verpflichtung des Schiedsgerichts zum Erlass eines anerkennungsfähigen Schiedsspruches, anzuwenden.[965] Darüber hinaus können sie grundsätzlich auch als ausländische Eingriffsnormen im Wege der Sonderanknüpfung anzuwenden sein. Während eine Anwendung ausländischer Strafnormen in Deutschland durchaus denkbar ist, beschränkt die französische Praxis sich auf die Anwendung zwingender Normen der französischen Rechtsordnung. Darüber hinaus sollten die Vorschriften völkerrechtlicher Übereinkommen, soweit sie hinreichend konkret sind, herangezogen werden.[966]

## V. Rechtsfolgen

Im Rahmen der Rechtsfolgen war zunächst zu untersuchen, wie weit von der Nichtigkeit, der mit Korruption in Verbindung stehenden Verträge auszugehen ist. Unterschieden wurde zwischen den Verträgen, deren Zweck Korruption ist, und denen, die durch Korruption zustande gekommen sind.

964 S. zu den Schutzzwecken: Kap. 1 § 1 II. 1.
965 S.o.: Kap. 3 § 6 II. 3 b)
966 S. zur schiedsgerichtlichen Praxis: Kap. 3 § 6 II. 3. c) aa).

### 1. *Ausschluss jeglicher Ansprüche aus einem zum Zwecke der Korruption geschlossenen Vertrag*

Entscheidet das Schiedsgericht über die Wirksamkeit eines Berater- oder Vermittlervertrages, der zum Zweck von Korruption geschlossen wurde, ist von der absoluten Nichtigkeit des Vertrages auszugehen.[967] Dass keine Partei aus einem Vertrag, der geschlossen wurde um Korruption zu ermöglichen, Ansprüche mit Mitteln des Rechtsstaates durchsetzen soll, führt auch dazu, dass eine Rückabwicklung des Vertrages über das Bereicherungsrecht ausgeschlossen ist.[968]

### 2. *Flexiblere Rechtsfolgen für den durch Korruption zustande gekommenen Hauptvertrag*

Für den durch Korruption zustande gekommenen Hauptvertrag kommen neben der Nichtigkeit des Vertrages auch flexible Rechtsfolgen in Betracht, welche die Wirksamkeit des Vertrages zumindest teilweise erhalten. Untersucht wurden die Kündigung, das vom BGH entwickelte Genehmigungsmodell sowie die Teilnichtigkeit und Vertragsanpassung.[969] Lehnt man eine Nichtigkeit des Hauptvertrages ab, kann durch diese Möglichkeiten, das Verhalten der Parteien sanktioniert werden.

Dass widerrechtlich handelnde Parteien aus solchen Verträgen keine Ansprüche durchsetzen dürfen, ist aber auch bei der Entscheidung über die Wirksamkeit des Hauptvertrages zu berücksichtigen,[970] insbesondere die französischen Gerichte gehen von der Nichtigkeit aller mit rechtswidrigen Handlungen in Verbindung stehenden Verträge aus. Eine Erhaltung der Wirksamkeit kommt daher in einer Vielzahl von Fällen nicht zum Tragen.

## VI. Keine Meldepflicht, aber ein Melderecht für Schiedsrichter an staatliche Strafverfolgungsbehörden

Gesetzliche Meldepflichten, die unmittelbar auch auf Schiedsrichter anwendbar sind, bestehen weder im deutschen noch im französischen Recht. Für eine analoge Anwendung der Normen, die für staatliche Richter gelten, fehlt es an einer vergleichbaren Interessenlage.[971]

---

967 Zur Wirksamkeit dieser Verträge: Kap. 4 § 7 I. 1. a) und 2. a).

968 S. zur Rückabwicklung von mit Korruption belasteten Verträgen: Kap. 4 § 7 II.

969 S.o.: Kap. 4 § 7 III. 2.

970 Zur Wirksamkeit des Hauptvertrages: Kap. 4 § 7 I. 1. b) und 2. b).

971 Zur Diskussion über die analoge Anwendung von gesetzlichen Meldepflichten im französischen siehe oben: Kap. 4 § 8 II. 1. a) bb).

Schiedsrichtern muss aber das Recht zugebilligt werden, staatliche Stellen zu informieren, um ein eigenes Strafbarkeitsrisiko abzuwenden. Zumindest ein Melderecht ist daher anzuerkennen, auch wenn sich eine Kollision mit dem Anspruch der Parteien auf ein vertrauliches Verfahren ergibt.

## VII. Korruption im Aufhebungs- und Vollstreckbarerklärungsverfahren

Auf der Ebene des Aufhebungs- und Vollstreckbarerklärungsverfahrens wurde der Prüfungsumfang der staatlichen Gerichte in Deutschland und Frankreich untersucht. Einleitend waren jedoch auch die möglichen Gründe für die Aufhebung eines Schiedsspruches oder die Versagung der Vollstreckbarerklärung darzustellen.

### *1. Gründe für eine Aufhebung des Schiedsspruches oder eine Versagung der Vollstreckbarerklärung*

In Korruptionsfällen begründet die Anerkennung oder Vollstreckbarerklärung eines Schiedsspruches, der korruptes Verhalten unberücksichtigt lässt und Korruption fördert, einen Verstoß gegen den materiellen internen und internationalen ordre public in Deutschland und Frankreich.[972] Darüber hinaus kann die Beweisführung des Schiedsgerichts durch den Einwand des rechtlichen Gehörs im Aufhebungs- und Vollstreckungsverfahren überprüft werden. Dem Fehlen der objektiven Schiedsfähigkeit kommt, wie bereits dargestellt, nur untergeordnete Bedeutung zu.

### *2. Prüfungsumfang*

Im Aufhebungs- und Vollstreckbarerklärungsverfahren gilt grundsätzlich das Verbot der révision au fond. Bei ordre public Verstößen muss jedoch eine hinreichende Überprüfung der schiedsgerichtlichen Entscheidung durch die staatlichen Gerichte gewährleistet werden.

In Deutschland ist umstritten, ob bei der Prüfung eines Verstoßes gegen den materiellen ordre public auch eine Überprüfung der Tatsachenfeststellungen durchgeführt werden sollte.[973] Über den Einwand eines Verstoßes gegen das

---

972 S. zu den Gründen zur Versagung der Anerkennung oder Vollstreckbarerklärung eines ausländischen oder internationalen Schiedsspruches oben: Kap. 5 § 9 I. 3.

973 S. zur Praxis der deutschen Gerichte: Kap. 5 § 9 III.

rechtliche Gehör kann eine Überprüfung der vorgebrachten Tatsachen unstrittig erreicht werden.

In Frankreich wird ein Schiedsspruch im Rahmen der ordre public Prüfung zwar in rechtlicher und tatsächlicher Hinsicht überprüft, ein ordre public Verstoß sollte nach der Ansicht einiger Gerichte aber nur zur Versagung der Anerkennung oder Vollstreckbarerklärung eines Schiedsspruches führen, wenn er klar, wirksam und offensichtlich ist.[974] Ob das Erfordernis der Offensichtlichkeit für die Aufhebung oder Versagung der Vollstreckbarkeit eines Schiedsspruches auch in Korruptionsfällen weiterhin besteht, ist derzeit unklar.[975] In Anbetracht der Notwendigkeit einer effektiven Überprüfung von Verstößen gegen Korruptionsvorschriften, ist eine Abkehr von dieser Praxis zu begrüßen.

974 Siehe: Kap. 5 § 9 IV. 1.

975 Siehe zur Rechtsprechung der Cour de Cassation: Kap. 5 § 9 IV. 3.

# Literaturverzeichnis

*Ahrendt, Achim,* Der Zuständigkeitsstreit im Schiedsverfahren, Tübingen 1996, zugl.: Univ. Diss. Hamburg.

*Alberti, Christian,* Iura novit curia in international commercial Arbitration in: Liber Amicorum Eric Bergsten, Alphen aan den Rijn 2011 S. 3 ff. (zit.: *Alberti* in Liber Amicorum Bergsten (2011)).

*Amaral, Guilherme Rizzo,* Burden of Proof and Adverse Inferences in International Arbitration: Proposal for an Inference Chart, Journal of Int. Arb., 2018, S. 1 ff.

*Androulakis, Ioannis N.,* Die Globalisierung der Korruptionsbekämpfung: eine Untersuchung zur Entstehung, zum Inhalt und zu den Auswirkungen des internationalen Korruptionsstrafrechts unter Berücksichtigung der sozialökonomischen Hintergründe, Baden-Baden 2007, zugl.: Univ. Diss. Halle.

*Audit, Mathias,* L'annulation d'une sentence arbitrale sur le fondement d'une loi de police étrangère, Recueil Dalloz 2018, S. 1635 ff.

*Avena-Robardet, Valérie,* Note à Cour de cassation, 1re civ. 07.06.2006, Recueil Dalloz 2006, S. 1768 ff.

*Baizeau, Domitille/Hayes, Tessa,* The Arbitral Tribunal's Duty and Power to Address Corruption Sua Sponte, ICCA Congress Series 2017, S. 225 ff.

*Balthasar, Stephan,* International Commercial Arbitration, International Conventions, Country Reports and Comparative Analysis, A Handbook, München 2016. (zit.: *Bearbeiter* in: Balthasar, International Commercial Arbitration)

*Bamberger, Heinz Georg/Roth, Herbert/Hau, Wolfgang/Poseck, Roman (Hrsg.),* Beck'scher online Kommentar BGB, 62. Edition, München Stand: 01.05.2022 (zit.: BeckOK-BGB/*Bearbeiter*)

*Banaiftemi, Yas,* The Impact of Corruption on „Gateway Issues" of Arbitrability, Jurisdiction, Admissibility and Procedural Issues in: Addressing Issues of Corruption in Commercial and Investment Arbitration, Paris 2015, S. 167 ff., Hrsg.: Baizeau, Domitille/Kreindler, Richard H. (zit.: *Banaiftemi* in: Addressing Issues of Corruption in Commercial and Investment Arbitration)

*Beck, Lotte/Nagel, Volker,* Korruption aus ökonomischer Perspektive in: Was ist Korruption, Baden-Baden 2012, Hrsg.: Graeff, Peter/Grieger, Jürgen, S. 31 ff. (zit.: *Beck/Nagel,* Korruption aus ökonomischer Perspektive)

*Beulker, Jette,* Die Eingriffsnormenproblematik in internationalen Schiedsverfahren – Parallelen und Besonderheiten im Vergleich zur staatlichen Gerichtsbarkeit, Tübingen 2005, zugl.: Univ. Diss. Köln.

*Berger, Klaus P.,* The International Arbitrator's Dilemma: Transnational Procedure versus Home Jurisdiction: A German Perspective, Arb. Int. 2009, S. 217 ff.

*Bernsmann, Klaus/Gatzweiler, Norbert,* Verteidigung bei Korruptionsfällen, Heidelberg 2008.

*von Bernuth, Wolf,* Schiedsverfahren und Strafverfahren – Einige prozessuale Fragen, SchiedsVZ 2018, S. 277 ff.

*Bertke, Anne-Kathrin/Schroeder, Hans-Patrick,* Grenzen der Zeugenvorbereitung im staatlichen Zivilprozess und im Schiedsverfahren, SchiedsVZ 2014, S. 80 ff.

*Betz, Kathrin,* Proving bribery, fraud and money laundering in international arbitration, Cambridge 2017, zugl.: Univ. Diss. Basel.

*Dies.*, Economic crime in international arbitration, ASA Bull. 2017, S. 281 ff.

*Böckmann, Alexander,* Antikorruption – Wandel in Diskurs und Praxis in: Korruptionsbekämpfung als globale Herausforderung, Beiträge aus Praxis und Wissenschaft, Wiesbaden 2011, Hrsg.: Achathaler, Lukas/Hofmann, Domenica/Pázmándy, Matthias, S. 149 ff. (zit.: *Böckmann* in: Korruptionsbekämpfung als globale Herausforderung)

*Böckstiegel, Karl-Heinz,* Taking Evidence in International Commercial Arbitration, Legal Framework and Trends in Practice in: The Taking of Evidence in International Commercial Arbitration, Köln 2010, Hrsg.: Böckstiegel, Karl-Heinz/Berger, Klaus-Peter/Bredow, Jens, S. 15 ff. (zit.: *Böckstiegel* in: The Taking of Evidence in International Commercial Arbitration)

*Ders.*, Die Internationalisierung der Schiedsgerichtsbarkeit in: Grenzüberschreitungen: Beiträge zum Internationalen Verfahrensrecht und zur Schiedsgerichtsbarkeit, Festschrift für Peter Schlosser zum 70. Geburtstag, Tübingen 2005, Hrsg.: Bachmann, Birgit/Breidenbach, Stephan/Coester-Waltjen, Dagmar/Heß, Burkhard/Nelle, Andreas/Wolf, Christian, S. 49 ff. (zit.: *Böckstiegel* in: FS Schlosser (2005))

*Böckstiegel, Harl-Heinz/Nacimiento, Patricia/Kröll, Stefan (Hrsg.),* Arbitration in Germany, The Model Law in Practice, 2. Auflage, Austin, Boston Alphen a.d. Rijn 2014 (zit.: *Bearbeiter* in: Böckstiegel/Nacimiento/Kröll, Arbitration in Germany).

*Boersma, Martine,* Corruption: A Violation of Human Rights and a Crime under International Law, Cambridge 2012, zugl.: Univ. Diss. Maastricht.

*Bollée, Sylvain,* Le droit français de l'arbitrage international après le décret no 2011-48 du 13 janvier 2011, Revue critique de droit international privé 2011, S. 553 ff.

*Born, Gary B.*, International commercial arbitration, Volume I, 3. Auflage, Den Haag 2021.

*Ders.*, International commercial arbitration, Volume II, 3. Auflage, Alphen aan den Rijn 2021.

*Ders.*, International Arbitration, Cases and Materials, 2. Auflage, Alphen aan 2015.

*Brand, Peter Andreas*, Grenzen zivilprozessualer Wahrheit und Gerechtigkeit, Disclosure- und Discovery-Elemente im deutschen Zivilverfahrensrecht, NJW 2017, S. 3558 ff.

*Brinkmann, Moritz*, Das Beweismaß im Zivilprozess aus rechtsvergleichender Sicht, Köln, Berlin, München 2005.

*Bucher, Andreas*, Die neue internationale Schiedsgerichtsbarkeit in der Schweiz, Basel 1989.

*Buntenbroich, Davis/Kaul, Markus*, Transparenz in Investitionsschiedsverfahren – Der Fall Vattenfall und die UNCITRAL-Transparenzregeln, SchiedsVZ 2014, S. 1 ff.

*Bureau, Dominique*, Note à Cour d'Appel Paris, 30.09.1993, Rev. Arb. 1994, S. 371 ff.

*Caprasse, Olivier*, Arbitrage et l'ordre public européenne in: L'ordre public et l'Arbitrage, Actes du colloque organisé à Dijon les 15/16.03.2013, Hrsg.: Locquin, Eric/Manciaux, Sébastien, S. 7 ff. (zit.: *Caprasse* in: L'ordre public et l'arbitrage)

*Ceffinato, Tobias/Schlüter, Maximilian*, Strafbarkeitsrisiken von Schiedsrichtern, SchiedsVZ 2016, S. 145 ff.

*Chilstein, David*, Droit pénal et arbitrage, Rev. Arb. 2009, S. 3 ff.

*Costa, Antonia Maria*, The global challenge of corruption: Fighting crime and building integrity in: The Corruption Monster – Ethik, Politik und Korruption, Wien 2006, Hrsg.: Kreutner, Martin, S. 61 ff. (zit.: *Costa*, The global challenge of corruption in: The Corruption Monster – Ethik, Politik und Korruption)

*Court de Fontmichel, Alexandre*, L'arbitre, le juge et les pratiques illicites du commerce international, préf. H. Gaudemet-Tallon, Paris 2004.

*Cremades, Bernardo/Cairns, David*, Transnational public policy in international arbitral decision-making, in: Arbitration – Money Laundering, Corruption and Fraud, Paris 2006, Hrsg.: Karsten, Kristine; Berkeley, Andrew, S. 65 ff. (zit.: *Cremades/Cairns* in: Arbitration - Corruption, Money Laundering and Fraud)

*Dies.*, Corruption, International Public Policy and the Duties of Arbitrators, Dispute Res. Journal 2003, S. 76 ff.

*Crivellaro, Antonio,* Arbitration case law on bribery, Issues of arbitrability, contract validity, merits and evidence in: Arbitration – Money Laundering, Corruption and Fraud, Paris 2006, Hrsg.: Karsten, Kristine; Berkeley, Andrew, S. 109 ff. (zit.: *Crivellaro* in: Arbitration: Money Laundering, Corruption and Fraud)

*Czernich, Dietmar,* Die Rom I-VO als Grundlage für die Anwendung von Eingriffsnormen durch Schiedsgerichte, Eine Kehrtwende, RIW 2016, S. 701 ff.

*Dann, Matthias,* Und immer ein Stück weiter – Die Reform des deutschen Korruptionsstrafrechts, NJW 2016, S. 203 ff.

*Delanoy, Louis Christophe,* Les allegations de corruption et le contrôle de la sentence au regard de l'ordre public: vers un revirement de la Cour de Cassation? Anmerkung zu Cour de Cassation civ 1re, 24.06.2015, Rev. Arb. 2016, S. 221 ff.

*Ders.,* Anmerkung zu Cour de Cassation civ 1re, 24.06.2015, Rev Arb. 2016, S. 221 ff.

*Ders.,* Le contrôle de l'ordre public au fond par le juge de l'annulation: trois constats, trois propositions, Rev. Arb. 2007, S. 177 ff.

*Delebecque, Phillippe/Bretzner, Jean-Daniel/Vasseur, Thomas,* Droit de la preuve, Recueil Dalloz 2008, S. 2820 ff.

*Delvolvé, Jean-Louis/Pointon, Gerald H./Rouche, Jean,* French Arbitration Law and Practice, A Dynamic Civil Law Approach to International Arbitration, Den Haag 2009.

*Derains, Yves,* La Pratique de l'administration de la preuve dans l'arbitrage commercial international, Rev. Arb. 2004, Issue 4, S. 781 ff.

*Ders.,* Public Policy and the Law applicable to the Merits of the Disputes in International Arbitration in: ICCA Congress Series 1986, S. 227 ff.

*Dissaux, Nicolas,* Projet de réforme du droit des contrats, du régime général et de la preuve des obligations, Paris 2015.

*Eberl, Walter (Hrsg.),* Beweis im Schiedsverfahren, Baden-Baden 2015 (zit.: *Bearbeiter* in Eberl, Beweis im Schiedsverfahren).

*Eilmansberger, Thomas,* Die Bedeutung der Art. 81 und 82 EG für Schiedsverfahren, SchiedsVZ 2006, S. 5 ff.

*Elgueta, Giacomo Rojas,* The Legal Consequences of Corruption in International Arbitration: Towards a More Flexible Approach?, Kluwer Arbitration Blog, abrufbar unter: http://kluwerarbitrationblog.com/2016/01/20/the-legal-consequences-of-corruption-in-international-arbitration-towards-a-more-flexible-approach/ (zuletzt abgerufen am: 05.10.2022).

*Elsing, Siegfries/Gräfin Grote, Franziska,* TTIP und der Spill-over-Effekt auf die Handelsschiedsgerichtsbarkeit, RIW 2018, S. 321 ff.

*Engels, Jens Ivo,* Die Geschichte der Korruption: Von der Frühen Neuzeit bis ins 20. Jahrhundert, Frankfurt am Main 2014.

*Eslami, Nassim,* Nichtöffentlichkeit im Schiedsverfahren, Tübingen 2016, zugl.: Univ. Diss. Hannover.

*Fages, Bertrand,* Die Vertragsverhandlungen im neuen französischen Schuldrecht in: Die Reform des französischen Vertragsrechts, Ein Schritt zu mehr europäischer Konvergenz?, Tübingen 2018, Hrsg.: Bien, Florian/Borghetti, Jean-Sébastian, S. 13 ff. (zit.: *Fages* in: Die Reform des französichen Vertragsrechts)

*Ferid, Murad/Sonnenberger, Hans J.,* Das Französische Zivilrecht, Band 1, 2. Auflage, Heidelberg 1994.

*Fischer, Thomas,* Kommentar zum Strafgesetzbuch mit Nebengesetzen, 69. Auflage, München 2022 (zit.: *Fischer,* StGB).

*Froesch, Daniel/Englmann, Marie-Christin,* Weltweite Korruptionsgefahr: Ein Überblick über die wichtigsten Antikorruptionsregime, CB 2015, S. 475 ff.

*Gaillard, Emmanuel,* La Corruption saisie par les Arbitres du Commerce, Rev. Arb. 2017, S. 805 ff.

*Gaillard, Emmanuel/Savage, John (Hrsg.),* On International Commercial Arbitration, Den Haag 1999. (zit.: *Bearbeiter* in: Gaillard/Savage, On International Commercial Arbitration).

*Geimer, Reinhold,*Internationales Zivilprozessrecht, 8. Auflage, Köln 2020.

*Geipel, Andreas,* Handbuch der Beweiswürdigung, 2. Auflage, Köln 2013.

*Goldenbaum, Daniel,* L'arbitre international face à la corruption, McGill Journal of Disp. Res. Vol. 2 2015-2016, S. 82 ff.

*Gottwald, Peter,* Aktuelle Probleme des Internationalen Schiedsverfahrensrechts in: Zwischenbilanz, Festschrift für Dagmar Coester-Waltjen zum 70. Geburtstag, 2015, Hrsg.: Hilbig-Lugani, Katharina/Jakob, Dominique/Mäsch, Gerald/Reuß, Philipp/Schmid, Christoph, S. 389 ff. (zit.: *Gottwald* in: FS Coester-Waltjen (2015)).

*Greenberg, Simon/Lautenschlager, Felix,* Part I: International Commercial Arbitration, Chapter 9: Adverse Inferences in International Arbitral Practice Liber Amicorum Bergsten, 2011, S. 179 ff. (zit.: *Greenberg/Lautenschlager* in: Liber Amicorum Bergsten (2011)).

*Günther, Klaus,* Einschränkungen der Erhebung von Dokumentenbeweisen aufgrund von Vertraulichkeit und Geschäftsgeheimnissen in: Festschrift für Otto

Sandrock zum 70. Geburtstag, Heidelberg 2000, S. 341 ff. (zit.: *Günther* in: FS Sandrock (2000)).

*Grüneberg, Christian (Hrsg.),* Bürgerliches Gesetzbuch, 81. Auflage, München 2022 (zit.: Grüneberg/*Bearbeiter).*

*Grützner, Thomas,* Unternehmensstrafrecht vs. Ordnungswidrigkeitenrecht, CCZ 2015, S. 56 ff.

*Grützner, Thomas/Jakob, Alexander,* Compliance A-Z, 2. Auflage, München 2015.

*Haller, Heiko A.,* Protection of Business Secrets by Way of Protective Orders, SchiedsVZ 2013, S. 135 ff.

*Hamm, Rainer,* Mißbrauch des Strafrechts, NJW 1996, S. 2981 ff.

*Hammer, Gottfried,* Überprüfung von Schiedsverfahren durch staatliche Gerichte in Deutschland, 1. Auflage, München 2018.

*Handorn, Boris,* Das Sonderkollisionsrecht der deutschen internationalen Schiedsgerichtsbarkeit – Zur Bestimmung der anwendbaren materiellen Rechts gemäß § 1051 Abs. 1 und Abs. 2 Zivilprozessordnung, Tübingen 2005, zugl.: Univ. Diss. Berlin.

*Happ, Richard,* Rechtsprechung der ICSID-Schiedsgerichte 2005–2007, SchiedsVZ 2008, S. 19 ff.

*Harbst, Ragnar,* Korruption und andere ordre public-Verstöße als Einwände im Schiedsverfahren - Inwieweit sind staatliche Gerichte an Sachverhaltsfeststellungen des Schiedsgerichts gebunden?, SchiedsVZ 2007, S. 22 ff.

*Haugeneder, Florian/Liebscher, Christoph,* Investment Arbitration - Corruption and Investment Arbitration: Substantive Standards and Proof, Austrian Arb. Yearbook 2009, S. 539 ff.

*Hauschka, Christoph E./Greeve, Gina,* Compliance in der Korruptionsprävention - was müssen, was sollen, was können Unternehmen leisten?, BB 2007, S. 165 ff.

*Hauschka, Christoph E./Moosmayer, Klaus/Lösler, Thomas,* Corporate Compliance, Handbuch der Haftungsvermeidung im Unternehmen, 3. Auflage, München 2016.

*Heidel, Thomas/Hüßtege, Rainer/Mansel, Heinz-Peter/Noack, Ulrich (Hrsg.),* Kommentar Bürgerliches Gesetzbuch - BGB, Band 1: Allgemeiner Teil, 4. Auflage, Baden-Baden 2021 (zit.: nk-BGB/*Bearbeiter*)

*v. Heintschel-Heinegg, Bernd (Hrsg.),* Beck'scher online Kommentar StGB, 53. Edition, München, Stand: 01.05.2022 (zit.: BeckOK-StGB/*Bearbeiter*).

*Henrich, Anke et al.,* „Schattenjusitz im Nobelhotel“: WirtschaftsWoche vom 29.04.2013, S. 46 ff.

*Hettinger, Michael,* Die strafrechtlichen Regelungen zur Eindämmung korruptiven Verhaltens in: Korruption, interdisziplinäre Zugänge zu einem komplexen Phänomen, Wiesbaden 2003, Hrsg.: von Nell, Verena/Schwitzgebel, Friedrich/Vollet, Matthias, S. 119 ff. (zit.: *Hettinger* in: Korruption, interdisziplinäre Zugänge zu einem komplexen Phänomen)

*Heuzé, Vincent,* Corruption in: Dalloz Répertoire de droit international 1998, April 2018.

*Hilbig, Katharina*Das gemeinschaftsrechtliche Kartellverbot im internationalen Handelsschiedsverfahren, München 2006, zugl.: Univ. Diss. München.

*Hilger, Norbert,* Zur Geltung des beschränkten Untersuchungsgrundsatzes im neuen Schiedsverfahrensrecht, BB 2000 Beil. 8 Heft 37, S. 2 ff.

*Holder, Daniel,* Vertraulichkeit im Schiedsverfahren nach deutschem Recht: Unter Berücksichtigung der Rechtslage in England, Australien, Schweden und Neuseeland, Frankfurt am Main 2009.

*Holtzmann, Howard M./Neuhaus, Joseph E.,* A Guide to the UNCITRAL Model Law on International Commercial Arbitration.Legislative History and Commentary, Deventer 1989.

*Horn, Norbert,* Zwingendes Recht in der internationalen Schiedsgerichtsbarkeit, SchiedsVZ 2008, S. 209 ff.

*Hornyold-Strickland, Francis,* What Law governs the Seperability of an Abritration Agreement?, Kluwer Arbitration Blog, 25.12.2016, abrufbar unter: http://arbitrationblog.kluwerarbitration.com/2016/12/25/what-law-governs-the-separability-of-an-arbitration-agreement/ (zuletzt abgerufen am: 05.10.2022).

*Horvath, Günther/Khan, Katharine,* Addressing Corruption in Commercial Arbitration: How Do Arbitral Tribunals Evaluate and Adjudicate Contractual Relationships Tainted by Corruption?, SchiedsVZ 2017, S. 127 ff.

*Hwang, Michael/Lim, Kevin,* Corruption in Arbitration— Law and Reality, paper of the same title presented at the Herbert Smith-SMU Asian Arbitration Lecture on 4 August 2011 in Singapore, abrufbar unter: https://www.arbitration-icca.org/media/4/97929640279647/media013261720320840corruption_in_arbitration_paper_draft_248.pdf (zuletzt abgerufen am: 05.10.2022).

*Dies.,* Corruption in Arbitration – Law and Reality, Asian International Arbitration Journal, 2012, S. 1 ff.

*Humborg, Christian,* The fight against Corruption – Germany falls behind, abrufbar unter: http://blog.transparency.org/2011/05/16/in-the-fight-against-corruption-germany-falls-behind/ (zuletzt abgerufen am: 05.10.2022)

*Jacquet, Jean-Michel/Delebeque, Phillippe/Corneloup, Sabine,* Droit du commerce international, 3. Auflage, Paris 2014.

*Joecks, Wolfgang/Miebach, Klaus (Hrsg.),* Münchener Kommentar zum Strafgesetzbuch, Band 5, 4. Auflage, München 2022 (zit.: MüKoStGB/*Bearbeiter*).

*Johnston, David/Zimmermann, Reinhard (Hrsg.),* Unjustified Enrichment, Key Issues in Comparative Perspective, Cambridge 2002 (zit.: *Bearbeiter* in Johnston/Zimmermann, Unjustified Enrichment)

*Kahlert, Heiner,* Vertraulichkeit im Schiedsverfahren, eine Untersuchung nach deutschem Recht mit internationalen Bezügen, Tübingen 2014, zugl.: Univ. Diss. Zürich.

*Kalin, Christian,* Verhaltensnorm und Kollisionsrecht, Tübingen 2014, zugl.: Univ. Diss. Passau.

*Kaufmann-Kohler, Gabrielle/Bärtsch, Philippe,* Discovery in international arbitration: How much is too much?, SchiedsVZ 2004, S. 13 ff.

*Katzenmeier, Christian,* Aufklärungs-/Mitwirkungspflicht der nicht beweisbelasteten Partei im Zivilprozess, JZ 2002, S. 533 ff.

*Kessedijan, Catherine,* Transnational Public Policy, ICCA Congress Series 2007, S. 857 ff.

*Kessler, Hilmar/Gottwald, Dorothee,* Korruption und internationales Vertragsrecht in: Festschrift Hans-Jochem Lüer zum 70. Geburtstag, 2008, Hrsg.: Moll, Wilhelm, S. 39 ff. (zit.: *Kessler/Gottwald* in: FS Lüer (2008)).

*Kilches, Ralph,* Die Behandlung des Einwandes von Korruption in Schiedsverfahren und bei der Anfechtung von Schiedssprüchen, SchiedsVZ 2016, S. 150 ff.

*Khvalei, Vladimir,* Using Red Flags to Prevent Arbitration from Becoming a Safe Harbour for Contracts that Disguise Corruption in: ICC Bulletin 2013, Tackling Corruption in Arbitration, S. 15 ff.

*Ders.*, Die Internationale Schiedsgerichtsbarkeit und die Beweisführung: Herausforderungen und zukünftige Ansätze in: Festschrift für Siegfrid H. Elsing zum 65. Geburtstag, 2015, Hrsg.: Ebke, Werner F.; Olzen, Dirk; Sandrock, Otto, S. 277 ff. (zit.: *Khvalei* in: FS Elsing (2015)).

*Knauer, Christoph/Kudlich, Hans/Schneider, Hartmut (Hrsg.),* Münchener Kommentar zur Strafprozessordnung, Band 3/2, 1. Auflage, München 2018 (zit.: MüKoStPO/*Bearbeiter*).

*Kneisel, Sebastian/Lecking, Claudia,* Verteidigungsstrategien gegen die Anordnung der Document-Production – insbesondere nach den IBA-Regeln zur Beweisaufnahme in der internationalen Schiedsgerichtsbarkeit, SchiedsVZ 2013, 150 ff.

*Knetsch, Jonas,* Der Vertragsschluss im neuen französischen Schuldrecht in: Die Reform des französischen Vertragsrechts, Ein Schritt zu mehr europäischer Konvergenz?, Tübingen 2018, Hrsg.: Bien, Florian/Borghetti, Jean-Sébastian, S. 61 ff. (zit.: *Knetsch* in: Die Reform des französischen Vertragsrechts)

*Kofele-Kale, Ndiva,* The Right to Corruption free society as an Individual and Collective Human Right: Elevating Official Corruption to a Crime under International Law, The International Lawyer 34 2000, S. 149 ff.

*Kossuth, Louis,* Transnational (or Truly International) Public Policy and International Arbitration, ICCA Congress Series 1986, S. 258 ff.

*Kreindler, Richard,* Praktiken und Verfahren im Hinblick auf die Beweisführung in internationalen Schiedsverfahren: Die Notwendigkeit größerer Präzision, ZVglRWiss 2015, S. 431 ff.

*Ders.*, Strafrechtsrelevante und andere anstößige Verträge als Gegenstand von Schiedsverfahren, Frankfurt 2005, zugl.: Univ. Diss. Münster.

*Ders.*, Aspects of Illegality in the Formation and Performance of Contracts, 16th ICCA Congress Series, London 2002, S. 252 ff.

*Kropholler, Jan,* Internationales Privatrecht, 6. Auflage, Tübingen 2006.

*Kühner, Detlev,* Das neue französische Schiedsrecht, SchiedsVZ 2011, S. 125 ff.

*Kutschaty, Thomas,* Deutschland braucht ein Unternehmensstrafrecht, ZRP 2013, S. 74 ff.

*Lachmann, Jens Peter,* Handbuch der Schiedsgerichtspraxis, 3. Auflage, Köln 2008.

*Lalive, Pierre,* Transnational (or truly international) public policy, ICCA Congress Series, 1986, S. 259 ff.

*Ders.*, Ordre Public Transnational (ou Réellement International) Et Arbitrage International, Rev. Arb. 1986, S. 329 ff.

*Lambsdorff, Johann Graf,* Korruption als mühseliges Geschäft – eine Transaktionsanalyse in: Korruption im internationalen Geschäftsverkehr: Bestandsaufnahme, Bekämpfung, Prävention, Neuwied 1999, Hrsg.: Pieth, Mark/Eigen, Peter. (zit.: *Lambsdorff,* in: Korruption im internationalen Geschäftsverkehr)

*Lambsdorff, Johann Graf/Nell, Matthias*Corruption: Where we stand and where to go in: "The Corruption Monster" – Ethik, Politik und Korruption, Wien 2006, Hrsg.: Kreutner, Martin, S. 229 ff. (zit.: *Lambsdorff/Nell* in: The Corruption Monster – Ethik, Politik und Korruption)

*Lamm, Carolin B./Pham, Hansel T./Moloo, Rahim*, Fraud and Corruption in International Arbitration in: Liber Amicorum Cremades, Madrid 2010, Hrsg.: Fernández Ballesteros, Miguel Ángel/Arias Lozano, David, S. 691 ff. (zit.: *Lamm/Pham/Moloo* in: Liber Amicorum Cremades (2010)).

*Leisinger, Christian,* Vertraulichkeit in internationalen Schiedsverfahren, Baden-Baden 2012, zugl.: Univ. Diss. Heidelberg.

*Lenoir, Noëlle,* Le droit de la preuve à l'heure de l'extraterritorialité, RFDA 2014, S. 487 f.

*Leipold/Tsambikakis/Zöller,* Anwaltkommentar StGB, 3. Auflage, Heidelberg 2020 (zit.: Anwaltkommentar-StGB/*Bearbeiter*).

*Letzien, Claudia,* Internationale Korruption und Jurisdiktionskonflikte: Die Sanktionierung von Unternehmen im Fall der Bestechung ausländischer Amtsträger, Berlin 2017, zugl.: Univ. Diss. Berlin.

*Lew, Julian D.M./Mistelis Loukas A./Kröll, Stefan,* Comparative International Commercial Arbitration, Den Haag 2003.

*Lionnet/Lionnet,* Handbuch der internationalen und nationalen Schiedsgerichtsbarkeit, Systematische Darstellung der privaten Handelsschiedsgerichtsbarkeit, 3. Auflage, Stuttgart 2007.

*Llamzon, Aloysius P./Sinclair, Anthony,* Investor Wrongdoing in Investment Arbitration: Standards Governing Issues of Corruption, Fraud, Misrepresentation, and other Investor Misconduct in: Legitimacy: Myths, Realities, Challenges 2015, Hrsg.: van den Berg, Albert Jan, S. 451 ff. (zit.: *Llamzon/Sinclair* in: Legitimacy: Myths, Realities, Challenges)

*Loquin, Eric,* Les Normes porteuses d'ordre public dans l'Arbitrage Commercial international in: L'ordre public et l'Arbitrage, 7. Actes du colloque organisé à Dijon les 15/16.03.2013, Hrsg.: Locquin, Eric/Manciaux, Sébastien (zit.: *Loquin* in: L'ordre public et l'arbitrage)

*Lörcher, Torsten/Bauerschmidt, Katharina,* Gilt der Grundsatz iura novit curia in internationalen Schiedsverfahren? in: Festschrift für Siegfrid H. Elsing zum 65. Geburtstag, 2015, Hrsg.: Ebke, Werner F./Olzen, Dirk/Sandrock, Otto, S. 317 ff. (zit.: *Lörcher/Bauerschmidt* in: FS Elsing (2015))

*Lorenz, Stephan/Horn, Norbert (Hrsg.),* Staudinger Kommentar zum Bürgerlichen Gesetzbuch - Buch 2: Recht der Schuldverhältnisse, §§ 812-822, Neubearbeitung 2007 (zit.: Staudinger-BGB/*Bearbeiter*)

*Low, Lucinda A.,* The United Nations Convention against Corruption: The Globalization of Anticorruption Standards (conference paper), abrufbar unter: https://www.steptoe.com/images/content/1/6/v1/1600/2599.pdf (zuletzt abgerufen am: 05.10.2022)

*Lutkis, Rainer,* Der Nemo-Auditur- Grundsatz: Entwicklung und Bedeutung im modernen Recht, österr. AnwBl 2015, S. 144 ff.

*Malintoppi, Loretta/Limbasan, Natalie,* International Arbitration and Its Users: Ships Passing in the Night? A Dialogue... The Debate on Transparency in International Investment Arbitration, BCDR International Arbitration Review 2015, S. 31 ff.

*Mansdörfer, Marco,* Die geplanten Neuregelungen zur "Bekämpfung der Korruption im Gesundheitswesen eine kritische Übersicht, jM 2016, S. 213 ff.

*Mankowski, Peter,* § 1051 ZPO und die europäischen IPR-Verordnungen in: Ars aequi et boni in mundo, Festschrift zum 80. Geburtstag von Rolf A. Schütze, 2014, Hrsg.: Geimer, Reinhold/Kaissis, Athanassios/Thümmel, Roderich C., S. 369 ff. (zit.: *Mankowski* in: FS Schütze (2014)).

*Ders.*, Rom I-VO und Schiedsverfahren, RIW 2011, S. 30 ff.

*Marcenaro, Edoardo,* Arbitrators Investigative and Reporting Rights and Duties on Corruption in: Addressing Issues of Corruption in Commercial and Investment Arbitration, Paris 2015, Hrsg.: Baizeau, Domitille/Kreindler, Richard H., S. 141 ff. (zit.: *Marcenaro* in: Addressing Issues of Corruption in Commercial and Investment Arbitration)

*Marossi, Ali Z.,* Shifting the Burden of Proof in the Practice of the Iran–United States Claims Tribunal, J. Int. Arb. 2011, S. 427 ff.

*Martiny, Dieter,* Die Bestimmung des anwendbaren Sachrechts durch das Schiedsgericht, in: Wege zur Globalisierung des Rechts: Festschrift für Rolf A. Schütze zum 65. Geburtstag, 1999, Hrsg.: Geimer, Reinhold, S. 529 ff. (zit.: *Martiny* in: FS Schütze (1999))

*Mavrantonakis, Ammanouil,* Das Verbot der révision au fond im internationalen Handelsschiedsverfahren, Zur Bindung des staatlichen Gerichts an die schiedsgerichtlichen Sachverhaltsfeststellungen und zu den erforderlichen Ausnahmen, 2021, zugl.: Univ. Diss. Heidelberg.

*Mayer, Pierre/Sheppard, Audley,* Final ILA Report on Public Policy as a Bar to Enforcement of International Arbitral Awards, Arb. Int. 2003, S. 248 ff.

*Medicus, Dieter/Petersen, Jens,* Bürgerliches Recht, München, 28. Auflage 2021.

*von Mehren, George M./Salomon, Claudia T.,* Submitting Evidence in an International Arbitration: The Common Lawyer's Guide, 20 J. Int'l Arb. 2003, S. 285 ff.

*Menaker, Andrea J./Greenwald, Brody K.,* Proving Corruption in: Addressing Issues of Corruption in Commercial and Investment Arbitration, Paris 2015, Hrsg.: Baizeau, Domitille/Kreindler, Richard H., S. 77 ff. (zit.: *Menaker/Greenwald* in: Addressing Issues of Corruption in Commercial and Investment Arbitration)

*Mestre, Jacques,* Traffic d'influence et immoralité, RTD civ. 1994, 96

*Meyer, Olaf,* Korruption im Vertrag, Tübingen 2017, Habilitation Bremen.

*Momsen, Carsten/Grützner, Thomas,* Wirtschaftsstrafrecht, Handbuch für die Unternehmens- und Anwaltspraxis, München 2013.

*Moreau, Bernard/Beregoi, Andrian/Decours-Karmitz, Romy/Mallet, Paul/Leleu, Adrian,* Arbitrage commercial, Répertoire Dalloz de droit commercial, Juni 2016.

*Moreau, Bernard/Glucksmann, Eloïse/Feng, Pierre,* Arbitrage international, Repertoire Dalloz de Procedure Civile, Juni 2016.

*Mourre, Alexis,* Arbitration and Criminal Law: Reflections on the Duties of the Arbitrator, Arb. Int., Volume 22 2006, S. 95 ff.

*Münch, Joachim*Die Kompetenz-Kompetenz im Schiedsgerichtsverfahren, Regelungsmodelle im Rechtsvergleich, ZZPint 2014, S. 387 ff.

*Ders.,* Rechtsprobleme schiedsrichterlicher Zuständigkeit, ZZP 2015, S. 307 ff.

*Nagel/Gottwald (Hrsg.),* Internationales Zivilprozessrecht 7. Auflage, Regensburg 2013 (zit.: *Bearbeiter* in: Nagel/Gottwald, Internationales Zivilprozessrecht).

*Nasarre, Cecilia A. S.,* International Commercial Arbitration and Corruption: The Role and Duties of the Arbitrator, TDM 3 2013, S. 29 ff.

*Nicholls, Colin QC/Daniel, Tim/Bacarese, Alan/Maton, James/Hatchard, John,* Corruption and Misuse of public office, New York, 3. Auflage 2017.

*Niedermeier, Tilman,* Schieds- und Schiedsverfahrensvereinbarungen in strukturellen Ungleichgewichtslagen, ein deutsch-U.S.-amerikanischer Rechtsvergleich mit Schlaglichtern auf weitere Rechtsordnungen, Tübingen 2013, zugl.: Univ. Diss. Göttingen.

*Niehaus, Holger,* Annäherung an einen Korruptionsbegriff des (deutschen) Strafrechts in: Was ist Korruption?, Baden-Baden 2012, Hrsg.: Graeff, Peter/Grieger, Jürgen, S. 55 ff. (zit.: *Niehaus* in: Was ist Korruption?)

*Ders.,* Strafrechtliche Folgen der Bestechung im vermeintlichen Unternehmensinteresse in: Der Korruptionsfall Siemens: Analysen und praxisnahe Folgerung des wissenschaftlichen Arbeitskreises von Transparency International Deutschland, o.O. 2009, Hrsg.: Graeff, Peter; Schröder, Karenina; Wolf, Sebastian, S. 27 ff. (zit.: *Niehaus* in: Strafrechtliche Folgen der Bestechung im vermeintlichen Unternehmensinteresse, Der Korruptionsfall Siemens)

*Nierwetberg, Rüdiger,* Strafanzeige durch das Gericht, NJW 1996, S. 432 ff.

*Niggemann, Friedrich*Methodologische Unterschiede zwischen dem deutschen und französischen Schiedsverfahrensrecht in: Festschrift für Siegfrid H. Elsing zum 65. Geburtstag, 2015, Hrsg.: Ebke, Werner F./Olzen, Dirk/Sandrock, Otto, S. 367 ff. (zit.: *Niggemann* in: FS Elsing (2015)).

*Passarge, Malte,* Aktuelle Entwicklung in der Gesetzgebung zur Korruptionsbekämpfung, DStR 2016, S. 482 ff.

*Passarge, Malte/Behringer, Stefan,* Handbuch Compliance international, Recht und Praxis der Korruptionsprävention, Göttingen 2015.

*Penda Matipe, Jean Alain/Councillor Olokotor, Prince Ndudi,* Judicial Attitudes Towards the Enforcement of Annulled Awards in: Rethinking the Role of African National Courts in Arbitration, o.O. 2018, Hrsg.: Onyema, Emilia,

S. 108 ff. (zit.: *Penda Matipe/Councillor Olokotor* in: Rethinking the Role of African National Courts in Arbitration)

*Peterson, Patricia,* The French Law Standard of Review for Conformity of Awards with International Public Policy where Corruption is Alleged: Is the Requirement of a "Flagrant" Breach Now Gone?, Kluwer Arbitration Blog, 10.12.2014, abrufbar unter: http://kluwerarbitrationblog.com/2014/12/10/the-french-law-standard-of-review-for-conformity-of-awards-with-international-public-policy-where-corruption-is-alleged-is-the-requirement-of-a-flagrant-breach-now-gone/ (zuletzt abgerufen am: 05.10.2022).

*Oppetit, Bruno,* Le paradoxe de la corruption à l'épreuve du droit du commerce international, JDI 1987, S. 5 ff.

*Pfeiffer, Thomas,* Die Abwahl des deutschen AGB-Rechts in Inlandsfällen bei Vereinbarung eines Schiedsverfahrens, NJW 2012, S. 1169 ff.

*Pic, Pierre/Rajan, Asha,* The Public Policy Exception in International Arbitration: A Snapshot from France, Indian Journal of Arbitration Law, 2017, S. 197 ff.

*Piehl, Hansjörg,* Bestechungsgelder im internationalen Wirtschaftsverkehr. Korruption in Schuldverträgen mit Auslandsberührung, Heidelberg 1991, zugl.: Univ. Diss. Münster.

*Pieth, Mark,* Contractual Practice v. Public Policy Considerations in Arbitration in: Festschrift Schwenzer 2011, Hrsg.: Büchler, Andrea/Müller-Chen, Markus, S. 1375 ff. (zit.: *Pieth* in: FS Schwenzer (2011)).

*Ders.,* Transnational commercial bribery, Challenge to arbitration in: Arbitration – Money laundering, Corruption and Fraud, Paris 2006, Hrsg.: Karsten, Kristine; Berkeley, Andrew, S. 41 ff. (zit.: *Pieth* in: Arbitration: Money Laundering, Corruption and Fraud)

*Pies, Ingo,* Korruption: Diagnose und Therapie aus wirtschaftsethischer Sicht in: Korruption Interdisziplinäre Zugänge zu einem komplexen Problem, Wiesbaden 2003, Hrsg.: von Nell, Verena/Schwitzgebel, Friedrich/Vollet, Matthias, S. 41 ff. (zit.: *Pies* in: Korruption Interdisziplinäre Zugänge zu einem komplexen Problem)

*Pinzler, Petra/Uchatius, Wolfgang/Kohlenberg, Kerstin*: „Schattenjustiz – Im Namen des Geldes" in: Die Zeit, 27. Februar 2014.

*Philip, Allan,* Arbitration, Corruption, Money Laundering and Fraud in: Arbitration: Corruption Money, Laundering and Fraud, Paris 2006, Hrsg.: Karsten, Kristine/Berkeley, Andrew, S. 149 ff.

*Platte, Martin,* An Arbitrators Duty to Render Enforceable, 20 J. Int'l Arb. 2003, S. 307 ff.

*Poudret, Jean-François/Besson, Sebastian,* Comparative Law of international Abritration, Biggleswade 2007.

*Pörnbacher, Karl/Baur, Sebastian,* Rechtswahl und ihre Grenzen in der internationalen Schiedsgerichtsbarkeit in: Ars aequi et boni in mundo, Festschrift für Rolf A. Schütze zum 80. Geburtstag, 2014, Hrsg.: Geimer, Reinhold/ Kaissis, Athanassios/ C. Thümmel, Roderich, S. 431 ff. (zit.: *Pörnbacher/Baur* in: FS Schütze (2014)).

*Pragal, Oliver,* Korruption innerhalb des privaten Sektors und ihre strafrechtliche Kontrolle durch § 299 StGB, Köln/Berlin 2006.

*Querenet-Hahn, Bénédicte/Kettenberger, Karoline,* Länderreport Frankreich: Das Gesetz zur Transparenz, zum Kampf gegen die Korruption und zur Modernisierung der Wirtschaft vom 9.12.2016 (Loi Sapin II), CB 2017, S. 8 ff.

*Quinke, David,* Schiedsvereinbarungen und Eingriffsnormen – Zugleich Anmerkung zu OLG München, Urt. v. 17.05.2006, Az. 7 U 1781/06 –, SchiedsVZ 2007, S. 246 ff.

*Racine, Jean-Baptiste,* Les Manifestation de l'ordre public dans l'Arbitrage in: L'ordre public et l'Arbitrage, 7. Actes du colloque organisé à Dijon les 15/ 16.03.2013, Hrsg.: Locquin, Eric/Manciaux, Sébastien (zit.: *Racine* in: L'ordre public et l'Arbitrage)

*Raeschke-Kessler, Hilmar/Gottwald, Dorothee,* Korruption und internationales Vertragsrecht – rechtliche Aspekte der Korruption im Bau. Und Infrastruktursektor mit Auslandsbezug in: Festschrift für Hans-Jochem Lüer zum 70. Geburtstag 2008, Hrsg.: Moll, Wilhelm, S. 39 ff. (zit.: *Raeschke-Kessler/Gottwald* in FS Lüer (2008)).

*Raeschke-Kessler, Hilmar,* Die internationale Schiedsgerichtsbarkeit - ein Motor für transnationales Verfahrensrecht in: Grenzüberschreitungen: Beiträge zum Internationalen Verfahrensrecht und zur Schiedsgerichtsbarkeit, Festschrift für Peter Schlosser zum 70. Geburtstag (2005) Hrsg.: Bachmann, Birgit/Breidenbach, Stephan/Coester-Waltjen, Dagmar/Heß, Burkhard/Nelle, Andreas/ Wolf, Christian, S. 713 ff. (zit.: *Raeschke-Kessler* in: FS Schlosser (2005)).

*Rainer, Michael J.,* Europäisches Privatrecht – Die Rechtsvergleichung, 2. Auflage, Frankfurt am Main 2007.

*Rauscher, Thomas/Krüger, Wolfgang (Hrsg.),* Münchener Kommentar zur Zivilprozessordnung mit Gerichtsverfassungsgesetz und Nebengesetzen (zit.: MüKoZPO/Bearbeiter)

Band 1, 6. Auflage, München 2020

Band 3, 6. Auflage, München 2022

*Reithmann, Christoph/Martiny, Dieter,* Internationales Vertragsrecht, Das internationale Privatrecht der Schuldverträge, 9. Auflage, o.O. 2022 (zit.: *Bearbeiter* in: Reithmann/Martiny, Internationales Vertragsrecht)

*Rieble, Volker (Hrsg.),* Staudinger Kommentar zum Bürgerlichen Gesetzbuch - Buch 1: Allgemeiner Teil, §§ 134-138, ProstG, Neubearbeitung 2021 (zit.: Staudinger-BGB/*Bearbeiter*)

*Riedel, Claudia/Wallau, Rochus,* Das Akteneinsichtsrecht des Verletzten in Strafsachen - und seine Probleme, NStZ 2003, S. 393 ff.

*Rieder, Markus/Schoenemann, Andreas,* Korruptionsverdacht, Zivilprozess und Schiedsverfahren, NJW 2011, S. 1169 ff.

*Risse, Jörg,* Wehrt Euch endlich! Wider das Arbitration-Bashing, SchiedsVZ 2014, S. 265 ff.

*Risse, Jörg/Oehm, Max,* Vertraulichkeit und Nichtöffentlichkeit in Schiedsverfahren, ZVglRWiss 2015, S. 407 ff.

*Robert, Micro,* Dictionnaire du Français Primordial, Paris: S.N.L., 1971.

*Rose, Cecily,* Questioning the Role of International Arbitration in the Fight against Corruption, Journal of International Arbitration 2014, Volume 31 Issue 2, S. 183 ff.

*Rose-Ackerman, Susan,* Corruption – A study of political Economy, 1978.

*Rühl, Gisela,* Die Wirksamkeit von Gerichtsstands -und Schiedsvereinbarungen im Lichte der Ingmar-Entscheidung des EuGH, IPrax 2007, S. 294 ff.

*Sachs, Klaus,* Use of documents and document discovery: „Fishing expeditions" versus transparency and burden of proof, SchiedsVZ 2003, S. 193 ff.

*Sachs, Klaus/Niedermaier, Tilma,* Die Durchsetzung von Document Production Orders in internationalen Schiedsverfahren, ZVglRWiss 2015, S. 449 ff.

*Saenger, Ingo (Hrsg.),* Handkommentar zur Zivilprozessordnung, 9. Auflage, Baden-Baden 2021 (zit.: HK-ZPO/Bearbeiter).

*Saenko, Laurent,* Corruption par notaire et acte de la mission - (Crim., 7 déc. 2016, n° 16-81.698), RTD com. 2017, S. 208 ff.

*Säcker, Franz Jürgen/Rixecker, Roland/Oetker, Hartmut/Limperg, Martina (Hrsg.),* Münchener Kommentar zum Bürgerlichen Gesetzbuch (zit.: MüKoBGB/Bearbeiter)

Band 1, 9. Auflage, München 2021

Band 7, 8. Auflage, München 2020

Band 13, 8. Auflage, München 2021

*Salger, Hanns-Christian/Trittmann, Rolf,* Internationale Schiedsverfahren, Praxishandbuch, 1. Auflage, München 2019.

*Sawang, Judith,* Geheimhaltung und rechtliches Gehör im Schiedsverfahren nach deutschem Recht, Veröffentlichungen zum Verfahrensrecht, Tübingen 2010, zugl.: Univ. Diss. Marburg.

*Sayed, Abdulhay,* Corruption in international trade and commercial arbitration, Den Haag 2004.

*Seraglini, Christophe/Ortscheidt, Jérôme,* Droit de l'arbitrage interne et international, Paris 2013.

*Scherer, Matthias,* Beweisfragen bei Korruptionsfällen vor internationalen Schiedsgerichten, ASA Bull. 2001, S. 684 ff.

*Ders.,* Circumstantial evidence in corruption before international tribunals, in: International Arbitration Law Review, Issue 2, 2002, S. 29 ff.

*Schima, Georg/Sesser, Barbara,* Die von Parteivertretern in internationalen Schiedsverfahren zu beachtenden Ethikstandards, SchiedsVZ 2016, S. 61 ff.

*von Schlabrendorff, Fabian,* Die Internationalisierung der Schiedsgerichtsbarkeit in: Grenzüberschreitungen: Beiträge zum Internationalen Verfahrensrecht und zur Schiedsgerichtsbarkeit, Festschrift für Peter Schlosser zum 70. Geburtstag, Tübingen 2005, Hrsg.: Bachmann, Birgit/Breidenbach, Stephan/Coester-Waltjen, Dagmar/Heß, Burkhard/Nelle, Andreas/Wolf, Christian, S. 49 ff. (zit.: *von Schlabrendorff* in: FS Schlosser), S. 851 ff.

*Schlechtriem, Peter,* Restitution und Bereicherungsausgleich in Europa, Tübingen 2001.

*Schlüter, Harald/Nell, Mathias,* Rechtswirksamkeit auf Schmiergeld beruhender Hauptverträge – Eine ökonomische Analyse, NJOZ 2008, S. 223-231.

*Schmidt-Ahrendts, Nils/Höttler, Philipp,* Anwendbares Recht bei Schiedsverfahren mit Sitz in Deutschland, SchiedsVZ 2011, S. 267 ff.

*Schumacher, Hubertus (Hrsg.),* Beweiserhebung im Schiedsverfahren, Wien 2011 (zit.: Schumacher/*Bearbeiter*, Beweiserhebung im Schiedsverfahren)

*Schumacher Kai/Saby, Chloé,* „loi Sapin 2": Die Revolution im französischen Anti-Korruptionsrecht, CCZ 2017, S. 68 ff.

*Schütze, Rolf A.,* Schiedsgericht und Schiedsverfahren, 6. Auflage, München 2016.

*Ders.,* Ausgewählte Probleme des deutschen und internationalen Schiedsverfahrensrechts, Berlin 2006.

*Ders.,* Die Ermessensgrenzen des Schiedsgerichts bei der Bestimmung der Beweisregeln, SchiedsVZ 2006, S. 1 ff.

*Schwab, Karl-Heinz/Walter, Gerhard,* Schiedsgerichtsbarkeit Kommentar, 7. Auflage, München 2005.

*Scott Rau, Alan,* The Arbitrator and „Mandatory Rules of Law" in: Mandatory Rules in International Arbitration, Huntington, N.Y. 2011, Hrsg.: Mistelis,

Loukas/Bermann, George A., S. 77 ff. (zit.: *Scott Rau* in: Mandatory Rules in International Arbitration)

*Sedemund, Jan,* Der Verfall von Unternehmensvermögen bei Schmiergeldzahlungen durch die Geschäftsleitung von Organgesellschaften, DB 2003, S. 323 ff.

*Seybold, Martin,* Die ungerechtfertigte Bereicherung auf internationaler Ebene, Eine rechtsvergleichende Analyse für die Rechtspraxis im internationalen Wirtschaftsrecht, Baden-Baden 2004.

*Smith, Jennifer/Nadeau-Séguin, Sara,* The Illusive Standard of Proof in International Commercial Arbitration in: Legitimacy: Myths, Realities, Challenges, ICCA Congress Series 2015, S. 134 ff.

*Solis, Menalco,* Adverse inferences in investor–state arbitration, Arbitration International, Volume 34, Issue 1, 2018, S. 79 ff.

*Sonnenberger, Hans/Dammann, Reinhard,* Französisches Handels- und Wirtschaftrecht, 3. Auflage, Heidelberg 2008.

*de Souza Fleury, Paul Pereira,* Do Arbitrators have an ex officio duty/right to self-investigate corruption?, Kluwer Arbitration Blog, 25.11.2015, http://arbitrationblog.kluwerarbitration.com/2015/11/25/do-arbitrators-have-an-ex-officio-dutyright-to-self-investigate-corruption/ (zuletzt abgerufen am: 05.10.2022).

*Spatscheck, Rainer,* Die Rolle des Steuer(straf)rechts bei der Korruptionsbekämpfung, NJW 2006, S. 641 ff.

*Spehl, Stephan,* Strafrechtsrelevante und andere anstößige Verträge als Gegenstand von Schiedsverfahren – Zum Vorgehen von Schiedsgerichten bei Rechtsverletzungen von Vertragsparteien – ein rechtsvergleichender Beitrag zur nationalen und internationalen Schiedsgerichtsbarkeit, SchiedsVZ 2007, S. 322 ff.

*Sprange QC, Thomas K.,* Corruption in Arbitration in: Addressing Issues of Corruption in Commercial and Investment Arbitration, Paris 2015, Hrsg.: Baizeau, Domitille/Kreindler, Richard H., S. 134 ff. (zit.: *Sprange QC* in: Adressing Issues of Corruption in Commercial and Investment Arbitration)

*Stegmair, Franziska,* Die Auswirkungen des Strafprozesses auf den Zivilprozess in Deutschland und Frankreich, Eine interdisziplinäre und rechtsvergleichende Betrachtung, Berlin 2016.

*Stein, Friedrich/Jonas, Martin (Hrsg.),* Kommentar zur Zivilprozessordnung, Band 10, 23. Auflage, Tübingen 2014 (zit.: Stein/Jonas-ZPO/*Bearbeiter*).

*Stober, Rolf/Paschke, Marian,* Deutsches und Internationales Wirtschaftsrecht, Grundzüge des Wirtschaftsprivat-, Wirtschaftverwaltungs- und Wirtschaftsstrafrechts, 4. Auflage, o.O. 2022.

*Straube, Gunnar/Rasche, Jennifer,* Arbeitsrechtliche Korruptionsbekämpfung, Prävention und Verfolgung bei Vorteilsnahme, München 2017.

*Stürner, Rolf,* Die Aufklärungspflicht der Parteien im Zivilprozess, Tübingen 1976.

*Trittmann, Rolf,* Basics and Differences oft he Continental and Common Law System in: Böckstiegel, Karl-Heinz/Berger, Klaus-Peter/Bredow, Jens, The Taking of Evidence in International Commercial Arbitration, 2010, S. 15 ff. (zit.: *Trittmann* in: The Taking of Evidence in International Commercial Arbitration)

*Ders.,* Die „Wahrheit" im internationalen Schiedsverfahren, IWRZ 2016, S. 255 ff.

*Ders.,* The interplay between procedural and substantive law in international arbitration, SchiedsVZ 2016, S. 7 ff.

*Tung, Sherlin /Lin, Brian,* The Arbitrator and the Arbitration Procedure, More Transparency In International Commercial Arbitration: To Have Or Not To Have?, Austrian Arb. Yearbook 2018, S. 77 ff.

*Veit, Mark D.,* Proving Legality Instead of Corruption in: The Powers and Duties of an Arbitrator in: Liber Amicorum Pierre A. Karrer, 2017, Hrsg.: Shaughnessy, Patricia/Tung, Sherlin, S. 373 ff. (zit.: *Veit* in: Liber Amicorum Karrer (2017)).

*Vorwerk, Volkert/Wolf, Christian (Hrsg.),* Beck'scher online Kommentar ZPO 45. Edition, München Stand: 01.07.2022 (zit.: BeckOK-ZPO/*Bearbeiter*)

*von Alemann, Ulrich,* „Zu aller Zeit an jedem Ort", Kleine Geschichte der Korruption, Begegnung und Internationale Zusammenarbeit, Heft 02/2006, S. 22 ff.

*Wabnitz, Heinz-Bernd/Janovsky, Thomas (Hrsg.),* Handbuch Wirtschafts- und Steuerstrafrecht, 5. Auflage, München 2020 (zit.: Wabnitz/Janovsky/*Bearbeiter* in: Handbuch Wirtschafts- und Steuerstrafrecht).

*Waincymer, Jeffrey,* Procedure and Evidence in International Arbitration, Den Haag 2012.

*Ders.,* International Arbitration and the Duty to know the Law, J. Int. Arb. 2011, S. 201 ff.

*Wallgren-Lindholm, Carita,* Consequences and Effects of Allegations or of a Positive Finding of Corruption in: Addressing Issues of Corruption in Commercial and Investment Arbitration, Paris 2015, Hrsg.: Baizeau, Domitille/ Kreindler, Richard H., S. 77 ff. (zit.: *Wallgren-Lindholm,* in: Addressing Corruption in Commercial and Investment Arbitration)

*Wilske, Stephan/Fox, Tod J.,* Corruption in International Arbitration and Problems with Standard of Proof: Baseless Allegations or Prima Facie Evidence? in: Festschrift für Eric Bergsten, 2011, Hrsg.: Kröll, Stefan/Mistelis, LA/Perales Viscasillas/Rogers, V, S. 489 ff. (zit.: *Wilske/Fox* in: FS Bergsten (2011))

*Wilske, Stephan/Markert, Lars/Bräuninger, Laura*, Entwicklungen in der internationalen Schiedsgerichtsbarkeit im Jahr 2015 und Ausblick auf 2016, SchiedsVZ 2016, S. 127 ff.

*Wobeser, Claus von*, The Corruption Defense and Preserving the Rule of Law, International Arbitration and the Rule of Law: Contribution and Conformity, ICCA Congress Series 2017, S. 203 ff.

*Wolf, Sebastian*, Ein hybrides Regelungsmodell zur strafrechtlichen Bekämpfung von Wirtschaftskorruption? Zur ausstehenden Reform von § 299 StGB, CCZ 2014, S. 29 ff.

*Wolff, Reinmar*, New York Convention, convention on the recognition and enforcement of foreign arbitral awards of 10 June 1958, München 2. Auflage 2019 (zit.: Wolff/*Bearbeiter*, New York Convention).

*Ders.*, Grenze der Heimlichkeit, NVwZ 2012, S. 205 ff.

*Zeiser, Roland*, Trafic d'influence: Der Straftatbestand des missbräuchlichen Handels mit Einfluss als Modell zur Schließung von Strafbarkeitslücken?, Berlin 2012.

*Ziadé, Nassib G.*, Addressing Allegations and Findings of Corruption in: Addressing Issues of Corruption in Commercial and Investment Arbitration, Paris 2015, Hrsg.: Baizeau, Domitille/Kreindler, Richard H., S. 114 ff. (zit.: *Ziadé* in: Addressing Issues of Corruption in Commercial and Investment Arbitration)

*Zimmer, Daniel*, Ausländisches Wirtschaftsrecht vor deutschen Zivilgerichten. Zur Unterscheidung zwischen einer normativen Berücksichtigung fremder zwingender Normen und einer bloßen Beachtung ihrer tatsächlichen Folgen, Praxis des Internationalen Privat- und Verfahrensrechts, IPRax 1993, S. 65 ff.

*Zöller, Richard (Hrsg.)*, Kommentar zur Zivilprozessordnung, 34. Auflage, Köln 2022 (zit.: Zöller-ZPO/*Bearbeiter*).